2024年度版

文部科学省後援

英検®
準2級
過去6回全問題集

別冊解答

旺文社

2024年度版

文 部 科 学 省 後 援

英検®

準2級

過去6回
全問題集

別冊解答

英検®は、公益財団法人 日本英語検定協会の登録商標です。　旺文社

もくじ

Contents

正答率 ★75%以上 は，旺文社「英検®一次試験 解答速報サービス」において
回答者の正答率が75%以上だった設問を示しています。

2023-2

解 答 一 覧

一次試験・筆記

1

(1)	3	(8)	1	(15)	2
(2)	4	(9)	4	(16)	1
(3)	1	(10)	2	(17)	2
(4)	2	(11)	1	(18)	2
(5)	2	(12)	4	(19)	2
(6)	2	(13)	4	(20)	3
(7)	1	(14)	2		

2

(21)	2	(23)	1	(25)	2
(22)	2	(24)	1		

3 A

(26)	4
(27)	1

3 B

(28)	2
(29)	1
(30)	3

4 A

(31)	2
(32)	2
(33)	1

4 B

(34)	4
(35)	2
(36)	3
(37)	1

5　解答例は本文参照

一次試験・リスニング

第1部

No. 1	1	No. 5	2	No. 9	2
No. 2	2	No. 6	1	No.10	3
No. 3	1	No. 7	3		
No. 4	3	No. 8	3		

第2部

No.11	1	No.15	4	No.19	4
No.12	3	No.16	1	No.20	2
No.13	1	No.17	3		
No.14	2	No.18	2		

第3部

No.21	4	No.25	1	No.29	1
No.22	3	No.26	2	No.30	2
No.23	1	No.27	3		
No.24	4	No.28	4		

(1) ― 解答 3 ··· 正答率 ★**75%以上**

訳 リュウジのチームメートはリュウジにサッカーボールをパスした。彼は力の限りそのボールを蹴り，それはゴールキーパーの脇を抜けてゴールに飛んでいった。

解説 空所の後にボールが「ゴールキーパーの脇を抜けてゴールに飛んでいった」とあることから，リュウジはパスされたボールを思いきり蹴ったと考えて，正解は **3**。この struck は strike「〜を打つ［蹴る］」の過去形で，strike-struck-struck と変化する。as hard as he could は「できる限り強く」。mix「〜を混ぜる」，chew「〜を噛む」，copy「〜を真似る」。

(2) ― 解答 4 ··· 正答率 ★**75%以上**

訳 A：お父さん，私，体調が良くないの。頭が痛いし，熱があると思うの。
B：わかった。体温を測らせて。

解説 娘は体調が良くなくて頭が痛いと言い，それに対して父親が「体温を測らせて」と言っていることから，娘は自分に熱があると思っていると考えて，正解は **4**。fever は「熱」という意味。grade「等級，成績」，surprise「驚き」，custom「習慣」。

(3) ― 解答 1 ···

訳 ほとんどの企業は，海外に製品を輸送するのに船を利用する。飛行機の方がずっと速いが，通常，はるかに多額の費用がかかる。

解説 ships や airplanes が出てくることから製品の輸送手段についてのことだと考えて，**1** の transport「〜を輸送する」（[trænspɔ́:rt] アクセント注意）を選ぶ。transport (their) products overseas で「製品を海外に輸送する」。design「〜を設計する」，consult「〜に相談する」，reject「〜を拒絶する」。

(4) ― 解答 2 ···

訳 バスケットボールの試合の後，マークのコーチは彼のパスと防御について多くの良かった点を話した。彼は，自分が良くやっていたと聞いて勇気づけられたと感じた。

解説 マークはコーチに自分のプレイについてほめられて勇気づけられたと考えて，正解は **2**。encouraged は動詞 encourage「（人）を勇気づける」の過去分詞で，feel encouraged で「勇気づけられたと感じる，自信を持つ」。frighten「〜を怖がらせる」，deliver「〜を配達する」，follow「〜について行く」。

(5) ― 解答 **2**

訳　A：サブリナ，君はここでどのくらいの期間働いているの？
　　　B：私は新人よ。2週間前に雇われたの。

解説　Bはどのくらいの期間働いているのか尋ねられ，I'm new.「新人だ」と答えて，さらに「2週間前に雇われた」と補足説明していると考えて，**2**のhire「〜を雇う」を選ぶ。hireはemploy「〜を雇用する」の類義語である。collect「〜を集める」，exchange「〜を交換する」，carry「〜を運ぶ」。

(6) ― 解答 **2**

訳　関西は西日本にある地域である。その3大都市は大阪，京都，神戸である。

解説　関西は西日本の一地域なので，正解は**2**のregion「地域」。形容詞はregional「地域の，地方の」。safety「安全」，theme「主題，テーマ」，laundry「洗濯物」。

(7) ― 解答 **1**

訳　A：君は数学の宿題の問題全部に答えられたの？
　　　B：ほとんどね。でも，最後の問題は解くことができなかったよ。

解説　BはAの質問に対してNearly.「ほとんどね」と答えているので，最後の問題は解けなかったと答えていると考えて，正解は**1**。solveは「〜を解く」。repair「〜を修理する」，miss「〜を外す，〜し損なう」，invent「〜を発明する」。

(8) ― 解答 **1**　　正答率 ★75%以上

訳　ケリーは英語の授業のために毎月2つの作文を書く。先月は，最近読んだ本と夏休みにしたことについて書いた。

解説　「英語の授業のために毎月2つの〜を書く」という文脈で後半にその内容が2つ説明されているので，正解は**1**。essayは「随筆，エッセー」だが，「小論文」や授業で提出する「作文」の意味でも用いられる。victory「勝利」，system「体系」，miracle「奇跡」。

(9) ― 解答 **4**　　正答率 ★75%以上

訳　ルーシーの家のそばには服をとても安く売る店がある。土曜日に，ルーシーはそこでたった10ドルでブラウスを買った。

解説　後半に「たった10ドルでブラウスを買った」とあることから，安く服を売る店があると考えて，正解は**4**のcheaply「安く」。powerfully「強力に」，lately「最近」，bravely「勇敢に」。

(10) ― 解答 **2**

訳　デイビッドは人気のスマートフォンアプリを作成してからとても裕福になった。彼は，あまりお金を持っていない人々を助けるために彼の財産のほとんどを使っている。

スマートフォンアプリを開発してとても裕福になったとあることから，あまりお金を持っていない人々を助けるために使ったのはそれから得られた「財産」だと考えて，**2** を選ぶ。wealth は「富，財産」という意味で，形容詞は wealthy「裕福な，富裕な」。pain「痛み」，nonsense「無意味なこと」，literature「文学」。

(11) – 解答 ①

訳 レスターは先週，ひどい風邪にかかっていたので3日間学校に行けなかった。彼は今週ずっと良くなっている。

解説 空所直後にある a bad cold「ひどい風邪」と意味上自然に結びつく選択肢は **1**。suffer from ～は「(病気)にかかる，～に苦しむ」という意味。depend on ～は「～に依存する」，give up ～は「～をあきらめる」，major in ～は「～を専攻する」。

(12) – 解答 ④

訳 Ａ：中山先生，すみませんが質問を聞き逃しました。
Ｂ：集中してくださいね，アサコ。授業でよく聞かなければ学べませんよ！

解説 空所の後の文に「授業でよく聞かなければ学べない」とあることから，Ｂ は Ａ に授業に集中するよう注意していると考えて，正解は **4**。pay attention は「注意を払う」という意味。pay attention to ～「～に注意を払う」の形でもよく用いられる。shake hands は「握手する」，make sense は「意味を成す」，take turns は「交代でやる」。

(13) – 解答 ④

訳 カリンビルまでの線路上に木が倒れた。そこへ向かう乗客は，その問題が解決するまで，電車の代わりにバスに乗らなければならなかった。

解説 線路上に木が倒れたとあることから，「電車の代わりにバスに乗らなければならなかった」という意味になると自然なので，正解は **4**。in place of ～は「～の代わりに」という意味。関連表現に take the place of ～「(～の場所を取る→)～の代わりをする」もある。on behalf of ～は「～を代表して」，for fear of ～は「～を恐れて」，by way of ～は「～を経由して」。**3** は交通に関連しそうな意味ではあるが，文意に合わない。

(14) – 解答 ②　　　　　　　　　　　　　　　　　正答率 ★75%以上

訳 Ａ：すみません。あなたは私のスーツケースをお持ちだと思います。
Ｂ：あら，ごめんなさい！　間違って取ってしまったのね。私のにそっくりです。

解説 空所の後の文に自分のものとそっくりだとあるので，Ｂ はスーツケースを Ａ のものと取り違えてしまったと考えて，正解は **2**。by mistake は「間違って」。at present は「目下のところ」，for nothing は「無料で」，

with ease は「簡単に」。

(15) – 解答 **2** ・・

訳　テツヤにはトッドと呼ばれるカナダ人の友人がいる。テツヤとトッドは少なくとも月1回はお互いに手紙を出し合っている。

解説　空所を含む文にテツヤとトッドは少なくとも月1回は手紙を書くとあり，この文脈に合うのは**2**。one another は「お互い」という意味。each other「お互い」の別の表現方法である。every other ～は「1つおきの～」という意味で，例えば every other week は「隔週で」。another one は「もう1つのもの」。

(16) – 解答 **1** ・・・・・・・・・・・・・・・・・・・・・・・・・・・・・・・・・ 正答率 ★75%以上

訳　A：あなたはあなたの赤ちゃんが男の子か女の子か知っていますか。
B：いいえ，まだわかりません。最初の子が男の子なので，夫と私は女の子を望んでいます。

解説　「最初の子が男の子なので夫と私は女の子を～している」という文脈を考えると，正解は**1**。hope for ～は「～を望む，期待する」という意味。take over ～は「～を引き継ぐ」，put away ～は「～を片付ける」，show off ～は「～を見せびらかす」。

(17) – 解答 **2** ・・

訳　トムとヘレンは子犬を手に入れたいと思っていたが，その名前について意見がまとまらなかった。トムはそれをバディと呼びたがり，ヘレンはそれをマックスと呼びたがった。

解説　トムは犬をバディ，ヘレンはマックスと呼びたがっていることから，2人の意見がまとまらなかったと考えて，正解は**2**。agree on ～は「～について合意する」という意味。pour out は「流れ出る」，run over ～は「～を車でひく」，hold up ～は「～を高く上げる，支える」。

(18) – 解答 **2** ・・

訳　スミルノフさんは，上司が会社に戻ってくるまでには月次報告書を仕上げておかなければならない。

解説　by the time ～は後ろに主語と動詞を続けて，「～するまでには」という意味を表す従位接続詞的な表現。時や条件を表す副詞節の中では未来の出来事も現在形で表すので，正解は**2**。

(19) – 解答 **2** ・・

訳　先日，ジェームズは自分が生まれた町へ行った。前回の訪問から数年経っていたが，町はあまり変わっていなかった。

解説　the town where he was born で「彼が生まれた町」という意味。関係副詞 where は，この例のように town などの場所を表す名詞を先行詞とする。the town in which he was born でも同じ意味を表せる。

(20) – 解答 ③ ………………………………………

> **訳** きれいな青い鳥がポールの庭にある木の上空を飛んでいた。ポールはその写真を撮りたかったが，それはすぐに飛び去った。

> **解説** 空所直前に flying とあり，鳥が木の上空を飛ぶと考えると自然なので，正解は **3**。前置詞 above は対象物から離れた上方を指し，「～の上方に，～の上に」という意味を表す。on も「～の上に」だが，これは対象物と接した状態を表す。

(21) – 解答 ② …………………………………… 正答率 ★75%以上

> **訳** A：レストランはまだ開いていますか。
> B：はい，でもラストオーダーが 10 分前でした。
> A：あら，困った！　私は遅くまで働かなければならなくて，食べるものが何も手に入れられなかったのです。
> B：通りの先にハンバーガーを売っている場所がありますよ。そこは 24 時間営業だと思います。

> **解説** 空所の後でAが「あら，困った！　私は遅くまで働かなければならなくて，食べるものが何も手に入れられなかった」と言っている。これに対してBは別の 24 時間営業のハンバーガー店を紹介していることから，Aはレストランに来るのが遅すぎたことがわかるので，食事ができない理由として文脈に合うのは **2**。**1**「2 人用のテーブルしかありません」，**3**「今日はそのシェフの初日です」，**4**「アイスクリームはなくなってしまいました」。

(22) – 解答 ② …………………………………… 正答率 ★75%以上

> **訳** A：やあ，ボブ。それが新しいスケートボードかい？　すごく素敵だね。
> B：うん。駅のそばのデパートで買ったんだ。
> A：高かったの？
> B：それほどでもないよ。スポーツ用品とゲームの売り場が今月特別セールをやっているんだ。

> **解説** 会話の 2 人が話題にしているものは何であるのかをつかむ。really cool「すごく素敵」で，got it at the department store「デパートで買った」もので，the sports and games department「スポーツ用品とゲームの売り場」にあるものは，**2** のスケートボード。**1**「金の指輪」，**3**「あなたの兄［弟］さんの車」，**4**「あなたの新しい弁当箱」。

(23) – 解答 ① ………………………………………

> **訳** A：すみません。ベッドに新しい枕が欲しいのです。

B：承知しました，お客さま。たくさんのいろいろな種類がございます。どのようなものがお好みでしょうか。

A：よくわからないわ。今持っているのは首が痛くなるの。

B：柔らかすぎるのでしょう。こちらをお試しいただき，お持ちのものと同じくらい柔らかいかどうかを教えてください。

解説 客と店員の会話。客が買いたがっているものをつかむ。後半で客が「今持っているのは首が痛くなる」と言うと店員は「それは柔らかすぎるのだろう」と答えているので，「枕（pillow）」について話していると判断して，正解は **1**。**2**「新しいネックレスが買いたいのです」，**3**「玄関に新しいカーペットが必要です」，**4**「新しいペンキ用のはけを探しています」。

(24)(25)

訳 A：こちらのクッキーを1ついかが？

B：ええ，頂くわ。すごくきれいね！　どこで買ったのかしら？

A：パリのお店でよ。

B：あなたがそこに行ったとは知らなかったわ。

A：ええ。家族と一緒に1週間行っていたの。昨夜ロンドンに戻ってきたのよ。

B：私もいつかそこに行けるといいな。

A：行くべきよ。素敵な見どころがいくつかあるわ。

B：そうよね。現地の博物館や宮殿についてのテレビ番組を見たわ。

(24) – 解答 ①　　　　　　　　　　　　　正答率 ★75%以上

解説 空所直前で Where did you get them? とクッキーの購入場所を尋ねていることを確認する。直後で B は「あなたがそこに行ったとは知らなかった」と言い，A は「家族と一緒に1週間行っていた」「昨夜ロンドンに戻ってきた」と答えているので，正解は **1**。**2**「オンラインのパン屋から」，**3**「自分で作った」，**4**「祖母が私に送ってくれた」。

(25) – 解答 ②　　　　　　　　　　　　　正答率 ★75%以上

解説 空所直前で B は I wish that I could go there someday.「私もいつかそこ（＝パリ）に行けるといいな」と言い，それに対して A は You should.「行くべきだ」と勧めている。空所後で B が the museums and palaces there「現地の博物館や宮殿」をテレビで見たと言っており，場所が話題にあがっていることがわかるので，正解は **2**。**1**「残っているのは2，3席だけ」，**3**「6つの違った風味」，**4**「それを作るいくつかの方法」。

ポイント 「スティーブンの新しい学校」というタイトルで，転校したスティーブンの話。第1段落では新しい学校での問題，第2段落ではその解決方法について，スティーブンの心情の変化に注意しながら読み進めていこう。

全文訳 **スティーブンの新しい学校**

スティーブンの家族は最近新しい都市に引っ越して，スティーブンは学校を変えなければならなかった。新しい学校に知っている人は誰もいなくて，彼は毎日寂しい思いをしていた。彼は自分の問題について両親に話した。スティーブンの母はすぐに新しい友達ができると言い，父は新しい学校にあるクラブの1つに入部するように提案した。しかしながら，スティーブンはスポーツも音楽も美術も好きではなく，そのためどうしたらいいのかわからなかった。

ある日，スティーブンは学校でゲームクラブのポスターを見た。部員は，ボードゲームやカードゲームをするために週3回集まっていた。スティーブンはゲームをするのがすごく好きだったので，そのクラブに入部した。部員たちはとても親切で，スティーブンにはすぐに友達ができた。最近，スティーブンは自分自身のゲームを作ろうと決めた。彼はルールやそのゲームに必要なその他のものを作ろうと一生懸命作業している。その準備ができたら，彼はそれをクラブの他の部員と一緒にやってみるつもりである。

(26) – 解答 **4** ⋯⋯⋯⋯⋯⋯⋯⋯⋯⋯⋯⋯⋯⋯⋯⋯⋯⋯⋯⋯ 正答率 ★**75%以上**

選択肢の訳 1 read several books「数冊の本を読んだ」
2 wrote a long letter「長い手紙を書いた」
3 saw a doctor「医者に診てもらった」
4 talked to his parents「両親に話した」

解説 空所直後に「母はすぐに新しい友達ができると言った」，「父は新しい学校にあるクラブに入部するように提案した」と続くので，スティーブンは両親に自分の問題について相談したと判断して，正解は**4**。

(27) – 解答 **1** ⋯⋯⋯⋯⋯⋯⋯⋯⋯⋯⋯⋯⋯⋯⋯⋯⋯⋯⋯⋯ 正答率 ★**75%以上**

選択肢の訳 1 create his own game「自分自身のゲームを作る」
2 join another club「別のクラブに参加する」
3 change schools again「再び学校を変える」
4 get more exercise「もっと運動する」

解説 空所の後の文に make the rules and the other things he will need for the game「ルールやそのゲームに必要なその他のものを作る」とあり，スティーブンは自分のゲームを作ろうとしていることがわかるので，正解は**1**。

ポイント　「グリーティングカードの復活」というタイトルで，紙のグリーティングカードが再び注目を集めているという話。第1段落ではインターネットの発達によりグリーティングカードが衰退したこと，第2段落ではそれが復活してきた理由，第3段落ではインターネットが逆にその復活を後押ししていることが述べられている。

全文訳　**グリーティングカードの復活**

20世紀の間，人々は，誕生日や他の特別なときに友人や家族に紙のグリーティングカードをよく送った。グリーティングカードには通常，表に絵［写真］が付いていて中にメッセージが書いてある。しかしながら，1990年代に人々はインターネットでコミュニケーションをとり始めた。メールでまたはソーシャルメディアを通して電子メッセージを送る方が紙のグリーティングカードを送るよりも早くて簡単である。さらに，ほとんどのグリーティングカードは捨てられる。これが大量のゴミを生む。その結果，環境により良いと思うという理由でオンラインのコミュニケーションの方を好む人もいる。

数年間，アメリカにおけるグリーティングカードの売り上げは下降していた。だが，最近，若い成人たちがグリーティングカードに興味を持つようになった。彼らの多くはオンラインでメッセージを送るのはあまりにも安易すぎると考えている。ある人にグリーティングカードを送ることはもっと手間がかかる。それは，あなたがその人について本当に気にかけていることを示しているのだ。このため，アメリカ人は今でも毎年およそ65億枚のグリーティングカードを購入している。

人々はかつてインターネットはグリーティングカードの売り上げにとって悪いものだろうと考えていたが，実際にはその売り上げに貢献しているのかもしれない。これは，ソーシャルメディアを利用している人がしばしばイベントについて気づかされるからである。例えば，彼らは，友人の1人がもうすぐ誕生日だとか結婚記念日だとかを彼らに伝えるメッセージを送られるかもしれない。その結果，彼らはグリーティングカードを買ってそれを友人に送ることを思い出すのである。

(28)－解答　②

選択肢の訳　1　easier to talk in private「内密に話す方が簡単」
2　better for the environment「環境により良い」
3　creating many jobs「多くの仕事を作り出す」
4　new and exciting「新しくてわくわくする」

解説　空所を含む文の文頭にAs a result「その結果」とあるので，その直前に着目すると，ほとんどのグリーティングカードが捨てられて大量のゴミを発生させているとある。これを理由にしてオンラインのコミュニケー

ションの方を好むと考えて，正解は **2**。**1** は文中にもある easier を含むが，「内密に話す方が簡単」だという内容は空所直前の文脈に合わない。

(29) –解答

選択肢の訳
1 takes more effort「もっと手間がかかる」
2 can lead to problems「問題になる可能性がある」
3 is not always possible「いつも可能とは限らない」
4 may not change anything「何も変えないかもしれない」

解説 空所を含む文の前にある it is too easy to send a message online「オンラインでメッセージを送るのはあまりにも安易すぎる」に続いて，「ある人にグリーティングカードを送ることは〜」という文脈。空所直後の文から，その人のことを気にかけているから手間をかけると考えて，正解は **1**。

(30) –解答 3

選択肢の訳
1 invited to play games「ゲームをするように誘われる」
2 sent photos of food「食べ物の写真を送られる」
3 reminded about events「イベントについて気づかされる」
4 shown advertisements「広告を見せられる」

解説 空所直後にある For example「例えば」以下の内容に着目。ソーシャルメディアで友人の誕生日や結婚記念日が通知されるので忘れることなくその人にグリーティングカードを送るという内容があるので，正解は **3**。

一次試験・筆記 **4A** 問題編 p.34〜35

ポイント 祖父から孫へのメールで，内容は孫の家への祖父の訪問についてである。第1段落では訪問中に一緒にやりたいことを祖父が考えていることが述べられ，第2段落では釣り，第3段落では野球観戦について提案されている。

全文訳

送信者：ヘンリー・ロビンズ <h-g-robbins@oldmail.com>
受信者：ピーター・ロビンズ <peter1512@whichmail.com>
日付：10月8日
件名：私の訪問

ピーターへ
来週あなたに再会できること，本当にわくわくしています。前回訪問したときにはとても素晴らしい1週間を過ごしました。もうあれから12か月も経つなんて信じられません。今回は1か月丸々滞在できるのでうれしいです。一緒にできる面白いことをたくさん計画しているんですよ。あなたの妹に，私がまた彼女とも一緒に遊べることを楽しみ

にしていると伝えてくださいね。

私はミラー湖のそばへキャンプに行けるかなと考えました。試しに湖で魚釣りをやってみてもいいかもしれませんね。あなたは以前に魚釣りに行ったことがありますか。私はあなたのお父さんが少年だったころ彼を何回も魚釣りに連れて行きました。それはとてものんびりできますが，もしあなたが何かを釣ろうと思うなら，その準備をして即座に動かなければなりませんよ！　あなたが立派な釣り人になるのに役立つたくさんのコツを私が教えてあげましょう。

また，一緒に野球の試合を見に行けるかなとも考えました。私の家の近くにはプロのチームがないので，私は長い間ずっと大きな野球の試合に行っていません。あなたが2，3か月前に町の野球チームに入ったとあなたのお父さんが私に話してくれました。それはどんな調子で進んでいますか。もしお望みなら，投球や捕球や打球の練習をしに公園に行ってもいいですね。

何はともあれ，すぐにまた会いましょう。

愛をこめて
祖父より

(31) – 解答 **2**

質問の訳　祖父がピーターに言っていることの1つは何ですか。

選択肢の訳
1　彼が1週間よりも長く滞在するのは不可能である。
2　彼が前回ピーターを訪問してから1年が経つ。
3　彼はピーターの妹に初めて会うのが待ちきれない。
4　彼は約1か月後にピーターの家を訪問する予定である。

解説　第1段落の第3文に I can't believe it's been 12 months already. 「もう12か月が経つとは信じられない」とあるので，正解は **2**。**1** は，第4文の I can stay for a whole month this time「今回は丸々1か月滞在できる」に矛盾。**3** は，第6文にピーターの妹とは play(ing) with her again「再び遊ぶ」とあるので不適。**4** は，第1文に「来週会う」ことが述べられているので不適。

(32) – 解答 **2**　　　　　　　　　　　　　　　正答率 ★75%以上

質問の訳　祖父がピーターに尋ねていることは，

選択肢の訳
1　彼が速く走れるかどうかである。
2　今までに魚釣りに行ったことがあるかどうかである。
3　彼が何か手品のやり方を知っているかどうかである。
4　彼が以前にキャンプに行ったことがあるかどうかである。

解説　第2段落の第3文に Have you ever been fishing before?「あなたは以前に魚釣りに行ったことがあるか」とあるので，正解は **2**。

(33) – 解答 **1**

質問の訳　ピーターは最近何をし始めましたか。

1 地元のスポーツチームでプレイすること。
  2 プロ野球の試合に行くこと。
  3 妹を連れて公園で遊ぶこと。
  4 学校で歴史について学ぶこと。

第3段落の第3文に Your dad told me that you joined a baseball team in your town a few months ago.「あなたが2，3か月前に町の野球チームに入ったとあなたのお父さんが私に話してくれた」とあるので，正解は **1**。a baseball team in your town が選択肢では a local sports team「地元のスポーツチーム」と言い換えられている。

一次試験・筆記 **4B** | 問題編 p.36〜37

タイトル「ドライブインシアター」の説明である。発案者リチャード・ホリングスヘッドがそれを発想した動機，それが人気となった理由，その問題点，それが衰退していった背景を中心に読み取っていこう。

ドライブインシアター

　リチャード・ホリングスヘッドはアメリカの実業家であった。彼の母は映画が大好きだったが，映画館の硬いいすが好きではなかった。ホリングスヘッドは，母は自分の車の柔らかいいすに座ったままで映画が見られたらもっと快適かもしれないと考えた。彼は自分の庭にスクリーンと数台のスピーカーを設置し，家族や隣人たちを招待して彼の新しいビジネスのアイデアであるドライブインシアターを試行した。

　ホリングスヘッドは1933年にもっと大型のドライブインシアターを開設したが，そこからあまり収益を得なかった。しかし，他の人達が彼のアイデアを真似て，ドライブインシアターはまもなく，特に小さな子供連れの人達に人気となった。1つの理由は，子供たちが他の人に迷惑をかけることなく走り回ったり叫んだりできたからだった。いくつかのドライブインシアターには遊び場もあったので，子供たちは映画が始まるのを待っている間，楽しく過ごすことができた。

　最初，これらのシアターにはスクリーンの近くに大型のスピーカーが置かれていた。音が良くなかったので，いくつかのシアターはすべての車のそばにスピーカーを設置した。しかしながら，ドライブインシアターには別の問題もあった。1つの問題は，ドライブインシアターは夕方暗くなってからしか上映できなかったことである。さらに，映画会社は屋内の映画館からの方が収益が多いので，その多くはドライブインシアターが一番人気の映画を上映するのを許可しなかった。ドライブインシアターはしばしばより古くて人気のない映画を上映しなければならなかった。

　1970年代には，人々は家で見られるビデオを借りられたので，多くのドライブインシアターが閉館となった。また，多くのドライブインシアターは大きな町や都市をちょっと出たところにあった。企業はその土地に新しい家が建てられるようにドライブ

インシアターを欲しがった。彼らは所有者に大金を提示し，多くの所有者がシアターを売却することにした。1960年ごろアメリカには4千を超えるドライブインシアターがあったが，今日では2，3百しか残っていない。

(34) – 解答 ④

質問の訳　リチャード・ホリングスヘッドの母についてわかることの1つは何ですか。

選択肢の訳
1 彼女は庭にドライブインシアターを作った。
2 彼女は映画を見て車の運転の仕方を学んだ。
3 彼女は家族や隣人たちのためによくパーティーを開いた。
4 彼女は映画館のいすは快適でないと思っていた。

解説　ホリングスヘッドの母については第1段落で述べられている。第2文の後半部分に she did not like the hard seats in movie theaters「映画館の硬いいすが好きではなかった」とあるので，正解は**4**。第3文の「自分の車の柔らかいいすに座ったままで映画が見られたらもっと快適かもしれない」もヒントになる。

(35) – 解答 ②

質問の訳　ドライブインシアターが人気となった1つの理由は，

選択肢の訳
1 子供のいる家族に特別割引を提供したからだった。
2 子供が騒いでも親は気にする必要がなかったからだった。
3 ほとんどの屋内の映画館が子供向けの映画を上映しなかったからだった。
4 その多くが子供の遊び場がある公園の近くに建設されたからだった。

解説　第2段落の第3文にドライブインシアターが子供連れの人達に人気となった理由として，the children could run around and shout without bothering other people.「子供たちが他の人に迷惑をかけることなく走り回ったり叫んだりできたからだった」とあるので，正解は**2**。

(36) – 解答 ③

質問の訳　いくつかの映画がドライブインシアターで上映されなかったのは，

選択肢の訳
1 夕方暗すぎて映画を楽に見られなかったからである。
2 映画館の音がいまひとつだったからである。
3 映画会社が屋内の映画館から収益をより多く得たからである。
4 それらが屋内の映画館では人気がなかったからである。

解説　第3段落ではドライブインシアターの問題点が説明されている。第5文前半に，movie companies got more money from indoor theaters「映画会社は屋内の映画館からの方が収益が多かった」とあり，同文後半でドライブインシアターに一番人気の映画を上映させなかったと述べられているので，正解は**3**。

質問の訳 多くのドライブインシアターの所有者はなぜシアターを売ったのです
か。

選択肢の訳 **1** 企業が彼らの土地に大金を支払うと申し出たから。
2 シアターが大きな町や都市から離れ過ぎていたから。
3 彼らは人々がビデオを借りられるように店を開きたいと思ったから。
4 人々が自宅の庭にドライブインシアターを作り始めたから。

解説 第4段落の第3文より，企業が住宅建設用にドライブインシアターの土
地を欲しがっていたことがわかる。第4文に They (＝companies)
offered the owners a lot of money, and many owners decided to
sell their theaters. 「彼ら（＝企業）は所有者に大金を提示し，多くの
所有者がシアターを売却することにした」とあるので，正解は **1**。

一次試験・筆記 5 | 問題編 p.38

質問の訳 あなたは生徒が夏休みの学習計画を立てるのは良いことだと思います
か。

解答例 Yes, I think so. First, students can clearly understand what to do
during the summer vacations. They can make the best use of
their time. Second, they can start studying on their own without
being forced. They can study more efficiently and remember
better with study plans. Therefore, I think it is good for students
to make study plans.

解答例の訳 はい，私はそう思います。第一に，生徒は夏休みの間に何をすべきかを
はっきりと理解することができます。彼らは時間を最大限に活用できま
す。第二に，彼らは強制されることなく自分自身で勉強を始めることが
できます。学習計画があると，より効率的に勉強でき，より良く覚える
ことができます。したがって，私は生徒が学習計画を立てることは良い
ことだと思います。

解説 質問は「生徒が夏休みの学習計画を立てるのは良いことだと思うか」で，
解答例はそれに賛成する立場である。自分の立場を明言するには質問文
を利用して I think (that) .... 「私は…だと思います」と書いてもよいが，
この解答例のように Yes, I think so. としても，その目的は果たせる。

解答例では，1つ目の理由を First 「第一に」で導入し，まず，夏休
みに何をすべきかがはっきりすると書いている。次の文では，その結果，
時間を最大限に活用できると述べて，理由を補足している。

2つ目の理由は Second 「第二に」で始め，強制されることなく自分

自身で勉強を始めることができると述べている。続く文では，効率的な学習ができ，記憶力も高まると内容を膨らませている。

　最後に Therefore「したがって」で全体をまとめている。この解答例では，make the best use of ～「～を最大限に活用する」，on *one's* own「自分自身で」，without *doing*「～せずに」などの表現にも注目したい。

| 一次試験・リスニング | 第**1**部 | 問題編 p.40 |  ▶MP3 ▶アプリ ▶CD 1 **1**～**11** |

〔例題〕-解答 3 ‥‥‥‥‥‥‥‥‥‥‥‥‥‥‥‥‥‥‥‥‥

放送英文　☆： Would you like to play tennis with me after school, Peter?

★： I can't, Jane. I have to go straight home.

☆： How about tomorrow, then?

　　1 We can go today after school.

　　2 I don't have time today.

　　3 That will be fine.

全文訳　☆： ピーター，放課後一緒にテニスをしない？

★： できないんだ，ジェーン。まっすぐ家に帰らなきゃいけないんだよ。

☆： それなら，明日はどう？

選択肢の訳　**1**　今日の放課後に行けるよ。

　　2　今日は時間がないんだ。

　　3　それなら大丈夫だよ。

No.1 -解答 1 ‥‥‥‥‥‥‥‥‥‥‥‥‥‥‥‥‥‥‥‥‥

放送英文　☆： Billy, have you given the dog a bath yet?

★： Not yet, Mom. My favorite TV show is on.

☆： Billy, you've been watching TV all day. Go outside and wash the dog now!

　　1 OK, Mom. I'll do it right away.

　　2 OK, Mom. I'll get the dog food now.

　　3 OK, Mom. I'll watch my show, then.

全文訳　☆： ビリー，もう犬をお風呂に入れたかしら？

★： まだだよ，お母さん。僕の大好きなテレビ番組がやっているんだ。

☆： ビリー，あなたは一日中ずっとテレビを見ているじゃない。すぐに外に出て犬を洗いなさい！

選択肢の訳　**1**　わかったよ，お母さん。すぐにやるよ。

　　2　わかったよ，お母さん。今からドッグフードを買ってくるよ。

　　3　わかったよ，お母さん。それじゃあ，僕の番組を見るよ。

解説 母と息子の会話。母は息子にテレビばかり見ていることを注意して，Go outside and wash the dog now!「すぐに外に出て犬を洗いなさい！」と言っている。適切な応答は，それを承諾している **1**。

No.2 －解答 ② 　正答率 ★75%以上

放送英文 ☆： Welcome to ExpressMart. Can I help you?

★： Yes, I'm looking for Battle Masters playing cards. Do you sell them?

☆： Well, we're sold out now, but we should get more tomorrow.

1 Hmm. I only play Battle Masters.

2 OK. I'll come back then.

3 No. Two packs would be fine.

全文訳 ☆： エクスプレスマートにようこそ。ご用を承りましょうか。

★： はい，私はバトルマスターズのプレイングカードを探しています。売っていますか。

☆： ええと，今は売り切れておりますが，明日入ってくるはずです。

選択肢の訳 **1** うーん。私はバトルマスターズしかやりません。

2 わかりました。そのときにまた来ます。

3 いいえ。２パックで大丈夫です。

解説 店員と客の会話。客が購入したいものを伝えると，店員は we're sold out now, but we should get more tomorrow「今は売り切れているが，明日入ってくるはずだ」と答えている。適切な応答は，そのときに再来店すると言っている **2**。

No.3 －解答 ①

放送英文 ★： Excuse me, ma'am. Is this the way to Shackleford Dance Hall?

☆： No, sir. You're on the wrong street. You need to use Beverly Lane.

★： How do I get there?

1 Take the next street on the right.

2 Your car needs to be repaired.

3 There are two dance halls in town.

全文訳 ★： ちょっとすみません。これはシャックルフォードダンスホールへの道ですか。

☆： 違いますよ。通りを間違えています。ベバリーレインを使う必要があります。

★： そこへはどうやって行くのですか。

選択肢の訳 **1** 次の右側の通りを進んでください。

2 あなたの車は修理する必要があります。

3 町にはダンスホールが２つあります。

解説 見知らぬ者同士の会話。男性の How do I get there?「そこへはどうやって行くのか」に対して適切な応答は，次の右側の通りを進むように指示している **1**。

No.4－解答 **3** ・・・・・・・・・・・・・・・・・・・・ 正答率 ★**75%以上**

放送英文 ☆： Hi, Andrew, are you going to the party on Saturday?
★： I wasn't invited to it. I'm going to a movie instead.
☆： Oh, that sounds fun. What kind of movies do you like?
   1 I haven't seen a movie this month.
   2 I think the party starts at 6 p.m.
   3 I usually watch scary ones.

全文訳 ☆： こんにちは，アンドリュー，あなたは土曜日のパーティーに行く予定かしら？
★： 僕はそれに招待されなかったんだ。代わりに映画に行く予定だよ。
☆： あら，それは楽しそうね。あなたはどんな種類の映画が好きなの？

選択肢の訳 **1** 今月は映画を見ていないよ。
   2 パーティーは午後6時に始まると思うよ。
   3 普通は怖い映画を見るよ。

解説 友人同士の会話。土曜日のパーティーのことが話題になった後，女性は What kind of movies do you like?「どんな種類の映画が好きなのか」と尋ねている。正解は scary ones「怖い映画」と答えている **3**。

No.5－解答 **2** ・・

放送英文 ☆： Hello, this is Dora with XYT Internet Services. Is this Mr. James?
★： Yes, but I already have an Internet service for my computer.
☆： Well, are you interested in hearing about our new high-speed Internet service?
   1 No. I can ask him later.
   2 Sure. Please tell me more.
   3 Actually, I have too many computers.

全文訳 ☆： もしもし，私はXYTインターネットサービスのドラと申します。ジェームズさんですか。
★： そうですが，私のコンピュータにはすでにインターネットのサービスが入っています。
☆： では，私どもの新しいハイスピードのインターネットサービスについて話を聞くことにご興味はありますか。

選択肢の訳 **1** いいえ。彼に後で聞けます。
   2 いいですね。もっと教えてください。
   3 実際，私はコンピュータを多く持ちすぎています。

21

インターネットサービスの営業の電話。最後の are you interested in hearing about our new high-speed Internet service?「新しいハイスピードのインターネットサービスについて話を聞くことに興味があるか」に対して適切な応答は，もっと教えてくれと答えている **2**。

No.**6** –解答 ①

放送英文 ☆： Hi, Carl. How was your trip to North Carolina?

★： It was wonderful! We spent some time on the beach.

☆： Did you see any sea animals?

1 Yes. We saw many kinds of fish.

2 Yes. We brought our dog.

3 Yes. The food was very good.

全文訳 ☆： こんにちは，カール。ノースカロライナへの旅行はどうだった？

★： 素晴らしかったよ！ ビーチでも時間を過ごしたんだ。

☆： 海の動物は何か見た？

選択肢の訳 **1** うん。たくさんの種類の魚を見たよ。

2 うん。私たちの犬を連れてきたよ。

3 うん。食べ物がとてもおいしかったよ。

解説 友人同士の会話。最後の Did you see any sea animals?「海の動物は何か見たか」に対して適切な応答は，「たくさんの種類の魚を見た」と答えている **1**。

No.**7** –解答 ③

放送英文 ★： Hi. I'm looking for something to read. Can you help me?

☆： Yes. What type of book are you interested in reading?

★： I want to read a book about international sports.

1 No. This is my first day at this job.

2 Sorry. We only have movies here.

3 I see. We should have some on this shelf.

全文訳 ★： こんにちは。私は何か読み物を探しています。お手伝いしてもらえますか。

☆： はい。あなたはどのような種類の本を読むことに興味がありますか。

★： 私は国際スポーツについての本が読みたいです。

選択肢の訳 **1** いいえ。この仕事では今日が私の初日です。

2 ごめんなさい。ここには映画しかありません。

3 わかりました。この棚に何冊かあるはずです。

解説 利用者と職員の会話。最後の男性の I want to read a book about international sports.「私は国際スポーツについての本が読みたい」に対して適切な応答は，「この棚にある」とその場所を教えている **3**。

No.8 −解答 **3** ･････････････････････････

放送英文 ★： Hello.

☆： Hi, Daniel. It's Mary. Do you want to come over for a barbecue this weekend?

★： Well, my sister will be back from college then. Can she come, too?

　1 No. I've never been to college.

　2 Well, I don't really like movies.

　3 Sure. There will be a lot to eat.

全文訳 ★： もしもし。

☆： こんにちは，ダニエル。メアリーよ。今週末バーベキューに来ない？

★： ええと，そのときは僕の姉［妹］が大学から戻って来るんだよ。彼女も行っていいかな？

選択肢の訳 **1** いいえ。私は大学へ行ったことがないの。

　2 ええと，私は映画があまり好きではないの。

　3 もちろんよ。食べ物はたくさんあるから。

解説 友人同士の電話での会話。女性は男性をバーベキューに誘っている。それに対し男性は，姉［妹］が大学から戻ってくるから Can she come, too?「彼女も行っていいか」と尋ねている。適切な応答は Sure.「もちろん」と承諾している **3**。

No.9 −解答 **2** ･････････････････････････

放送英文 ☆： Joe, what do you want for your birthday?

★： I really want a new bike, Aunt Becky!

☆： Well, I hope you get what you want.

　1 Yeah. My bicycle has red wheels.

　2 Yeah. My old bicycle is too small.

　3 Yeah. I don't like riding by myself.

全文訳 ☆： ジョー，あなたは誕生日に何が欲しいの？

★： 新しい自転車がすごく欲しいんだ，ベッキーおばさん！

☆： そう，あなたが欲しいものが手に入ることを願っているわね。

選択肢の訳 **1** うん。僕の自転車は赤い車輪なんだ。

　2 うん。僕の古い自転車は小さすぎるんだ。

　3 うん。僕は一人で乗るのが好きではないんだ。

解説 おばとおいの会話。おばは誕生日に何が欲しいか尋ね，おいは自転車が欲しいと答えている。適切な応答は，「僕の古い自転車は小さすぎる」と新しい自転車が欲しい理由を述べている **2**。

No.10 解答 **3** ･････････････････････････

放送英文 ☆： Welcome to Beaverton Library.

★： Hello. I'm looking for books about France for a history report I'm writing.

☆： Our history section is on the second floor. I'm sure you'll find something useful.

    1 Thank you. I'll come back tomorrow, then.

    2 Thank you. I'll try that library.

    3 Thank you. I'll go there now.

全文訳 ☆： ビーバートン図書館へようこそ。

★： こんにちは。私は，今書いている歴史のレポートのためにフランスについての本を探しています。

☆： 歴史コーナーは2階にあります。きっと役に立つものが見つかりますよ。

選択肢の訳 1 ありがとう。それでは，明日また来ます。

    2 ありがとう。その図書館へ行ってみます。

    3 ありがとう。今からそこに行ってみます。

解説 図書館職員と来館者の会話。男性が探している本を言うと，女性は Our history section is on the second floor.「歴史コーナーは2階にある」と答えている。適切な応答は，今からそこに行くと言っている **3**。

一次試験・リスニング	第**2**部	問題編 p.40〜41	

No.**11** 解答 ①

放送英文 ☆： I went to a great steak restaurant last night, John.

★： What's it called? My wife loves steak, so maybe I'll take her there.

☆： It's called Eddie's Steakhouse. It's really popular—there were a lot of people there. I'll send you an e-mail with a link to their website.

★： That sounds great. Thanks.

    Question: What is one thing the woman says about the restaurant?

全文訳 ☆： ジョン，私，昨夜素晴らしいステーキレストランに行ったのよ。

★： それは何て呼ばれているの？ 僕の妻はステーキが大好きだから，彼女をそこに連れて行こうかな。

☆： エディーズステーキハウスっていうの。すごく人気で，そこには大勢の人がいたわ。レストランのウェブサイトのリンクを付けてメールを送るわね。

★： それは素晴らしい。ありがとう。

Q：女性がレストランについて言っていることの１つは何ですか。

選択肢の訳
1 客が多くいる。
2 昨夜閉店した。
3 ステーキを出さない。
4 ウェブサイトを持っていない。

解説 友人同士の会話。話題は女性が昨夜行ったステーキレストランである。女性は，そのレストランは人気があり，there were a lot of people there「そこには大勢の人がいた」と言っているので，正解は **1**。

No.12 解答 ③

放送英文
★：Hey, Jennifer. What are you making? Is that beef stew?
☆：No, Hiroshi, it's called gumbo. It looks like beef stew, but it tastes different. It's mostly made of rice, seafood, and sausage. It's really popular in the state where I'm from, Louisiana. Gumbo was first made there.
★：Wow. Is it spicy?
☆：Sometimes it is. I usually don't make it spicy, but some people like it that way.
Question: What is the woman doing?

全文訳
★：やあ，ジェニファー。何を作っているの？　ビーフシチュー？
☆：いいえ，ヒロシ，それはガンボっていうの。ビーフシチューのように見えるけど，味が違う。それは主に米と海産物，ソーセージで作られるの。私の出身州のルイジアナですごく人気なの。ガンボはそこで初めて作られたのよ。
★：へえー。辛いの？
☆：時々ね。私は普通は辛くしないけれど，そうするのが好きな人もいるわ。
Q：女性は何をしていますか。

選択肢の訳
1 スーパーに行く準備をしている。
2 日本のレシピを試している。
3 自分の故郷の料理を作っている。
4 ビーフシチューの作り方を学んでいる。

解説 友人同士と思われる２人の会話。冒頭で男性が What are you making?「何を作っているのか」と尋ねて，その後で女性がガンボと呼ばれる料理について説明している。It's really popular in the state where I'm from, Louisiana.「それは私の出身州のルイジアナですごく人気だ」と話しているので，正解は **3**。

No.13 解答 ①

放送英文
★：Hello.
☆：Hi. This is Karen Stepford. Is Billy home?

★：Hi, Karen. Billy's not home from his karate class yet.
☆：Oh. Well, I want to ask Billy a question about a math problem that I'm having trouble with. Could you ask him to call me?
★：Sure. He should be back before dinnertime. I'll let him know you called.
Question: Why is the girl making the phone call?

全文訳 ★：もしもし。
☆：もしもし。カレン・ステップフォードです。ビリーは在宅していますか。
★：やあ，カレン。ビリーはまだ空手の教室から帰ってないよ。
☆：まあ。ええと，ビリーに私がてこずっている数学の問題について質問をしたいのです。彼に私に電話するように頼んでいただけますか。
★：もちろんだよ。彼は夕食時間の前には戻るはずだよ。君から電話があったことを彼に知らせるね。
Q：女の子はなぜ電話をしているのですか。

選択肢の訳
1 学業について助けが必要だから。
2 夕食に時間通りに行けないから。
3 今日数学の授業にいなかったから。
4 空手を学び始めたいから。

解説 女の子から友人ビリーの家への電話。女の子は，ビリーが不在だと言われ，I want to ask Billy a question about a math problem that I'm having trouble with「ビリーに私がてこずっている数学の問題について質問をしたい」と言っているので，正解は**1**。

No.14 解答 ②

放送英文 ☆：Good afternoon. I'd like to sell my old computer. How much would you give me for it?
★：Let me see. Hmm. To be honest, ma'am, I can't give you very much.
☆：Why not? It's in good shape—I haven't used it much.
★：It looks good, but it's just too old. It won't run any of the software that's for sale now.
Question: What is one reason the man won't pay much money for the computer?

全文訳 ☆：こんにちは。私の古いコンピュータを売りたいのです。いくら頂けるかしら？
★：そうですねえ。うーん。お客さま，正直言って，あまりお渡しできません。
☆：どうして？　調子はいいし，私，あまり使ってないのよ。
★：外見は良いのですが，ただ古すぎるのです。それは現在販売中のソフトウエアのどれも動かせないでしょう。

Q：男性がそのコンピュータにあまりお金を払わない理由の1つは何ですか。

選択肢の訳
1　損傷しているように見える。
2　古いソフトウエアしか使用できない。
3　多くの人によって使用されている。
4　十分に古くない。

解説　客と店員の会話。店員はコンピュータを高く買い取れないと言い，最後に It won't run any of the software that's for sale now.「それは現在販売中のソフトウエアのどれも動かせないだろう」とその理由を述べているので，正解は **2**。

No.15 解答 4

放送英文
☆：Hello. I am looking for someone who can help me.
★：I'm Fred Davis. I own this jewelry store. How can I help you?
☆：I see you also fix jewelry. I have a watch that is broken.
★：Yes, we can fix rings, earrings, necklaces, and most watches. I can probably fix that for you. May I see it?
Question: Why did the woman go to the jewelry store?

全文訳
☆：こんにちは。私に応対してくれる人を探しています。
★：フレッド・デイビスと申します。この宝石店の店主です。どのようなご用でしょうか。
☆：こちらは宝石の修理もしますよね。私には故障した腕時計があるのです。
★：はい，私どもは指輪，イヤリング，ネックレスにほとんどの腕時計を修理できます。おそらくそれを修理して差し上げられると思います。見てもよろしいですか。
Q：女性はなぜ宝石店に行ったのですか。

選択肢の訳
1　指輪を返すため。
2　店の所有者に会うため。
3　イヤリングを購入するため。
4　腕時計を修理してもらうため。

解説　宝石店での客と店主の会話。女性は修理について尋ねて，I have a watch that is broken.「私には故障した腕時計がある」と言っているので，正解は **4**。最後に店主が「おそらくそれを修理してあげられる」と話していることからも推測ができる。

No.16 解答 1

放送英文
★：Mom, do we have any dinner plans tomorrow night?
☆：I am going to make pasta, Dean. Why?
★：Could I invite Cory to eat with us?
☆：Sure. I can make enough for everyone. We can all watch a

movie after we eat, too.

Question: What does the boy want to do?

全文訳 ★： お母さん，明日の晩は何か夕食のプランがあるの？

☆： パスタを作るつもりよ，ディーン。なぜかしら？

★： 一緒に食事するようにコーリーを誘ってもいいかな？

☆： もちろんよ。みんなの分を作れるわ。お食事の後，みんなで映画も見られるわね。

Q：男の子は何をしたがっていますか。

選択肢の訳 **1** 友人を夕食に招待する。

2 家を出る前に夕食を食べる。

3 母のためにパスタを作る。

4 映画を見に映画館へ行く。

解説 息子と母親の会話。息子は明日の夕食について尋ねた後，Could I invite Cory to eat with us?「一緒に食事するようにコーリーを誘ってもいいか」と尋ねているので，正解は **1**。

No.17 解答 ③

放送英文 ☆： Hello. Do you make any coffee drinks without milk here?

★： Yes, they are listed on this board with our special drinks.

☆： Thanks. Wow, these all look so good! Which one is your favorite?

★： I like them all, but the Italian Roast is my favorite.

Question: What does the woman ask the man?

全文訳 ☆： こんにちは。ここではミルクの入っていないコーヒードリンクは何かありますか。

★： はい，それらはスペシャルドリンクと一緒にこちらのボードにリストされています。

☆： ありがとう。わあー，全部すごくおいしそう！ あなたのお気に入りはどれですか。

★： 全部好きですが，イタリアンロストが私のお気に入りです。

Q：女性は男性に何を尋ねていますか。

選択肢の訳 **1** ドリンクの値段を教えること。

2 どのドリンクがチョコレートを使っているか。

3 ミルクが入っていないコーヒードリンクについて。

4 ドリンクがどのようにして作られているか。

解説 コーヒー店での客と店員の会話。最初に客が Do you make any coffee drinks without milk here?「ここではミルクの入っていないコーヒードリンクは何かあるか」と尋ねているので，正解は **3**。

No.18 解答 ②

放送英文
★: How did you do on the science test this morning, Gloria?
☆: Not so well. I'm worried that I did very poorly, actually.
★: Really? But you always do well in science. Didn't you study for it?
☆: I did, but I couldn't sleep last night. I had trouble concentrating on some of the problems.
Question: What is one thing we learn about the girl?

全文訳
★: グローリア，今朝の理科のテストの出来はどうだった？
☆: あまり良くなかったわ。実際，とてもひどいんじゃないかって心配しているの。
★: 本当？　でも，君はいつも理科の成績がいいよね。それに向けて勉強しなかったの？
☆: したけど，昨夜眠れなかったのよ。集中するのに苦労した問題もあったわ。
Q：女の子についてわかることの1つは何ですか。

選択肢の訳
1　彼女は理科のテストに向けて勉強しなかった。
2　彼女は昨夜よく眠れなかった。
3　彼女は宿題をする時間がない。
4　彼女は理科の成績が悪い。

解説
友人同士の会話。女の子は最後に I couldn't sleep last night.「昨夜眠れなかった」と言っているので，正解は2。4は，男の子が2番目の発言で you always do well in science「君はいつも理科の成績がいい」と言っているので不適。

No.19 解答 ④

正答率 ★75%以上

放送英文
☆: Hello.
★: Hello. I'd like to order two large pizzas and some spicy chicken wings for delivery, please.
☆: Sorry, but you must have made a mistake. This is a private phone number, not a restaurant.
★: Do you mean this isn't Willy's Pizza?
☆: No, it's not. Goodbye.
Question: What do we learn about the man?

全文訳
☆: もしもし。
★: もしもし。ラージサイズのピザ2枚と辛いチキンの手羽を配達で注文したいのです。
☆: すみませんが，お間違いのようですよ。これは個人宅の電話番号で，レストランではありません。

★：そちらはウィリーズピザではないということですか。

☆：ええ，そうです。さようなら。

Q：男性について何がわかりますか。

1 彼は今夜働けない。

2 彼はピザが好きではない。

3 彼は注文を取り消した。

4 彼は間違った番号に電話をした。

解説　最初のやりとりからピザ店への配達注文の電話だと思われるが，それに続いて女性は Sorry, but you must have made a mistake. 「すみませんが，お間違いのようだ」と言った後，男性がかけた番号はレストランの番号ではなく個人宅の番号であると伝えている。よって，正解は **4**。

No.20 解答 ②　　正答率 ★75%以上

放送英文 ★： Mom, where's my blue shirt with the green stripes?

☆： I don't know, Ben. I haven't seen it.

★： I saw it in my closet yesterday morning, but now it's not there.

☆： Well, maybe your brother borrowed it to wear to the party he went to.

Question: What is Ben's problem?

全文訳 ★：お母さん，緑色のしまが付いた僕の青いシャツどこかな？

☆：わからないわ，ベン。見ていないもの。

★：昨日の朝，僕のクローゼットで見たんだけど，今そこにないんだ。

☆：うーん，多分，あなたの兄［弟］が自分が行くパーティーに着るのに借りたのよ。

Q：ベンの問題は何ですか。

選択肢の訳 **1** 彼は自分のシャツが好きではない。

2 彼は自分のシャツが見つけられない。

3 彼の兄［弟］が彼のシャツを汚した。

4 彼のシャツが大きすぎる。

解説　息子と母親の会話。冒頭で息子のベンが where's my blue shirt with the green stripes?「緑色のしまが付いた僕の青いシャツはどこか」と言い，シャツが見つからないことがわかるので，正解は **2**。

一次試験・リスニング	第3部	問題編 p.42〜43	🔊	▶MP3 ▶アプリ ▶CD 1 23〜33

No.21 解答 ④　　正答率 ★75%以上

放送英文 Michiko is in her second year of high school. Her favorite subjects are biology and math. Michiko wants to become a doctor one day. She plans to study very hard and wants to go to medical school in the future.

Question: What does Michiko want to be in the future?

全文訳 ミチコは高校2年生である。彼女の好きな教科は生物と数学である。ミチコはいつか医師になりたいと思っている。彼女はとても一生懸命に勉強するつもりで，将来医学部に行きたいと思っている。

Q：ミチコは将来何になりたがっていますか。

選択肢の訳
1 数学の教師。
2 看護師。
3 生物の教師。
4 医師。

解説 高校2年生のミチコの将来についての話。中ほどで Michiko wants to become a doctor one day.「ミチコはいつか医師になりたいと思っている」と言っているので，正解は **4**。最後の wants to go to medical school in the future「将来医学部に行きたいと思っている」もヒントになる。

No.22 解答 3

放送英文 Bob's cousin Paula is 12 years old. Last year, Paula wanted to be a ballet dancer. She was taking classes and practicing every day. But today, Bob was surprised to hear that Paula had quit the ballet lessons. Now, she wants to be a soccer player instead.

Question: Why was Bob surprised?

全文訳 ボブのいとこのポーラは12歳である。昨年，ポーラはバレエダンサーになりたがっていた。彼女はレッスンを受け，毎日練習していた。しかし，今日，ボブはポーラがバレエのレッスンをやめたと聞いて驚いた。今，彼女はそれよりむしろサッカー選手になりたがっている。

Q：ボブはなぜ驚いたのですか。

選択肢の訳
1 ポーラがサッカーボールをくれたから。
2 ポーラが彼のサッカーの試合に来たから。
3 ポーラがバレエを学ぶのをやめたから。
4 ポーラが有名なバレエダンサーに会ったから。

解説 ボブのいとこのポーラの話。中ほどで Bob was surprised to hear that Paula had quit the ballet lessons「ボブはポーラがバレエのレッスンをやめたと聞いて驚いた」と言っているので，正解は **3**。英文中で言及のある soccer や ballet を含むという理由だけで他の選択肢を選ばないように注意する。

No.23 解答 1

放送英文 Jonathan goes swimming three times each week. He wanted to take part in a swimming race, so he asked his friend Bob to help him. Bob came to the pool and used a stopwatch to measure how quickly Jonathan could swim. With Bob's help, Jonathan got faster and faster. In the race, Jonathan finished second.

Question: What did Bob do for Jonathan?

全文訳 ジョナサンは週に3回泳ぎに行っている。彼は水泳レースに参加したかったので，友人のボブに手伝ってくれるように頼んだ。ボブはプールまで来て，ストップウォッチを使ってジョナサンがどのくらい速く泳げるのか測定した。ボブの手助けがあって，ジョナサンはどんどん速くなった。レースで，ジョナサンは2位でゴールした。

Q：ボブはジョナサンのために何をしましたか。

選択肢の訳 **1** 彼はジョナサンがもっと速く泳げるように手助けした。
2 彼はジョナサンに飛び込み方を教えた。
3 彼はジョナサンに自分のストップウォッチを使わせた。
4 彼はジョナサンをレースまで車で送って行った。

解説 ジョナサンの水泳とそれを手助けしたボブの話。中ほどでボブはプールまで来て，ストップウォッチでジョナサンのタイムを測り，With Bob's help, Jonathan got faster and faster. 「ボブの手助けがあって，ジョナサンはどんどん速くなった」と述べられているので，正解は**1**。

No.24 解答 ④

放送英文 Postage stamps are usually put on letters before they are sent. Sometimes, there are printing mistakes on postage stamps, so they become very valuable. For example, in 1918, some postage stamps were printed in the United States. Their pictures were printed upside down by mistake, and later in 2016, one of these stamps was sold for more than a million dollars.

Question: Why were the U.S. postage stamps from 1918 special?

全文訳 郵便切手は通常，送られる前に手紙に貼られる。時に郵便切手には印刷ミスがあり，そのようなものは大変な価値となる。例えば，1918年にアメリカである郵便切手が印刷された。その図柄は誤って逆さまに印刷されてしまい，その後2016年になり，この切手の1枚が100万ドルを超える値段で売られた。

Q：1918年のアメリカの郵便切手はなぜ特別なのですか。

選択肢の訳 **1** 100万枚を超える枚数が盗まれた。
2 有名な写真家によって購入された。
3 印刷するのに新しいタイプの機械が使用された。
4 その図柄に誤りがあった。

解説 postage stamps「郵便切手」の話。printing mistakes on postage stamps「郵便切手の印刷ミス」の例として1918年の切手が紹介され，Their pictures were printed upside down by mistake「その図柄は誤って逆さまに印刷された」と述べられているので，正解は**4**。

No.25 解答 ①

放送英文 Zack's birthday party is on Sunday. He wanted to have his party at the city zoo, but it was not possible to have parties there. Instead, his party will be held at a place where people can go bowling. Zack wanted to invite all his classmates to his party, but his parents said he could only ask six friends to come.

Question: What is one thing we learn about Zack's birthday party?

全文訳 ザックの誕生日パーティーは日曜日にある。彼は市立動物園でパーティーを開きたいと思ったが，そこでパーティーを開くことはできなかった。その代わりに，彼のパーティーは人々がボウリングをしに行ける場所で開かれる予定である。ザックはクラスメート全員をパーティーに招待したかったが，彼の両親は6人だけ招待していいと言った。

Q：ザックの誕生日パーティーについてわかることの1つは何ですか。

選択肢の訳 1 今週の日曜日に開かれる。
2 ザックの友人の6人がそれを計画した。
3 彼はその日にボウリングに行けない。
4 ザックの両親はそこに行けない。

解説 ザックの誕生日パーティーの話。冒頭部分で Zack's birthday party is on Sunday.「ザックの誕生日パーティーは日曜日にある」と言っているので，正解は**1**。**2**の「6人」はザックの両親が招待を許可した友人の人数。

No.26 解答 ②

放送英文 Sharon has an important history test next week. She planned to study in the library today, but she got a call from her friend Nick. Nick had fallen off his bike and hurt himself. He asked Sharon if she could take him to see the doctor. Sharon said yes. She is more worried about her friend than about her test.

Question: What did Sharon do for her friend Nick?

全文訳 シャロンには来週，重要な歴史のテストがある。彼女は今日図書館で勉強する計画だったが，友人のニックから電話があった。ニックは自転車から落ちてけがをしていたのだ。彼はシャロンに医者の診察に連れて行ってくれるか尋ねた。シャロンはいいよと言った。彼女はテストのことよりも友達のことの方が心配である。

Q：シャロンは友人のニックのために何をしましたか。

1 彼女は彼が重要なテストのために勉強するのを手伝った。
2 彼女は彼を医者の診察に連れて行くことに同意した。
3 彼女は彼が自分の自転車を壊した後，それを修理した。
4 彼女は電話するために彼に自分の電話を使わせてあげた。

解説 シャロンが友人のニックを助けた話。He asked Sharon if she could take him to see the doctor. Sharon said yes. 「彼はシャロンに医者の診察に連れて行ってくれるか尋ねた。シャロンはいいよと言った」と述べられているので，正解は **2**。

No.27 解答 ••

放送英文 This is a message for the Grade 10 students who will be taking today's Japanese exam. I hope you have remembered to bring your examinee forms. The exam will take place in Classrooms 204 and 205. Please check the list of names on the blackboard by the main entrance to find where you should take your exam.

Question: How can students find out where to take their Japanese exam?

全文訳 これは今日の日本語の試験を受けることになっている 10 年生への連絡です。受験票を持ってくるのを忘れていなければよいのですが。試験は 204 教室と 205 教室で行われます。自分がどこで試験を受けるのか知るために正面玄関そばの黒板にある名前のリストを確認してください。

Q：生徒たちはどうやって日本語の試験をどこで受けたらよいかを知ることができますか。

1 10 年生の生徒の 1 人に尋ねることによって。
2 204 教室にいる人に尋ねることによって。
3 正面玄関そばにあるリストを確認することによって。
4 自分の受験票を確認することによって。

解説 受験生へのお知らせの放送。最後で Please check the list of names on the blackboard by the main entrance to find where you should take your exam. 「自分がどこで試験を受けるのか知るために正面玄関そばの黒板にある名前のリストを確認してください」と言っているので，正解は **3**。

No.28 解答 •••••••••••••••••••••••••••••••• 正答率 ★75%以上

放送英文 Larry grows vegetables and eats them himself. He really likes growing tomatoes, carrots, potatoes, and onions. However, he does not grow peppers because he does not like spicy food. Larry usually enjoys gardening very much, but last year, a rabbit got into his garden and ate all of his carrots. That made Larry very upset.

Question: Why did Larry get upset?

全文訳　ラリーは野菜を育ててそれを自分で食べている。彼はトマトやニンジン，ジャガイモ，タマネギを育てるのがすごく好きである。しかしながら，彼は辛い食べ物が好きではないので，唐辛子は育てていない。ラリーは普段，ガーデニングをとても楽しんでいるが，昨年，ウサギが彼の庭に入り，彼のニンジンを全部食べてしまった。そのことで，ラリーはとても動揺した。

Q：ラリーはなぜ動揺したのですか。

選択肢の訳　**1**　彼のタマネギの風味が強すぎたから。

2　誰かが唐辛子を彼の食べ物に入れたから。

3　彼のジャガイモが育つのに時間がかかりすぎたから。

4　ウサギが彼の野菜の一部を食べてしまったから。

解説　ラリーの家庭菜園の話。ラリーが「動揺した（get upset）」したことは最後で述べられていて，その前で last year, a rabbit got into his garden and ate all of his carrots「昨年，ウサギが彼の庭に入り，彼のニンジンを全部食べてしまった」と言っているので，正解は **4**。

No.29 解答 ··

放送英文　In Italy, there is a shopping center called Vulcano Buono. It was built in 2007 and was created in the shape of a mountain. It has a big hole at the top. In the middle, it also has an outdoor theater where concerts and markets are held.

Question: What is one thing we learn about the shopping center in Italy?

全文訳　イタリアにはヴルカーノボーノと呼ばれるショッピングセンターがある。それは 2007 年に建設され，山の形に造られた。その頂上には大きな穴がある。中心部にはコンサートや市が開かれる野外劇場もある。

Q：イタリアのショッピングセンターについてわかることの 1 つは何ですか。

選択肢の訳　**1**　山のように見えるように設計された。

2　2,000 年以上も前に建設された。

3　有名な音楽家にちなんで名付けられた。

4　市が閉鎖してから作られた。

解説　冒頭部分から，イタリアのショッピングセンターについての説明だと理解する。前半で was created in the shape of a mountain「山の形に造られた」と述べられているので，正解は **1**。

No.30 解答 ② ··

放送英文　Patty rides her bike to college even when the weather is bad.

She would like to take the bus when it's cold or rainy, but she needs to save money. Today, Patty was able to get a part-time job. She is very happy because she will have enough money to take the bus whenever she wants to.

Question: Why is Patty happy now?

全文訳 パティは天気が悪いときでも自転車に乗って大学に行く。寒かったり雨だったりするときにはバスに乗りたいのだが，彼女はお金を貯めなければならない。今日，パティはアルバイトの仕事を得ることができた。彼女は，好きなときにいつでもバスに乗れるだけのお金を持てることになるので，とても喜んでいる。

Q：パティはなぜ今喜んでいるのですか。

選択肢の訳 1　もうアルバイトで働く必要がないから。
2　いつも自転車に乗って大学に行く必要がないから。
3　勉強に使える時間が増えるから。
4　新しい自転車を買うための十分なお金があるから。

解説 パティの大学までの通学の話。後半部分で，アルバイトの仕事を得たと述べられ，彼女が喜んでいる理由として because she will have enough money to take the bus whenever she wants to「好きなときにいつでもバスに乗れるだけのお金を持てることになるので」と言っているので，正解は **2**。パティはバスに乗るためのお金を持てることで喜んでいるので，**4** は不適。

二次試験・面接 | 問題カード **A** 日程 | 問題編 p.44〜45　🔊 ▶MP3 ▶アプリ ▶CD 1 34〜38

全文訳 **オンライン留学**

　　今日，多くの人が留学する。しかしながら，他の国々に行くには多くの時間とお金がかかることがある。今，科学技術が重要な役割を果たしている。一部の人たちは外国の学校によって行われているオンラインの授業を受けていて，そうすることによって，彼らは自国を離れることなく留学を経験できる。

質問の訳 No. 1　文章によると，一部の人たちはどのようにして自国を離れることなく留学を経験できるのですか。

　　　　No. 2　さて，Ａの絵の人々を見てください。彼らはいろいろなことをしています。彼らが何をしているのか，できるだけたくさん説明してください。

　　　　No. 3　さて，Ｂの絵の女の子を見てください。この状況を説明してください。

それでは，～さん，カードを裏返しにして置いてください。

No. 4　中学校は生徒たちにもっと多くの料理の授業を提供すべきだと思いますか。

　　　　Yes. →なぜですか。　　　No. →なぜですか。

No. 5　今日，多くの人々がスーパーに買い物に行くときに買い物袋を持って行きます。あなたはスーパーに自分の買い物袋を持って行きますか。

　　　　Yes. →もっと説明してください。　　　No. →なぜですか。

No.1

解答例 By taking online classes that are held by foreign schools.

解答例の訳 外国の学校によって行われているオンラインの授業を受けることによってです。

解説 まず，質問に出てくる experience studying abroad without leaving their own countries が文章の最後に出てくることを確認する。次に，その前にある by doing so「そうすることによって」の do so がさらにその前の take online classes that are held by foreign schools を指していることを見抜き，By taking .... と答えればよい。

No.2

解答例 A girl is knocking on a door. / Two boys are playing cards. / A woman is picking up a pen. / A man is cleaning a whiteboard. / A boy is putting on [taking off] his jacket.

解答例の訳 女の子がドアをノックしています。／2人の男の子がトランプをしています。／女性がペンを拾い上げています。／男性がホワイトボードをきれいにしています。／男の子が上着を着て［脱いで］います。

解説 「ドアをノックする」は knock on a door で，on を伴うことに注意する。「トランプをする」は play cards である。「～を拾い上げる」は pick up ～である。

No.3

解答例 She can't drink water because she's afraid of the dog.

解答例の訳 彼女は犬が怖いので水を飲めません。

解説 女の子が「犬を怖がっている」ことと「水が飲めない」ことの2点を説明し，前者が後者の理由であることを示したい。「～を怖がっている」は be scared of ～を用いることもできる。

No.4

解答例 （Yes. と答えた場合）

It's important for students to have cooking skills. Also, they should learn more about how to make healthy meals.

解答例の訳 料理の技術を持つことは生徒にとって重要です。また，彼らは健康にい

い食事の作り方をもっと学ぶべきです。

解答例 （No. と答えた場合）

Students already have enough cooking classes. Also, they can learn how to cook at home.

解答例の訳 生徒はすでに十分な料理の授業を受けています。また，料理の仕方は家庭で学べます。

解説 Yes. の場合には，「成長したら料理の仕方を知っている必要がある（Students will need to know how to cook when they are older.）」などと答えてもよい。No. の場合には，「生徒はすでに多くの学業で忙しい（Students are already busy with a lot of schoolwork.）」などと答えることもできる。

No.5

解答例 （Yes. と答えた場合）

I always use bags that can be used many times. It's important that we try to reduce plastic garbage.

解答例の訳 私は何回も使えるバッグをいつも使います。私たちがプラスチックゴミを減らそうと努力することは大切です。

解答例 （No. と答えた場合）

It's more convenient for me to buy plastic bags at the supermarket. Also, they can be used for other things at home.

解答例の訳 スーパーでビニール袋を買う方が私には便利です。また，それらは家で他のことのために利用できます。

解説 Yes. の場合には，「環境のために何かしたい（I want to do something for the environment.）」などと答えることもできる。No. の場合には，「自分の買い物袋を持っていくのをいつも忘れてしまう（I always forget to take my own shopping bags.）」などと自分の状況を説明することもできる。

二次試験・面接 | 問題カード **B** 日程 | 問題編 p.46〜47 | 🔊 | ▶MP3 ▶アプリ ▶CD 1 39〜42

全文訳 **オンラインのディスカウントストア**

　今日，インターネット上のディスカウントストアが注目を集めている。人々はより安い価格で物を買うことができ，その結果，彼らはオンラインのディスカウントストアは助けになると思う。しかしながら，いくつかの地域の人々はそれらを利用するのに苦労することがある。例えば，彼らは製品が配達されるのに長い間待つ必要がある。

質問の訳 No. 1　文章によると，人々はなぜオンラインのディスカウントストアが助

けになると思うのですか。

No. 2　さて，Aの絵の人々を見てください。彼らはいろいろなことをしています。彼らが何をしているのか，できるだけたくさん説明してください。

No. 3　さて，Bの絵の女性を見てください。この状況を説明してください。

それでは，～さん，カードを裏返しにして置いてください。

No. 4　インターネットを利用することは人々が英語を学ぶ良い方法だと思いますか。
　　　　　Yes. →なぜですか。　　　No. →なぜですか。

No. 5　今日，たくさんの種類のレストランがあります。あなたはレストランで食事するのが好きですか。
　　　　　Yes. →もっと説明してください。　　　No. →なぜですか。

No.1

解答例　Because they can buy things at lower prices.

解答例の訳　なぜなら彼らはより安い価格で物を買うことができるからです。

解説　まず，質問にある find online discount stores helpful は文章の第2文の後半にあることを確認する。その前にある as a result「その結果」に着目し，その前の部分 People can ... lower prices を答える。ただし，文頭の People は質問ですでに出ているので，they に置き換える。

No.2

解答例　A man is carrying a computer. / A boy is feeding a cat. / A woman is putting a cup on the table. / A girl is singing a song. / A man is reading a book.

解答例の訳　男性がコンピュータを運んでいます。 / 男の子が猫にえさをやっています。 / 女性がテーブルにカップを置いています。 / 女の子が歌を歌っています。 / 男性が本を読んでいます。

解説　「コンピュータを運ぶ」男性についての説明で，have「持っている」は進行形で使わないことに注意する。「猫にえさをやる」は動詞 feed「～にえさをやる」を使いたいが，give (some) food to a cat と表現してもよい。「テーブルにカップを置く」は put a cup on the table と表現する。

No.3

解答例　She dropped her smartphone and thinks she broke it.

解答例の訳　彼女はスマートフォンを落とし，それを壊したと思っています。

解説　女性について「スマートフォンを落とした」ことと「それを壊したと思っている」ことの2点を説明する。「～を落とす」は drop で，fall「落ちる」は使えない。後半部分は，she is worried that it is broken [she can't use it anymore]「それが壊れている［もうそれを使えない］と心配している」としてもよい。

No.4

解答例 (Yes. と答えた場合)

People can see useful websites about learning English. Also, they can speak with people in other countries online.

解答例の訳 人々は英語を学ぶことに役に立つウェブサイトを見ることができます。また，彼らはオンラインで他の国の人々と話すことができます。

解答例 (No. と答えた場合)

It's better for people to learn English in a classroom. It's easier to hear the teacher's voice.

解答例の訳 教室で英語を学ぶ方が人々にとって良いからです。先生の声を聞く方が楽です。

解説 Yes. の場合には，「さまざまなウェブサイトからたくさん学べる（can learn a lot from various websites)」なども考えられる。No. の場合には，「コンピュータやスマートフォンなどの高価なデバイスが必要である（need expensive devices such as computers and smartphones)」など電子機器で学習することの問題点を説明することもできる。

No.5

解答例 (Yes. と答えた場合)

We can enjoy a variety of dishes at restaurants. I also like eating with my friends.

解答例の訳 私たちはレストランでさまざまな料理を楽しむことができます。私は友達と一緒に食べるのも好きです。

解答例 (No. と答えた場合)

Most restaurants are too noisy to talk in. Also, they're often expensive.

解答例の訳 ほとんどのレストランはそこで話をするにはうるさすぎます。また，それらは値段が高いことがよくあります。

解説 Yes. の場合には，「自宅近くにイタリアンレストランがある（There is an Italian restaurant near my house.)」などと話してから，「よく家族でそこで食事をする（I often eat there with my family.)」などとそのレストランについて話すこともできる。No. の場合には，「家で食事をする方が好きである（I like eating at home better.)」なども考えられる。

2023-1

解 答 一 覧

1

(1)	1	(8)	1	(15)	2
(2)	4	(9)	1	(16)	3
(3)	2	(10)	2	(17)	4
(4)	4	(11)	1	(18)	4
(5)	3	(12)	4	(19)	1
(6)	4	(13)	2	(20)	3
(7)	4	(14)	1		

2

(21)	4	(23)	2	(25)	2
(22)	1	(24)	3		

3 A

(26)	4
(27)	2

3 B

(28)	1
(29)	3
(30)	3

4 A

(31)	1
(32)	4
(33)	3

4 B

(34)	2
(35)	4
(36)	1
(37)	4

5　解答例は本文参照

第1部

No. 1	3	No. 5	1	No. 9	1
No. 2	2	No. 6	2	No.10	3
No. 3	2	No. 7	1		
No. 4	3	No. 8	3		

第2部

No.11	3	No.15	1	No.19	1
No.12	3	No.16	4	No.20	2
No.13	3	No.17	4		
No.14	2	No.18	3		

第3部

No.21	1	No.25	1	No.29	2
No.22	1	No.26	4	No.30	1
No.23	2	No.27	3		
No.24	2	No.28	3		

(1) ─解答 **1**

訳 その先生は，ルースがノートに写し終える前に黒板からメモ書きを消してしまった。彼女は他の生徒に助けを求めなければならなかった。

解説 空所後に「ルースがノートに（先生のメモ書きを）写し終える前に」とあり，次の文に「他の生徒に助けを求めなければならなかった」とあることから，先生は黒板のメモ書きを消してしまったと考えて，正解は **1**。erase は「〜を消す」。excuse「〜を許す」，escape「〜を逃れる」，extend「〜を延長する」。

(2) ─解答 **4** ・・・・・・・・・・・・・・・・・・・・・・・・・・ 正答率 ★**75%以上**

訳 A：なぜピクニックを中止したの？　私はそれを楽しみにしていたのに。
B：私も楽しみだったけど，雨が降りそうなの。天気についてはどうしようもないよ。

解説 So was I. は「私もそうだ」という意味。ピクニック中止の理由について B は「雨が降りそうだ」と言い，その後で「天気については（コントロールが効かない→）どうしようもない」と答えていると考えて，**4** の control（アクセント注意 [kəntróul]）「制御，コントロール」を選ぶ。issue「問題」，grade「等級，評点」，fever「熱」。

(3) ─解答 **2** ・・・・・・・・・・・・・・・・・・・・・・・・・・ 正答率 ★**75%以上**

訳 A：今年の冬は本当に寒いよね。
B：本当にそうね！　私はベッドで4枚毛布を掛けているけど，それでも夜，寒いよ。

解説 空所後に「それでも夜，寒い」とあるので，B は寒さ対策をしていると考えて，正解は **2**。blanket は「毛布」。lock「錠前」，moment「瞬間」，husband「夫」。

(4) ─解答 **4**

訳 新しいテレビ番組『驚くべき植物』はとても教育上ためになる。それを見る子供は多くの変わった植物について学ぶことができる。

解説 空所後の文に「それを見る子供は多くの変わった植物について学ぶことができる」とあるので，正解は **4**。educational は名詞 education「教育」の形容詞形で，「教育上の，教育上ためになる」という意味。modern「現代の，近代の」，lonely「寂しい」，violent「乱暴な」。

(5) ─解答 **3**

訳 鈴木さんのハワイでの休暇は，素晴らしい夢のようであった。しかしながら，彼は東京での仕事という現実に戻らねばならないことがわかって

いた。

解説 休暇は素晴らしい夢のようだったという記述の後に，「しかしながら，彼は東京での仕事という〜に戻らねばならないことがわかっていた」とあるので，正解は **3** の reality「現実」。reality は形容詞 real「本物の，現実の」の名詞形である。origin「起源」，suggestion「提案」，coast「沿岸，海岸」。

(6) ― 解答 ④

訳 ウェズリーはスーザンから彼女のギターを買うと申し出たが，彼女は断った。それは彼女のお父さんからのプレゼントだったので，彼女はそれを売りたくなかったのだ。

解説 後半の文に「彼女のお父さんからのプレゼントだったので売りたくなかった」とあるので，スーザンはウェズリーの申し出を断ったと考えて，正解は **4**。refuse は「〜を断る」という意味で，名詞は refusal「拒否」。employ「〜を雇う」，exist「存在する」，retire「引退する」。

(7) ― 解答 ④

訳 アンドリューは，いつも一緒に興味深い話し合いができるので，週末に祖父母を訪ねるのを楽しみにしている。彼らはいつも歴史について話す。

解説 後半の文に「彼らはいつも歴史について話す」とあることから，アンドリューが祖父母を訪ねるのが楽しみなのは，彼らとの話が興味深いからだと考えて，正解は **4**。discussion「議論，話し合い」は動詞 discuss「〜について議論する」の名詞形。consumer「消費者」，approach（発音注意 [əpróutʃ]）「アプローチ，接近」，muscle（発音注意 [mʌ́sl]）「筋肉」。

(8) ― 解答 ① ·························· 正答率 ★75%以上

訳 サイモンの宿題は自分が尊敬する人について書くことである。サイモンは大好きな野球選手について書くことに決めた。というのも，彼はサイモンのヒーローだからである。

解説 someone who he (　) は「彼が (　　) する人」という意味。後の文に，大好きな野球選手について書くことに決めた理由は，彼がサイモンのヒーローだからだとあるので，正解は **1**。respect は「〜を尊敬する」という意味。locate「〜の場所を突き止める，〜を置く」，assist「〜を手助けする」，combine「〜を組み合わせる」。

(9) ― 解答 ①

訳 デニスがおばの家に到着すると，彼女はハグしてドアのところで彼を迎えた。

解説 デニスはおばの家に到着してハグで迎えられたと考えて，**1** を選ぶ。greet は「〜を迎える，〜にあいさつする」という意味で，例えば，greet customers with a smile は「客を笑顔で迎える」。promise「〜

23年度第1回　筆記

43

を約束する」，require「～を必要とする」，interview「～にインタビューする」。

(10) – 解答 ❷ ....

訳 A：あなたは私が予約した席にお座りだと思います。

B：まあ！　大変申し訳ありません。他に座る場所を見つけます。

解説 B は席を間違えていることを指摘されて A に謝っていると考えて，正解は **2**。terribly は，形容詞 terrible「恐ろしい，ひどい」の副詞形だが，「とても，大変」の意味で，very のように良い意味にも悪い意味にも用いられる。equally「平等に」，calmly「落ち着いて」，safely「安全に」。

(11) – 解答 ❶ ....

訳 ケーシーと彼の姉［妹］は交代で皿洗いをする。彼が朝食後に皿洗いをし，彼女が夕食後に皿洗いをする。

解説 後半の文に「彼が朝食後に皿洗いをし，彼女が夕食後に皿洗いをする」とあることから，2 人は交代で皿洗いをしていると考えて，正解は **1**。take turns *doing* は「交代で［順番に］～する」という意味である。give applause は「拍手する」，pass around ～は「～を回覧する」，have faith は後ろに in を伴って「～を信頼している」。

(12) – 解答 ❹ .... 正答率 ★**75%以上**

訳 アランは先週ハワイに行ったが，そこへは仕事で行ったのでビーチを全く楽しめなかった。

解説 アランがハワイでビーチを楽しめなかったのは，仕事だったからだと考えて，正解は **4** の on business「仕事で」。「休暇で」は on vacation。at least は「少なくとも」，by heart は「暗記して」，for good は「永遠に」。

(13) – 解答 ❷ ....

訳 金曜の夜，仕事の後にジェイソンは家で料理をしたくなかった。彼は，友達と夕食を食べたい気がしたので，友達 3 人をレストランに招待した。

解説 空所の直後が having と -ing 形になっていることに着目する。feel like *doing* で「～したい気がする」という意味なので，正解は **2**。look like ～は「～と似ている（≒ resemble）」，pass by ～は「～のそばを通り過ぎる」，run by は「ちょっと立ち寄る」。

(14) – 解答 ❶ ....

訳 A：ジーナ，あなたの写真部の集まりの 1 つにお邪魔して，それがどんな様子か見てもいい？

B：もちろんよ。私たちの集まりは毎月第 1 土曜日に行われるわ。

解説 写真部の集まりに参加したいと言う A に対して，B は集まりの開催日を説明していると考えて，正解は **1**。take place は主に「（事前に計画

されていたことが）起こる，生じる，開催される」という意味。grow up は「大人になる」，come true は「実現する」，put off 〜は「〜を延期する」。

(15) – 解答　**2** ···

訳　スザンヌは，大学卒業後，両親に頼るつもりがなかった。彼女は，自活できるように職に就いた。

解説　後半の文に「自活できるように職に就いた」とあるので，スザンヌは両親に頼らないつもりであると考えて，正解は **2**。rely on 〜で「〜に頼る，〜を頼り［当て］にする」という意味。lay out 〜は「〜を設計する」，turn in 〜は「〜を提出する」，get over 〜は「〜を克服する」。

(16) – 解答　**3** ························· 正答率 ★**75%以上**

訳　A：クリスマスパーティーであなたは何を着るつもりなの？
　　　B：私は雪だるまの格好をするつもり。私の母がコスチューム作りを手伝ってくれているんだ。

解説　B はクリスマスパーティーで着るものを尋ねられており，雪だるまの格好をすると答えていると考えて，**3** を選ぶ。dress up as 〜で「〜の格好をする，〜に変装する」という意味。turn off 〜は「〜のスイッチを切る」，hold back 〜は「（感情など）を抑える」，break out は「（戦争・大火などが）起こる」。

(17) – 解答　**4** ···

訳　ダンは今日，理科の授業で発表した。彼は，調査のデータで自分の主要な考えを裏付けた。

解説　ダンは，理科の授業の発表で自分の考えをデータで裏付けたのだと考えて，正解は **4**。back up *A* with *B* で「*B* で *A* の裏付けをする」という意味。pull away 〜は「〜を引き離す」，call out は「大声で叫ぶ」，wish for 〜は「〜を願う」。

(18) – 解答　**4** ···

訳　マイクは誕生日に母がくれたおもちゃのトラックを壊したとき泣いた。

解説　the toy truck that his mother *had given* him for his birthday の部分を訳すと「彼の母が彼の誕生日にあげたおもちゃのトラック」となる。母がおもちゃのトラックをあげたのは空所前にある broke「壊した」よりも前のことなので，空所には過去完了〈had ＋過去分詞〉を入れるのが適切。よって **4** の had given が正解。

(19) – 解答　**1** ···

訳　ボビーはキャッチボールをしたかったので，両親や兄［弟］，姉［妹］に一緒にやる時間があるかどうか尋ねた。しかしながら，みんな忙しすぎたので，誰にもそれをする時間がなかった。

解説　nobody did は nobody had time to play with him のことで，「誰に

45

も彼と一緒にやる時間がなかった」という意味。このように nobody（または no one）は否定を含む主語として「誰も〜ない」の意味で用いることができる。

(20) – 解答 ③

訳 毎週土曜日，ベスは地元のコミュニティセンターでボランティアをしている。彼女は地域の人々のためにイベントの手伝いをして楽しんでいる。

解説 enjoy *doing* で「〜して楽しむ」という意味。enjoy は目的語に不定詞をとることができないことに注意する。このような動詞には他に，finish *doing*「〜し終わる」，stop *doing*「〜するのをやめる」などがある。

一次試験・筆記 2 問題編 p.53〜54

(21) – 解答 ④ 　　　　　　　　　　正答率 ★75%以上

訳 A：お客さま，ルームキーでございます。4 階の 403 号室になります。
B：飲み物を手に入れられる場所はどこかありますか。
A：お部屋の冷蔵庫にお水が数本ありますし，こちらのロビーに自動販売機もございます，お客さま。
B：ありがとうございます！

解説 空所部分で客の B は「〜できる場所はどこかあるか」と尋ねている。それに対して，A は some bottles of water「数本の水」や a vending machine「自動販売機」の場所を答えていることから，飲み物が買える場所を尋ねていると判断して **4** を選ぶ。**1**「数時間荷物を預ける」，**2**「街についてもっと知る」，**3**「英語の新聞を買う」。

(22) – 解答 ① 　　　　　　　　　　正答率 ★75%以上

訳 A：もう帰るの？
B：うん。ラグビーの国際試合が見られるように 7 時半までには家にいたいんだ。
A：おお，それは今夜なの？　忘れていたよ。
B：すごく面白くなると思うよ。世界のベスト 2 チーム間の試合だもの。

解説 空所部分で B は「〜できるように 7 時半までには家にいたい」と言い，帰宅する理由を述べていることに着目する。会話の最後に really exciting「すごく面白い」や between the two best teams in the world「世界のベスト 2 チーム間の」とあることから，正解は **1**。**2**「妻に夕食を作る」，**3**「子供たちに寝る前のお話を読む」，**4**「お風呂に入って早く寝る」。

(23) – 解答 **2**　　　　　　　　　　　　　　　　　　正答率 ★**75%以上**

訳　A：こんにちは。図書館に園芸に関するものはありますか。
　　　　B：ありますよ。有名な庭園の写真が見たいのですか。
　　　　A：いいえ。野菜を大きく育てる方法を知りたいのです。
　　　　B：それでしたら，2階のE3区分を見てみてください。

解説　2番目のAの発言に「野菜を大きく育てる方法を知りたい」とあるので，正解は園芸に関係する**2**。1番目のBの発言中にある famous ones の ones は **2** の中にある gardens を指すと考える。**1**「映画俳優についての本」，**3**「食品購入についてのアドバイス」，**4**「絵画についての情報」。

(24)(25)　　　　　　　　　　　　　　　　　　　　　　　　　　　

訳　A：ねえ，私のスマートフォン見かけなかった？　どこにも見つからないの。
　　　　B：いいや，見ていないよ。僕が試しにそれに電話してみようか？
　　　　A：ええ，お願い。どこにあるかわかるといいけど。
　　　　B：わかった。今，鳴っているよ。
　　　　A：聞こえるわ。音は台所の戸棚の1つから出ているわね。
　　　　B：どうやってそんなところに入ったんだろう？
　　　　A：スーパーで買った食料をしまっていたとき，たまたまそこに置き忘れたに違いないわ。
　　　　B：そう，見つかってよかったよ。

(24) – 解答 **3**　　　　　　　　　　　　　　　　　　正答率 ★**75%以上**

解説　Aが自分のスマートフォンを探しており，Bは空所部分で「(あなたは僕に～してもらいたいか→)～しましょうか」と申し出ている。それに対してAが hear where it is「それがどこにあるか（耳で）わかる」と言い，その後でBが It's ringing now.「今，鳴っている」と言っていることから正解は**3**。BはAのスマートフォンに電話して着信音を鳴らすことを申し出たのである。**1**「あなたに新しいのを買う」，**2**「目覚まし時計をセットする」，**4**「上の階を探す」。

(25) – 解答 **2**　　　　　　　　　　　　　　　　　　正答率 ★**75%以上**

解説　空所を含む文は「その音は～から出ている」という意味。その後，Aは「スーパーで買った食料をしまっていたとき，たまたまそこに置き忘れたに違いない」と言っている。食料をしまう場所として適切なのは**2**。**1**「ベッドの下に」，**3**「書棚の裏に」，**4**「洗濯かご」。

ポイント 「サリーのコンサート」というタイトルで，サリーのピアノの話。第1段落ではサリーがピアノを習うようになったきっかけとコンサートで演奏することになったいきさつ，第2段落ではサリーの心情の変化に気をつけながらコンサート当日の様子を読み取っていこう。

全文訳 **サリーのコンサート**

　サリーは約1年間ピアノのレッスンを受けている。彼女が始めたのは，おじのケビンの家を訪れたとき，彼が弾いているのを聞いたからであった。彼女は彼の音楽は素晴らしい音色だと思った。サリーは熱心に練習していて，急速に習得している。彼女の先生は彼女にピアノ教室の生徒のためのコンサートがあり，それに参加すべきだと話した。しかし，サリーはとても不安だった。彼女は人前で演奏するのは怖いだろうと思った。しかしながら，先生は，それは良い経験になるだろうと言った。

　コンサートでは，サリーの両親とおじのケビンが聴衆の中にいた。サリーが演奏するときになると，彼女はとても心配していた。先生は彼女にリラックスして，他の人を幸せにする機会を楽しむように言った。サリーは全力を尽くした。彼女が演奏を終えると，聴衆は全員，ほほえみ，拍手をし，声援を送った。このことで，サリーは特別な気持ちになり，先生が正しかったことがわかった。

(26) – 解答 ④ ⸱⸱⸱⸱⸱⸱⸱⸱⸱⸱⸱⸱⸱⸱⸱⸱⸱⸱⸱⸱⸱⸱⸱⸱⸱⸱⸱⸱⸱⸱⸱⸱⸱⸱⸱⸱ 正答率 ★75%以上

選択肢の訳 **1** could not see anything「何も見えなかった」
2 had to ask her parents「両親に尋ねなければならなかった」
3 did not have much money「あまりお金を持っていなかった」
4 was very nervous「とても不安だった」

解説 空所までの部分から，サリーがピアノを習い始めて，先生に生徒のためのコンサートで演奏するように言われたことをつかむ。空所直後に「彼女は人前で演奏するのは怖いだろうと思った」とあるので，正解は**4**。

(27) – 解答 ② ⸱⸱⸱⸱⸱⸱⸱⸱⸱⸱⸱⸱⸱⸱⸱⸱⸱⸱⸱⸱⸱⸱⸱⸱⸱⸱⸱⸱⸱⸱⸱⸱⸱⸱⸱⸱ 正答率 ★75%以上

選択肢の訳 **1** visit foreign countries「外国を訪問する」
2 make other people happy「他の人を幸せにする」
3 listen to famous pianists「有名なピアニストの演奏を聞く」
4 help sick children「病気の子供たちを助ける」

解説 空所を含む部分は先生からサリーへの助言で，「リラックスして～する機会を楽しむように」という意味。最終文後半に「先生が正しかったことがわかった」とあり，その理由は聴衆全員がほほえみ，拍手し，声援を送ったからなので，正解は**2**。

ポイント 「空飛ぶ車（flying cars）」についての話。第1段落では空飛ぶ車の現在に至るまでの状況，第2段落ではステファン・クラインの空飛ぶ車に関する説明とそれに対するスロバキア政府の対応，第3段落では空飛ぶ車の解決すべき問題点について書かれている。

全文訳 **上昇して遠くへ**

　飛ぶことができる車は多くのSF小説に登場してきた。100年以上もの間，人々は本物の空飛ぶ車を作ろうとしてきた。成功した人もいたが，彼らの空飛ぶ車が大量生産されることはなかった。これらの車は，通常，人々が購入するには高価すぎたのである。しかしながら，スロバキアというヨーロッパの国のある会社は，自社の空飛ぶ車はもっと安価に製造できると考えている。その結果，空に飛ぶ車を見るのはまもなく普通のことになるかもしれない。

　その会社のオーナーであるステファン・クラインは，空飛ぶ車を開発しようと約30年間を費やしてきた。2021年6月，クラインの車は初の実走を行った。ニトラの空港からブラチスラバの空港までの約90キロメートルを進むのに35分かかった。着陸後，その空飛ぶ車の翼は3分もかからずに折りたたまれ，クラインはその車を市の中心部まで走らせた。その車は，今では200回を超えて飛行され，スロバキア政府は人々がそれを飛行目的で利用するのを許可する決定をした。

　クラインは，彼の会社は多くの空飛ぶ車を売ることができるだろうと考えている。しかし，彼はまだいくつかの課題に直面している。第一に，彼の空飛ぶ車は空港でしか離着陸できない。また，ガソリンを使用するため，環境に良くないと言う人もいる。さらに，その空飛ぶ車を利用したければ，パイロットの免許が必要となる。しかしながら，クラインは近いうちにこれらの問題は解決できるだろうと思っている。

(28) − 解答

選択肢の訳 1 at lower prices「もっと安価に」
2 in a shorter time「もっと短時間で」
3 from recycled paper「再生紙から」
4 by a new kind of robot「新種のロボットによって」

解説 空所を含む文の文頭のHowever「しかしながら」に着目。その前の文で「これらの車は，通常，人々が購入するには高価すぎた」と述べられているので，正解はそれと反対の内容となる**1**。

(29) − 解答 ・・・・・ 正答率 ★75%以上

選択肢の訳 1 went on sale「販売された」
2 was hit by a truck「トラックとぶつかった」
3 made its first trip「初の実走を行った」

49

4 won a famous race「有名なレースで優勝した」

「2021 年 6 月，クラインの車は〜」という文。直後の文で「ニトラの空港からブラチスラバの空港までの約 90 キロメートルを進むのに 35 分かかった」と実際に走行した記録が述べられているので，正解は **3**。

(30) – 解答 ③

1 Even so「それでも」
2 Therefore「したがって」
3 Moreover「さらに」
4 For example「例えば」

第 3 段落では空飛ぶ車の課題が 3 つ述べられている。First「第一に」で始まる第 3 文で離着陸が空港に限られること，Also「また」で始まる第 4 文でガソリンを使用するため環境に良くないと言われること，そして空所部分で始まる第 5 文で運転にはパイロットの免許が必要なことが挙げられている。正解は追加を表す **3** の Moreover「さらに」。

一次試験・筆記 4A | 問題編 p.58〜59

ラルフからゲイリーへの E メールで，件名は「私のいとこたち」である。第 1 段落ではゲイリーの引っ越しと新居近くにある公園について，第 2 段落ではラルフのいとこたちの予定とゲイリーへの来訪の誘いについて，第 3 段落ではその具体的な計画についてそれぞれ読み取ろう。

送信者：ラルフ・パーカー<ralph_parker@epostal.com>
受信者：ゲイリー・ジョーンズ <gazjones_101@mymessage.com>
日付：6 月 4 日
件名：私のいとこたち

こんにちは，ゲイリー
あなた方ご家族が新居に引っ越して以来，お会いする機会がありませんでした。あなたは新しい学校を楽しんでいますか。あなたの新居近くに素晴らしい公園がありますよね。市のそちら側にあるショッピングモールに行った後，母と父がそこへ 1 度私を連れて行ってくれました。私はそこにあったバスケットボールコートをすごく試してみたかったのですが，ボールを持っていませんでした。あなたはもうそこでプレーしましたか。ところで，あなたはシアトル出身の私のいとこたちのことを覚えていますか。彼らが昨年の夏に訪ねてきたとき，私たちは一緒に楽しい時間を過ごしました。彼らは再び今月末に私たちのところに泊まりに来ます。彼らがここにいる間にこちらに来ませんか。彼らとバスケットボールの試合ができるかもしれません。新しいボードゲームも手に入っ

たので，私たちはそれをして最高の時間を持てるだろうと思います。

私のいとこたちは6月21日から6月29日まで私たちのところに滞在することになっています。彼らは，市にいる他の親戚のところにも訪問する予定なので，とても忙しくなることでしょう。あなたが来ることができる日を2，3日教えてもらえますか。私の父は，あなたのお母さんかお父さんがあなたをここに連れて来てくれれば，夕方あなたを家まで送っていくと言っています。ご両親に話して私に連絡してくださいね。

あなたの友達

ラルフより

(31) – 解答　① ···

質問の訳　ラルフがゲイリーに尋ねていることの1つは何ですか。

選択肢の訳　**1**　ゲイリーが彼の地元の公園にあるバスケットボールコートを試してみたかどうか。

2　ゲイリーがショッピングモールに行ったとき，新しいバスケットボールを買ったかどうか。

3　ゲイリーの新しい学校が彼の新しい家の近くかどうか。

4　ゲイリーの両親が新しい家に引っ越すつもりであるかどうか。

解説　第1段落の最後の文に Have you played on it yet?「あなたはもうそこでプレーしましたか」とあり，it はその前の内容からゲイリーの新居の近くの公園内にあるバスケットボールコートを指すので，正解は **1**。

(32) – 解答　④ ···

質問の訳　ラルフによると，彼のシアトル出身のいとこたちは，

選択肢の訳　**1**　6月にバスケットボールのトーナメントでプレーする予定である。

2　彼に素晴らしい新しいボードゲームについて話した。

3　ゲイリーが自分たちのことを覚えているか知りたがっている。

4　昨年，彼の家族のところに泊まりに来た。

解説　件名にある，いとこたちについては第2段落から登場する。第2文に We had fun with them when they visited last summer.「彼らが昨年の夏に訪ねてきたとき，私たちは一緒に楽しい時間を過ごした」とあり，その次の文に今月末にまた泊まりに来るとあるので，正解は **4**。ラルフは新しいボードゲームが手に入ったと述べているだけで，彼のいとこたちが彼にそれについて話したとは述べられていないので，**2** は不適。

(33) – 解答　③ ···

質問の訳　ラルフの父は何をすると言っていますか。

選択肢の訳　**1**　ゲイリーの両親と話をする。

2　ラルフに来るのに一番都合のいい日を伝える。

3　ゲイリーを家まで送る。

4　市にいるラルフの親戚を訪問する。

一次試験・筆記 **4B** | 問題編 p.60〜61

ポイント タイトルの Video Game Arcades とは「ゲームセンター」のことである。1950年代のコンピュータゲームの登場，1970年代のゲームセンターの登場と80年代まで続くその人気，その後の家庭用コンピュータの開発によるゲームセンターの衰退について書かれている。

全文訳 **ゲームセンター**

　最初のコンピュータゲームは，今日人々がプレーするものとはかなり違っていた。コンピュータゲームが1950年代に登場したとき，コンピュータは大型で高価だった。それらは大学や大企業でのみ見られた。コンピュータは重大な問題を解くために発明されたのだが，ゲームを制作することはコンピュータのプログラミングを学ぶ良い方法である。加えて，新しいゲームを考案する過程がコンピュータ技術の多くの重要な発見につながってきた。

　1970年代初期になっても，コンピュータは依然としてほとんどの人にとって所有するには高価すぎた。しかしながら，アメリカの大学の学生たちによってたくさんの娯楽ゲームが開発された。これらの学生の中には自分のゲームでお金を稼ぎたいと考える者もいた。彼らは大きな木製の箱の中にコンピュータを組み入れた。それから，その箱をバーやカフェのような場所に設置した。客はその箱に付いている特別な穴の中にお金を入れることでそのゲームをプレーすることができた。

　これらのコンピュータゲームは大成功だった。それらはどんどん制作された。最も人気が高かったゲームの1つは『スペースインベーダー』であった。このゲームでは，プレーヤーは自分を攻撃してくるスペースモンスターを打ち落とそうとした。1970年代には，「ゲームセンター」が登場し始めた。これらは多くのコンピュータゲーム機がある場所であった。1970年代と1980年代の間，ゲームセンターは，若者が友達と会ったり新しい友達を作ったりする重要な場所となっていた。

　それと同時期に，企業は安価な家庭用コンピュータを開発していた。これらの機械を持つ人はゲームセンターに行く必要がなかった。ゲームをプレーしたいと思うたびにいちいちお金を支払う必要がなかった。他の人がプレーし終わるのを待つ必要もなかった。ゲームセンターのオーナーたちは家庭用コンピュータにない技術を利用したゲームを導入しようとした。しかしながら，家庭用コンピュータメーカーは自身のゲームをもっと魅力的にする方法を見つけることができた。今や，多くのゲームセンターは閉鎖されて

しまっている。

(34) – 解答

質問の訳 コンピュータゲームが利用され得る目的は，

選択肢の訳
1　新しい職員が大企業に入るとき，彼らを訓練することである。
2　人々がコンピュータのソフトウエアの作り方を理解するのを手助けすることである。
3　世界中の重大な問題を解くことである。
4　大学がお金を節約する方法を見つけることである。

解説 第1段落の第4文後半に creating games is a good way to learn computer programming「ゲームを制作することはコンピュータのプログラミングを学ぶ良い方法である」とあり，さらに第5文にゲームを考案する過程がコンピュータ技術の発見につながったとあるので，正解は **2**。第4文前半で重大な問題を解くことについて述べられているが，これはコンピュータの利用目的であり，コンピュータゲームの利用目的ではないので，**3** は不適。

(35) – 解答 ④

質問の訳 何人かの学生はなぜバーやカフェのような場所にコンピュータを設置したのですか。

選択肢の訳
1　人々がコンピュータにいくら払うのかを知るため。
2　コンピュータゲームがなぜとても人気になったのかについての調査をするため。
3　客がどんな食べ物や飲み物を購入するのかを知ることができるように。
4　自分達が作ったゲームでお金を手に入れられるように。

解説 質問にある「学生がバーやカフェのような場所にコンピュータを設置した」ことについては，第2段落で述べられている。その目的として第3文に Some of these students wanted to make money from their games.「これらの学生の中には自分のゲームでお金を稼ぎたいと考える者もいた」とあるので，正解は **4**。

(36) – 解答 ①

質問の訳 多くの若者が「ゲームセンター」に行った理由の1つは，

選択肢の訳
1　新しい人々と知り合いになれたからであった。
2　スペースモンスターが攻撃してくるかもしれないと思ったからであった。
3　人々に自分が制作したゲームを見せるためだった。
4　コンピュータゲームの機械を作る職を得るためだった。

解説 質問にある video game arcades「ゲームセンター」については第3段

落の第5文に「1970年代に登場し始めた」とあり，第7文には，1970，80年代にそれが became important places for young people to meet friends and make new ones「若者が友達と会ったり新しい友達を作ったりする重要な場所となっていた」とあるので，正解は **1**。

(37) – 解答

質問の訳 オーナーたちはどのようにしてもっと多くの人にゲームセンターへ来させようとしましたか。

選択肢の訳
1　支払いなしにプレーできるゲームを導入することによって。
2　得意客に家庭用コンピュータの割引を提供することによって。
3　ゲームをプレーするのを待っている間に人々ができることを追加することによって。
4　家庭にはないコンピュータ技術を取り入れることによって。

解説 第4段落では家庭用コンピュータが開発されてきたことが述べられている。ゲームセンター側の対策として第5文に Video game arcade owners tried to introduce games that used technology that home computers did not have.「ゲームセンターのオーナーたちは家庭用コンピュータにない技術を利用したゲームを導入しようとした」とあるので，正解は **4**。

一次試験・筆記 | 問題編 p.62

質問の訳 あなたは病院が週末に開院しているべきだと思いますか。

解答例 I do not think hospitals should be open on weekends. I have two reasons. First, workers at hospitals need enough time to relax on weekends. They can reduce their stress by refreshing themselves. Second, weekends are good chances for families to spend time together. For example, workers at hospitals can go hiking with their family members.

解答例の訳 私は病院が週末に開院しているべきだとは思いません。理由は2つあります。第一に，病院で働いている人には週末にゆっくりする十分な時間が必要だからです。リフレッシュすることでストレスを減らすことができます。第二に，週末は家族が一緒に時間を過ごす良い機会だからです。例えば，病院で働いている人は家族とハイキングに行けます。

解説 質問は「病院が週末に開院しているべきだと思うか」で，解答例はそれに反対する立場である。解答例では，まず，I do not think (that) の後に質問の文をそのまま利用して書き，自分が反対の立場であることを明

確にしている。次に I have two reasons.「理由は 2 つあります」と書いて，この後で理由が 2 つ説明されることを示している。

　1 つ目の理由は First「第一に」で導入し，まず，病院で働いている人には週末ゆっくりする時間が必要であると述べている。次に，そうすることでリフレッシュしてストレスを減らすことができると書いて，内容を膨らませている。

　2 つ目の理由は Second「第二に」で始め，週末は家族と一緒に過ごす良い機会であることを指摘し，家族で一緒にハイキングに行けることをその例として挙げている。

　このように，2 つの理由を述べるときにはそれぞれ 2 文程度でまとめ，2 文目で最初の文の内容を詳しく膨らませたり，最初の文の例を挙げたりするとよい。

| 一次試験・リスニング | 第**1**部 | 問題編 p.64 | 🔊 ▶MP3 ▶アプリ ▶CD 1 43～53 |

〔例題〕－解答 **3** ••••••••••••••••••••••••••

(放送英文) ☆: Would you like to play tennis with me after school, Peter?
　　　★: I can't, Jane. I have to go straight home.
　　　☆: How about tomorrow, then?
　　　　1 We can go today after school.
　　　　2 I don't have time today.
　　　　3 That will be fine.

(全文訳) ☆: ピーター，放課後一緒にテニスをしない？
　　　★: できないんだ，ジェーン。まっすぐ家に帰らなきゃいけないんだよ。
　　　☆: それなら，明日はどう？
(選択肢の訳) **1**　今日の放課後に行けるよ。
　　　　　 2　今日は時間がないんだ。
　　　　　 3　それなら大丈夫だよ。

No.**1**－解答 **3** ••••••••••••••••••••••• 正答率 ★75%以上

(放送英文) ☆: Welcome to HomeWorld. Can I help you?
　　　★: Hello. I have a fence around my garden that I'd like to paint.
　　　☆: Let me show you where our paints are. What color do you need?
　　　　1 It's made out of wood.
　　　　2 I really love gardening.
　　　　3 I want something bright.

(全文訳) ☆: ホームワールドへようこそ。ご用件を承ります。
　　　★: こんにちは。私の庭の周りにペンキを塗りたいフェンスがあるのです。

55

☆： どこにペンキがあるのかご案内しましょう。何色が必要ですか。

選択肢の訳
1　それは木製です。
2　私はガーデニングが大好きです。
3　何か明るいものがいいです。

解説　ホームワールドという店での店員と客の会話。客の男性がフェンスにペンキを塗りたがっており，店員がペンキ売り場に案内しようとしていることを聞き取る。最後の What color do you need?「何色が必要ですか」に対して適切な応答は，「何か明るいもの」と答えている **3**。

No.2 －解答 ②

放送英文 ☆： Baseball again? Can't we watch something else on TV tonight?

★： But it's a big game. The Tigers are playing the Giants.

☆： Honey, you know I don't like watching sports.

1　Sure. I'll tell you when the game starts.
2　OK. I'll watch it on the TV in the kitchen.
3　Well, I'm really happy the Tigers won.

全文訳 ☆： また野球？　今夜はテレビで何か他のものを見ることができないの？

★： でも，大事な試合なんだ。タイガーズがジャイアンツと試合をするんだよ。

☆： ねえ，私がスポーツを見るのが好きじゃないこと，わかっているでしょ。

選択肢の訳
1　もちろん。試合がいつ始まるか教えるね。
2　わかったよ。台所のテレビで見るよ。
3　そうだな，タイガーズが勝って本当にうれしいよ。

解説　夫婦の会話で，話題はテレビ番組である。女性が最初に野球を見ることに不満を述べ，最後に you know I don't like watching sports「私がスポーツを見るのが好きじゃないこと，わかっているでしょ」とさらに不満を述べる。男性の適切な応答は，台所のテレビで見ると言っている **2**。

No.3 －解答 ②

放送英文 ★： Hi, Jessica. I just made some cookies. You should come over and try some.

☆： I can't right now, but maybe this afternoon after my soccer game.

★： OK, great. I'll save some for you.

1　Well, thanks for helping me with my project.
2　Thanks! I can't wait to try them.
3　Of course. I hope your team wins the game.

全文訳 ★： もしもし，ジェシカ。ちょうどいくつかクッキーを作ったところなんだ。こっちに来て試食してよ。

☆： 今は無理だけど，おそらく今日の午後，サッカーの試合の後にね。

★： わかった，よかった。君の分を取っておくからね。

選択肢の訳 **1** ええと，課題を手伝ってくれてありがとう。

2 ありがとう！　試食するのが待ちきれないわ。

3 もちろん。あなたのチームが勝つことを願っているわ。

電話での友人同士の会話。最初に男性が作ったクッキーを試食しに来るように誘っていることを聞き取る。最後に男性は女性の来訪予定を了解した後，I'll save some for you.「君の分を取っておく」と言っているので，適切な応答はそれにお礼を述べている **2**。

23年度第1回　リスニング

No.**4** −解答 ③

放送英文 ☆： Did you meet the new science teacher yet?

★： Yes, I met her yesterday. David and I are taking her chemistry class.

☆： Really? What kind of person is she?

1 Well, I don't really like science.

2 Well, her name is Ms. Donaldson.

3 Well, she's very friendly.

全文訳 ☆： 新しい理科の先生ともう会った？

★： うん，昨日会ったよ。デイビッドと僕は彼女の化学の授業を取っているんだ。

☆： そうなの？　彼女はどんな人なの？

選択肢の訳 **1** そうだな，僕は理科があまり好きじゃないんだ。

2 そうだな，彼女の名前はドナルドソン先生だよ。

3 そうだな，彼女はとても親しみやすいよ。

友人同士の会話。話題は新しい理科の先生である。最後の女性の質問 What kind of person is she?「彼女はどんな人なの？」を聞き取る。適切な応答は very friendly「とても親しみやすい」と答えている **3**。

No.**5** −解答 ①

放送英文 ☆： Welcome to Freeman's Department Store. Can I help you?

★： Yes. I would like to buy my wife some jewelry for our anniversary.

☆： Well, the jewelry department is next to the women's clothing department.

1 Great. I hope to find a new bracelet for her.

2 You're welcome. I hope she likes the ring.

3 Thank you. She already has enough necklaces.

全文訳 ☆： フリーマンズデパートへようこそ。ご用件を承ります。

★： はい。記念日に妻に宝石を買ってあげたいと思いまして。

☆： それでしたら，宝石売り場は婦人服売り場の隣にございます。

57

1 よかった。彼女に新しいブレスレットを見つけたいと思います。

2 どういたしまして。彼女がその指輪を気に入るのを願っています。

3 ありがとう。彼女はすでに十分な数のネックレスを持っています。

解説 デパートでの店員と客の会話。男性の客は妻に宝石を買ってあげたいと言い，それに対して女性の店員は宝石売り場の場所を教えている。適切な応答は，その説明を受け，ブレスレットを見つけたいと述べている **1**。

No.**6** –解答 ②

放送英文 ☆： Are you going somewhere, Ben? What is that map for?

★： Well, I'm thinking about traveling around Asia this summer.

☆： Wow, exciting! What countries will you go to?

1 I went to China last year.

2 I haven't decided yet.

3 I'll be there for one month.

全文訳 ☆： ベン，どこかに行くところなの？　その地図は何のためのもの？

★： ええと，今度の夏にアジア中を旅しようと考えているんだよ。

☆： まあ，すてきね！　どの国に行く予定なの？

選択肢の訳 **1** 去年は中国へ行ったよ。

2 まだ決めていないよ。

3 １か月間そこにいる予定だよ。

解説 友人同士の会話。女性は男性の地図の用途を尋ね，男性は夏にアジア旅行を考えていると答える。最後の質問 What countries will you go to?「どの国に行く予定なの？」に対して適切な応答は，「まだ決めていない」と答えている **2**。質問はこれから行く国を尋ねているので **1** は不適。

No.**7** –解答 ①

放送英文 ☆： Hello, Mr. Davis. I understand you called us about receiving your *Adventure Magazine*.

★： Yes. I would like to stop receiving it.

☆： Well, I can help with that. Are you sure you'd like to cancel?

1 Yes. I'm trying to save some money.

2 OK. Let me know if you need my help.

3 You're right. I don't like the outdoors, either.

全文訳 ☆： もしもし，デイビスさま。『アドベンチャーマガジン』の受け取りについてお電話を頂いたと承知しておりますが。

★： はい。その受け取りを停止したいと思います。

☆： では，お手伝いいたしましょう。本当にキャンセルをご希望ですか。

選択肢の訳 **1** はい。お金を貯めようと思いまして。

2 わかりました。助けが必要なら教えてください。

3 その通りです。私も野外が好きではありません。

解説 電話でのスタッフと客の会話。客の用件は『アドベンチャーマガジン』という雑誌の定期購読の停止であることを聞き取る。最後の Are you sure you'd like to cancel?「本当にキャンセルをご希望ですか」に対して適切な応答は，Yes. と答えてその理由を述べている **1**。

No.**8** – 解答 ③

放送英文
★： Hi, Ms. Horner. Do you have a few minutes to talk?
☆： Sure, Eric. Is this about your grade in French class?
★： Yes. I want to get better scores on my tests.
　1 I know. I need to find a study group to join, too.
　2 Yeah. We will begin learning that next month.
　3 Well, try doing the practice exercises in the textbook.

全文訳
★： こんにちは，ホーナー先生。少しお話しする時間はありますか。
☆： もちろんよ，エリック。フランス語の授業の成績についてかしら？
★： はい。テストでもっと良い点を取りたいのです。

選択肢の訳
　1 わかっているわ。私も参加できる勉強会を見つける必要があるの。
　2 ええ。私たちはそれを来月学び始める予定よ。
　3 そうねえ，試しに教科書の練習問題をやってみて。

解説 教師と生徒の会話。生徒はフランス語の授業について，I want to get better scores on my tests.「テストでもっといい点を取りたい」と言っている。適切な応答は，そのためにやるべきことを助言している **3**。

No.**9** – 解答 ①

放送英文
★： Excuse me. Do you know where the nearest bus station is?
☆： There's one right around the corner. I can show you.
★： You don't need to do that for me!
　1 It's OK. I'm going that way anyway.
　2 Sorry. The station is closed today.
　3 All right. You can pay me later.

全文訳
★： すみません。最寄りのバス停留所はどこかご存じですか。
☆： ちょうどその角を曲がったところにありますよ。ご案内しましょう。
★： そこまでしていただかなくて結構ですよ！

選択肢の訳
　1 構いません。どっちみち私はそちらの方向に行きますので。
　2 ごめんなさい。停留所は本日閉まっています。
　3 わかりました。後でお支払いください。

解説 道で出会った見知らぬ人同士の会話。男性は女性にバス停留所の場所を尋ねている。案内すると言う女性に男性は You don't need to do that for me!「そこまでしていただかなくて結構ですよ！」と言っている。適切な応答は，自分もそちらの方向に行くので構わないと答えている **1**。

放送英文 ★： Wow! That smells good. What are you cooking, honey?

☆： I'm making a new recipe. I think I put in too much salt, though. Here, try some.

★： It's delicious. What's in the sauce?

1 There are leftovers in the refrigerator.

2 It's an easy recipe to make.

3 White wine and garlic.

全文訳 ★： わあ！　いいにおいだね。ねえ，何を作っているの？

☆： 新しいレシピを作っているの。でも，塩を入れすぎちゃったと思う。さあ，食べてみて。

★： おいしいよ。ソースには何が入っているの？

選択肢の訳 **1** 冷蔵庫に残り物があるわ。

2 それは作るのが簡単なレシピよ。

3 白ワインとニンニク。

解説 夫婦の会話。女性は料理をしている。最後に出てくる男性の質問 What's in the sauce?「ソースには何が入っているの？」に対して適切な応答は，そのソースの材料を答えている **3**。

| 一次試験・リスニング | 第**2**部 | 問題編 p.64～65 | 🔊 | ▶ MP3 ▶ アプリ
▶ CD 1 **54**～**64** |

放送英文 ★： Excuse me. Can I borrow these magazines?

☆： No, sir. Only books can be taken out of the library.

★： I see. Does this library have a copy machine? I'd like to make copies of some articles.

☆： Yes, we do. It's in the newspaper section.

Question: What does the man want to do?

全文訳 ★： すみません。これらの雑誌は借りられますか。

☆： いいえ，お客さま。本だけが図書館から持ち出せます。

★： わかりました。この図書館にはコピー機がありますか。いくつかの記事のコピーをとりたいのです。

☆： はい，あります。新聞コーナーにありますよ。

Q：男性は何をしたがっていますか。

選択肢の訳 **1** 新聞を読む。

2 本を数冊借りる。

3 雑誌の記事をいくつかコピーする。

4 コピー機を修理する。

解説 図書館での職員と来館者の会話。来館者の男性はコピー機があるかどうか尋ね，I'd like to make copies of some articles.「いくつかの記事のコピーをとりたい」と言っているので，正解は **3**。

No.12 解答 ③

放送英文 ☆: Honey, your mother called again. She wants to know if we are coming to the barbecue this weekend or not.

★: OK. I'll give her a call right after dinner.

☆: It sounded like she really wanted us to come this weekend.

★: Yeah, I think we should probably go, especially since you have a business trip next weekend.

Question: What will the couple probably do this weekend?

全文訳 ☆: ねえ，あなたのお母さんからまた電話があったわよ。私たちが今週末のバーベキューパーティーに来るかどうか知りたがっているのよ。

★: わかった。夕食の後すぐに電話するよ。

☆: お母さんは私たちに今週末ぜひ来てほしいようだったけど。

★: うん，おそらく行くことになると思うよ，特に君は来週末出張があるからね。

Q：夫婦は今週末，おそらく何をするでしょうか。

選択肢の訳
1 海外へ休暇旅行に行く。
2 出張に行く。
3 男性の母親を訪ねる。
4 バーベキューをキャンセルする。

解説 夫婦の会話。まず，男性の母親から電話があり，用件は今週末のバーベキューパーティーに来るかどうかであることを聞き取る。最後に男性が I think we should probably go「おそらく行くことになると思うよ」と言っているので，正解は **3**。**2** は来週末に妻だけがすることなので，不適。

No.13 解答 ③

放送英文 ☆: Excuse me. I'm looking for a sweater to wear with this light-blue skirt.

★: We have a few that should match right over here.

☆: Hmm. Do you have any sweaters made of wool?

★: I'm sorry, but I'm afraid we're sold out of those. We have these cotton ones, however.

Question: Why does the man say sorry to the woman?

全文訳 ☆: すみません。この薄い青色のスカートと一緒に着られるセーターを探しているのですが。

★： ちょうどあちらに合いそうなものが数点ございます。

☆： うーん。ウール製のセーターはありますか。

★： 申し訳ございませんが，それらはあいにく売り切れております。でもこれらの綿のものならございますよ。

Q：男性はなぜ女性に謝っているのですか。

選択肢の訳 **1** その店がまもなくセールをするから。

2 その店が数分で閉店するから。

3 その店にはウールのセーターがないから。

4 その店には薄い青色のスカートがないから。

解説 客と店員の会話。前半のやりとりから女性の客はセーターを探していることをつかむ。後半のやりとりで，女性が Do you have any sweaters made of wool?「ウール製のセーターはありますか」と尋ねると男性は I'm sorry, but .... とそれがないことを謝っているので，正解は **3**。

No.**14** 解答

放送英文 ★： Cindy, when you go to the supermarket, could you get some eggs? I need them to bake a cake.

☆： No problem, Dad. I'm leaving now. Do you need anything else?

★： Hmm. Could you get some milk, too? By the way, the car key is on the table by the door.

☆： OK, thanks. I'll be back in about 30 minutes.

Question: What is the man planning to do?

全文訳 ★： シンディ，スーパーに行ったら卵を買ってきてもらえるかな？　ケーキを焼くのに必要なんだよ。

☆： いいよ，お父さん。今から出るわ。他に何か必要かしら？

★： うーん。牛乳も買ってきてくれるかな？　ところで，車のキーはドアのそばのテーブルの上にあるよ。

☆： わかったわ，ありがとう。30分ほどで戻ってくるわ。

Q：男性は何をしようとしていますか。

選択肢の訳 **1** ドライブする。

2 ケーキを焼く。

3 スーパーに行く。

4 自分の車のキーを捜す。

解説 父と娘の会話。冒頭部分を聞き取るのがポイント。父はスーパーに行く娘に卵を買ってくるように頼み，その理由として I need them to bake a cake.「ケーキを焼くのに必要なんだ」と言っているので，正解は **2**。

No.**15** 解答

放送英文 ☆： Thank you for calling Bob's Repair Company. How can I help you?

★： I need to get my garage door repaired. It stopped working the other day.

☆： Well, we can send someone to take a look at it on Monday morning. Is that OK?

★： Yes. I'll be home then. Thanks!

Question: Why did the man call the woman?

全文訳 ☆： ボブズリペアカンパニーにお電話いただき，ありがとうございます。どのようなご用件でしょうか。

★： ガレージの扉を修理してもらわなければならないのです。先日動かなくなりました。

☆： それでしたら，月曜の午前中にそれを見に人を送ることができますが。それでよろしいでしょうか。

★： はい。そのときには家にいるようにします。ありがとうございます！

Q：男性はなぜ女性に電話したのですか。

選択肢の訳 1 ガレージの扉が故障したから。

2 ガレージの扉にペンキを塗る必要があったから。

3 彼女の扉を修理したかったから。

4 予約をキャンセルしなければならなかったから。

解説 冒頭部分から修理会社への電話であることをつかむ。男性の用件は I need to get my garage door repaired.「ガレージの扉を修理してもらわなければならない」ということ。さらに It stopped working the other day.「先日動かなくなった」からも扉が故障したことがわかる。よって，正解は1。3の her door は女性の扉を指すので不適。

No.16 解答 4

放送英文 ☆： Hello, George. Are you ready for your trip?

★： Yes, Brittany. I have my new guidebook, my suitcase is packed, and I just bought my plane ticket online.

☆： How about your hotel reservation?

★： Oh no! I guess I did forget something. I'll make it now.

Question: How did the woman help the man?

全文訳 ☆： こんにちは，ジョージ。旅行の準備はできた？

★： うん，ブリタニー。新しいガイドブックは持ったし，スーツケースに荷物は詰めたし，ちょうどインターネットで航空券も買ったよ。

☆： ホテルの予約はどうなの？

★： しまった！　大事なことを忘れていたね。今から予約するよ。

Q：女性はどのようにして男性を助けましたか。

選択肢の訳 1 彼に新しいガイドブックをあげた。

2 インターネットで彼の航空券を買った。

3 彼の旅行用のスーツケースに荷物を詰めた。

4 彼にやるべきことを思い出させた。

解説 友人同士の会話。前半のやりとりから男性が旅行の準備をしていることを聞き取る。後半で女性が How about your hotel reservation?「ホテルの予約はどうなの？」と確認すると，男性はそれを忘れていたことに気づく。よって，正解は **4**。

No.17 解答 ④ ・・・・・・・・・・・・・・・・・・・・・・・・・・・・・・

放送英文 ☆： Hey, Jiro. What time is your baseball practice today?

★： Oh, hi, Amanda. It starts at two, and then we have a game at five.

☆： Do you mind if I come and watch your game?

★： No, not at all. I'd be happy if you came.

Question: What does Amanda want to do?

全文訳 ☆： こんにちは，ジロウ。今日の野球の練習は何時なの？

★： やあ，こんにちは，アマンダ。2時に始まって，それから5時に試合があるんだ。

☆： あなたの試合を私が見に行っても構わないかしら？

★： 全く構わないよ。君が来てくれたらうれしいよ。

Q：アマンダは何をしたがっていますか。

選択肢の訳 **1** ジロウとテレビで試合を見る。

2 ジロウと野球をする。

3 ジロウの家に行く。

4 ジロウの試合を見る。

解説 友人同士の会話。前半のやりとりで，話題が男性の野球であることをつかむ。後半のやりとりで，女性が Do you mind if I come and watch your game?「あなたの試合を私が見に行っても構わないかしら？」と言っているので，正解は **4**。

No.18 解答 ③ ・・・・・・・・・・・・・・・・・・・・・・・・・・・・・・

放送英文 ★： How can I help you today, ma'am?

☆： I'm interested in this computer keyboard, but I'd like one in red. Do you have any?

★： I'm sorry, but we only have black or gray ones at this store.

☆： Oh, that's too bad. I really want to get a red one.

Question: Why is the woman disappointed?

全文訳 ★： お客さま，本日はどのようなご用件でしょうか。

☆： このコンピュータのキーボードに興味があるのですが，赤いのが欲しいのです。ありますか？

★： 申し訳ございませんが，こちらの店には黒とグレーのものしかございま

64

せん。

☆：まあ，それは残念だわ。私は赤いのがすごく買いたいのよ。

Q：女性はなぜがっかりしているのですか。

選択肢の訳
1　彼女は閉店時刻後に店に行ったから。
2　彼女は自分のコンピュータキーボードを壊したから。
3　店に赤いキーボードがないから。
4　店にコンピュータが売っていないから。

解説　店員と客の会話。店員に話しかけられ，女性の客は I'm interested in this computer keyboard, but I'd like one in red. 「このコンピュータのキーボードに興味があるが，赤いのが欲しい」と言っている。それに対して店員が黒とグレーしかないと言うと，女性は that's too bad 「それは残念だ」と言っているので，正解は **3**。

No.**19** 解答

正答率 ★75%以上

放送英文
★：Hello.

☆：Jimmy, the New Orleans Jazz Superstars are playing downtown tonight.

★：Tonight? I love that band! Their concerts are so much fun.

☆：I know. The concert starts at 7 p.m. Do you think you can get off work early enough to go?

★：Yeah! My business meeting just got moved to next week.

Question: What will the man and woman probably do tonight?

全文訳
★：もしもし。

☆：ジミー，ニューオーリンズジャズスーパースターズが今夜ダウンタウンで演奏するのよ。

★：今夜？　僕はそのバンドが大好きなんだ！　彼らのコンサートはすごく楽しいんだよ。

☆：そうよね。コンサートは午後7時に始まるわ。行くのに間に合うくらいに仕事を早く切り上げられるかしら？

★：うん！　仕事の会議がちょうど来週に変更されたんだ。

Q：男性と女性は今夜おそらく何をするでしょうか。

選択肢の訳
1　音楽コンサートに行く。
2　仕事の会議をする。
3　別の町を訪れる。
4　一緒に音楽を演奏する。

解説　友人同士の会話。女性は男性にバンドが今夜ダウンタウンに来ることを伝える。後半部分で女性が Do you think you can get off work early enough to go? 「行くのに間に合うくらいに仕事を早く切り上げられそうか」と尋ね，男性は Yeah! と答えているので，正解は **1**。

No.20 解答 **2** ．．． 正答率 ★**75%以上**

放送英文 ☆: Where did you go last Sunday, Sam?

★: My brother and I went hiking on Tucker Mountain. But the weather was terrible. It was really cold and rainy all day.

☆: You should have checked the weather report.

★: You're right. Next time, I'll make sure to check before I go.

Question: What was the boy's mistake?

全文訳 ☆: サム，この前の日曜日どこに行ったの？

★: 兄［弟］と僕とでタッカー山にハイキングに行ったんだよ。でも，天気がひどかったんだ。一日中，すごく寒くて雨だったんだ。

☆: 天気予報を確認すべきだったわね。

★: そうだね。次回は行く前に必ず確認するよ。

Q：男の子の失敗は何でしたか。

選択肢の訳 **1** ハイキング用のブーツを持って行かなかった。

2 天気予報を確認しなかった。

3 間違った山に行った。

4 兄［弟］のレインコートをなくした。

解説 友人同士の会話。男の子は山にハイキングに行ったが天気がひどかったと話している。女の子が You should have checked the weather report. 「天気予報を確認すべきだった」と言うと，男の子も Next time, I'll make sure to check before I go. 「次回は行く前に必ず確認する」と言っているので，正解は **2**。

| 一次試験・
リスニング | 第**3**部 | 問題編 p.66〜67 | 🔊 | ▶MP3 ▶アプリ
▶CD 1 **65**〜**75** |

No.21 解答 **1** ．．

放送英文 When Kyle arrived at the park for his camping trip, the park ranger told him to watch out for bears. Bears sometimes came looking for food, so he told Kyle to keep the area clean. He said that if people left food near their tents, the bears would come close to the camping site.

Question: What did the park ranger tell Kyle to do?

全文訳 カイルがキャンプ旅行の公園に到着したとき，公園警備隊員は彼にクマに気をつけるように言った。クマが時々えさを探しに来るので，彼はカイルに敷地をきれいにしておくように言った。彼は，もし人々が自分のテントの近くに食べ物を残すとクマがキャンプ場に近づくだろうと言った。

66

Q：公園警備隊員はカイルに何をするように言いましたか。

選択肢の訳 1 食料をクマが届かないところに置く。

2 公園のカフェで食料を買う。

3 クマの写真を撮る。

4 公園を発つ前に彼に電話する。

解説 カイルのキャンプ旅行の話。公園警備隊員は，Bears sometimes came looking for food, so he told Kyle to keep the area clean. 「クマが時々えさを探しに来るので，彼はカイルに敷地をきれいにしておくように言った」と述べているので，正解は **1**。

No.22 解答 ① 正答率 ★75%以上

放送英文 Hannah likes to take all kinds of lessons after work. She has just finished a computer programming course. This summer, she wants to start taking piano lessons, so she is going to cancel all her other lessons, such as swimming and judo. She wants to be able to play the instrument well by the end of the summer.

Question: What will Hannah do this summer?

全文訳 ハンナは，仕事が終わった後であらゆる種類のレッスンを受講するのが好きである。彼女はちょうどコンピュータプログラミングのコースを終えたところだ。今年の夏，彼女はピアノのレッスンを受け始めたいと思っているので，水泳や柔道などの他のレッスンはすべて取りやめるつもりだ。彼女は夏の終わりまでにその楽器（＝ピアノ）を上手に弾けるようになりたいと思っている。

Q：ハンナは今年の夏に何をしますか。

選択肢の訳 1 ピアノのレッスンを受ける。

2 水泳のレッスンを受ける。

3 柔道のレッスンを受ける。

4 コンピュータのレッスンを受ける。

解説 ハンナのレッスン受講の話。中ほどで This summer, she wants to start taking piano lessons 「今年の夏，彼女はピアノのレッスンを受け始めたいと思っている」と述べているので，正解は **1**。

No.23 解答 ②

放送英文 Nick's football team was supposed to play in the final competition at a big stadium on Saturday. Nick got hurt last week, but now he is better and will be able to play. When he woke up on Saturday morning, he looked out of the window and was upset. There was a bad rainstorm. The football competition had to be changed to another date.

Question: Why was the football competition date changed?

全文訳 ニックのサッカーチームは，土曜日に大きなスタジアムで決勝戦をすることになっていた。ニックは先週けがをしたが，今は良くなり，プレーできる予定だ。彼は，土曜日の朝に起きると，窓の外を見て動揺した。ひどい暴風雨だったのだ。サッカーの試合は別の日に変更されなければならなかった。

Q：サッカーの試合の日はなぜ変更されたのですか。

選択肢の訳 1　重要な選手がケガしたので。

2　天気が悪かったので。

3　スタジアムが補修中だったので。

4　数枚のチケットしか売れなかったので。

解説 ニックのサッカーチームの決勝戦の話。試合当日の朝，ニックが窓の外を見ると There was a bad rainstorm.「ひどい暴風雨だった」ことがわかり，The football competition had to be changed to another date.「サッカーの試合は別の日に変更されなければならなかった」と述べられているので，正解は **2**。

No.24 解答

放送英文 When Isaac was a child, he played soccer on a team that his father coached. In senior high school, he started watching rugby games on TV and learned more about the game. He also studied to become a sports coach in college. Now, Isaac is a coach for a rugby team in his city.

Question: What did Isaac do when he was a child?

全文訳 アイザックは子供のころ，父親がコーチをしていたチームでサッカーをしていた。高校にあがると，彼はテレビでラグビーの試合を見始め，その試合についてもっと知るようになった。また大学ではスポーツコーチになるために勉強した。今，アイザックは彼の市のラグビーチームのコーチである。

Q：アイザックは子供のころ，何をしましたか。

選択肢の訳 1　学校のチームでラグビーをした。

2　父のチームでサッカーをした。

3　母とサッカーの試合に行った。

4　有名なラグビーコーチがいる学校へ行った。

解説 アイザックの話。質問は彼の子供のころのことで，冒頭部分で When Isaac was a child, he played soccer on a team that his father coached.「アイザックは子供のころ，父親がコーチをしていたチームでサッカーをしていた」と述べられているので，正解は **2**。

No.25 解答 ･･････････････････ 正答率 ★75%以上

放送英文 Roberto did not have any food in his refrigerator, so he decided

68

to go out to buy something for dinner. He went to his favorite Italian restaurant and ordered pasta and a salad to take home. He took out his wallet, but he did not have enough cash. He had to ask the staff member to wait. Roberto ran home and got his credit card. Unfortunately, the pasta was cold by the time he got home with it.

Question: What was Roberto's problem at the restaurant?

全文訳 ロベルトは冷蔵庫に食料が何もなかったので，夕食の買い物に外出することにした。彼はお気に入りのイタリアンレストランへ行って，持ち帰りのパスタとサラダを注文した。財布を取り出したが，現金が足りなかった。彼は店員に待つように頼まなければならなかった。ロベルトは家まで走りクレジットカードを取ってきた。残念なことに，そのパスタは，持ち帰ってきたときにはすでに冷たくなっていた。

Q：レストランでのロベルトの問題は何でしたか。

選択肢の訳 1 彼は現金を十分に持っていなかった。
2 彼はスマートフォンを使えなかった。
3 レストランはまだ開店していなかった。
4 レストランにはパスタがなかった。

解説 ロベルトの夕食の買い物の話。中ほどで He took out his wallet, but he did not have enough cash. 「財布を取り出したが，現金が足りなかった」と述べられているので，正解は **1**。

No.26 解答 ④ ··

放送英文 Sophie was asked to go to a party by her friend James. She wanted to look as nice as possible, so she chose her favorite blue dress and a sweater. However, she noticed all of her shoes were old and did not look nice. As a result, she went to the department store to pick out a new pair.

Question: Why did Sophie go to the department store?

全文訳 ソフィーは友達のジェームズにパーティーに行くように頼まれた。彼女はできるだけ素敵に見えるようにしたかったので，お気に入りの青いドレスとセーターを選んだ。しかしながら，彼女が持っている靴はすべて古く，見栄えがしないことに気づいた。その結果，彼女は新しい靴を選ぶためにデパートへ行った。

Q：ソフィーはなぜデパートへ行ったのですか。

選択肢の訳 1 友達がそこに彼女を車で迎えに来たから。
2 友達がそこで働いていたから。
3 ドレスを買いたかったから。
4 新しい靴が必要だったから。

ソフィーがパーティーに行くように頼まれた話。後半部分で she noticed all of her shoes were old and did not look nice「彼女が持っている靴はすべて古く，見栄えがしないことに気づいた」と述べられ，続いて，新しい靴を選びにデパートへ行ったと述べられているので，正解は **4**。

No.27 解答 ③ ....

放送英文 Electric cars are said to be better for the environment than cars that use gasoline. However, gasoline-powered cars are quicker and easier to fill up. There are not enough places outside cities to charge car batteries. As a result, people who drive far outside of cities like to have cars that use gasoline. In some African countries, for example, many businesses need to use gasoline-powered cars over long distances.

Question: Why are cars that use gasoline still needed in some African countries?

全文訳 電気自動車はガソリンを使用する車よりも環境に良いと言われている。しかしながら，ガソリン動力の車の方が燃料を満タンにするのが早く簡単である。都市の外では，車のバッテリーを充電する場所が十分にない。その結果，都市の外の遠くまで運転する人はガソリンを使用する車を持つことを好む。例えば，いくつかのアフリカの国々では，多くのビジネスは長距離の移動にはガソリン動力の車を使う必要がある。

　　Q：いくつかのアフリカの国々では，ガソリンを使う車がなぜ今もなお必要とされているのですか。

選択肢の訳 **1** にぎやかな都市内で使えるから。
2 夜，簡単に運転できるから。
3 電気自動車は都市の外で充電するのが難しいから。
4 電気自動車が認められていない場所があるから。

解説 electric car「電気自動車」の話。アフリカでの例が述べられる前に，燃料を満タンにするのに時間がかかることと都市の外に充電する場所が十分にないことが述べられているので，正解は **3**。

No.28 解答 ③ ....

放送英文 Thank you for coming to the Pineville Mall fresh-food store. We will be closing in 10 minutes, at 9 p.m. We ask that you finish up your shopping soon. The south exit to the parking lot has closed already, so please use the exit on the north side. We will open again tomorrow at 10 a.m.

Question: Why is this announcement being made?

全文訳 パインビルモール生鮮食料品店にお越しいただきありがとうございます。当店は 10 分後の午後 9 時に閉店いたします。お買い物をまもなく

終わらせていただきますようお願いいたします。駐車場への南出口はすでに閉まっておりますので，北側の出口をご利用ください。明日午前10時に再び開店いたします。

Q：このお知らせはなぜ出されているのですか。

選択肢の訳　**1**　駐車場が満車だから。

2　ショッピングモールが建設中だから。

3　店がまもなく閉店するから。

4　セールが明日終了するから。

解説　生鮮食料品店でのお知らせの放送。We will be closing in 10 minutes, at 9 p.m.「当店は10分後の午後9時に閉店いたします」より閉店のお知らせであることがわかるので，正解は**3**。

No.29 解答 •

放送英文　Attention, all passengers. We apologize for the delay, but we cannot take off because of all the snow on the runway. We should be able to take off in 10 minutes. We will let you know as soon as enough of the snow has been cleared away. The pilot has turned off the seat belt sign, so please feel free to use the restrooms or to get up to stretch your legs.

Question: Why has the flight been delayed?

全文訳　乗客の皆さまにお知らせいたします。遅延をお詫び申し上げます。しかし，滑走路の雪のため，離陸することができません。10分後に離陸できることと思います。雪が十分に除去されましたら直ちにお知らせいたします。パイロットがシートベルトのサインを消しましたので，どうぞご自由にトイレを使用したり，立ち上がって脚を伸ばしたりしてください。

Q：その航空便はなぜ遅れているのですか。

選択肢の訳　**1**　シートベルトに問題があるから。

2　外に雪がたくさんあるから。

3　飛行機に点検の必要があるから。

4　荷物が遅れて到着したから。

解説　飛行機内でのアナウンス。遅延について詫びた後で，we cannot take off because of all the snow on the runway「滑走路の雪のため，離陸することができません」と述べられているので，正解は**2**。

No.30 解答 •

放送英文　In some parts of Africa, there are small animals called bush babies. Bush babies like to live in tall trees, and they have large ears and eyes. They start being active after the sun goes down and look for food throughout the night. Bush babies usually eat

plants, but they sometimes eat other small animals as well.
Question: What is one thing we learn about bush babies?

全文訳 アフリカのいくつかの地域には，ガラゴと呼ばれる小さな動物がいる。ガラゴは高い木で暮らすのが好きで，彼らには大きな耳と目がある。彼らは太陽が沈んだ後に活動を始め，夜中えさを探す。ガラゴは通常，植物を食べるが，他の小動物を食べることもある。
Ｑ：ガラゴについてわかることの１つは何ですか。

選択肢の訳 **1** 主に夜，活動する。 **2** とても大きな頭がある。
3 えさを天日で乾燥させる。 **4** 木の下に穴を掘る。

解説 bush babies「ガラゴ」と呼ばれる小動物の説明。They start being active after the sun goes down and look for food throughout the night.「彼らは太陽が沈んだ後に活動を始め，夜中えさを探す」から，正解は **1**。英文中で言及のある sun や trees を含むという理由だけで **3** や **4** を選ばないように注意する。

| 二次試験・面接 | 問題カード **A** 日程 | 問題編 p.68〜69 | 🔊 | ▶MP3 ▶アプリ ▶CD 1 **76**〜**80** |

全文訳 **野外活動**

　野外活動はあらゆる年齢の人々に人気がある。例えば，自然の中でキャンプすることは楽しく，多くの人が野外で料理をして楽しむ。しかしながら，何人かの人々は周りにいる他の人々に十分な注意を払わず，その結果，他のキャンパーたちに問題を引き起こす。人々は野外活動を楽しむときには他の人々のことを考えるべきである。

質問の訳 No. 1　文章によると，何人かの人々はなぜ他のキャンパーたちに問題を引き起こすのですか。

No. 2　さて，Ａの絵の人々を見てください。彼らはいろいろなことをしています。彼らが何をしているのか，できるだけたくさん説明してください。

No. 3　さて，Ｂの絵の女の子を見てください。この状況を説明してください。

それでは，～さん，カードを裏返しにして置いてください。

No. 4　あなたは今後，もっと多くの人が料理学校に行くと思いますか。
　　　　Yes. →なぜですか。　　　No. →なぜですか。

No. 5　日本では，たくさんの種類のお茶が店で売られています。あなたはよくお茶を飲みますか。
　　　　Yes. →もっと説明してください。　　　No. →なぜですか。

No.1

解答例 Because they do not pay enough attention to others around them.

解答例の訳 彼らは周りにいる他の人々に十分な注意を払わないからです。

解説 まず，質問に出てくる cause problems for other campers が文章の第3文の後半に出ていることを確認する。その前にある as a result「その結果」という接続表現を手がかりに，その原因は同文前半の some people do not pay enough attention to others around them であると考えて，そこを答えればよい。ただし，some people は質問に出てくるので，they に置き換えて答えること。

No.2

解答例 A woman is playing the violin. / A man is taking off [putting on] his sunglasses [glasses]. / A man is swimming in the water. / A girl is eating a hamburger. / A man is painting a fence.

解答例の訳 女性がバイオリンを弾いています。 / 男性がサングラス［メガネ］を外して［かけて］います。 / 男性が水の中で泳いでいます。 / 女の子がハンバーガーを食べています。 / 男性がフェンスにペンキを塗っています。

解説 「（衣類，メガネなど）を装着する［外す］」は put on [take off] 〜を用いることができる。サングラス［メガネ］は sunglasses [glasses] と必ず複数形にするので注意。「水の中で泳ぐ」は「湖で泳ぐ（swim in a lake）」や「海で泳ぐ（swim in the sea）」とすることも可能。

No.3

解答例 She found a watch on a table and is thinking of taking it to a police officer.

解答例の訳 彼女はテーブルの上に腕時計を見つけて，それを警察官のところに持って行こうと考えています。

解説 「テーブルの上に腕時計を見つけた」ことと「それを警察官のところに持って行こうと考えている」ことの2点を説明する。take it to a police officer は，take it to the police「それを警察に持って行く」としてもよい。

No.4

解答例 （Yes. と答えた場合）

More and more people are interested in cooking. Also, people can learn to cook many types of dishes.

解答例の訳 ますます多くの人が料理に興味を持っているからです。また，人々はたくさんの種類の料理を作るのを学べます。

解答例 （No. と答えた場合）

There are many free cooking videos on the Internet. People can watch these videos anytime they want.

解答例の訳 インターネットに無料の料理動画がたくさんあるからです。人々は見たいときにいつでもこれらの動画を見ることができます。

解説 Yes. の場合には,「料理は楽しい (Cooking is fun.)」や「あらゆる年齢の人々が学ぶことに興味を持っている (People of all ages are interested in learning.)」などと答えてもよい。No. の場合には,「料理学校に通う時間がない (have no time to go to cooking schools)」や「いろいろな料理をレストランで楽しめる (can enjoy many different kinds of food at restaurants)」なども考えられる。

No.5

解答例 （Yes. と答えた場合）
It's healthy to drink green tea every day. I drink it with my family after dinner.

解答例の訳 毎日緑茶を飲むことは健康的です。私は夕食後にそれを家族と飲みます。

解答例 （No. と答えた場合）
I love drinking coffee more than tea. Drinking coffee in the morning makes me feel better.

解答例の訳 私はお茶よりもコーヒーを飲む方が好きだからです。朝にコーヒーを飲むと気分が良くなります。

解説 Yes. の場合には,「私は紅茶［緑茶／アイスティー］が好きです (I like black tea [green tea / iced tea].)」などと自分の好きなお茶の種類を述べて「休憩時間に飲む (drink it during a break)」や「友達とおしゃべりするときに飲む (drink it when I chat with friends)」などとそれを飲む場面について説明することもできる。No. の場合には,解答例にあるように「お茶よりもコーヒーの方が好きだ (like coffee better than tea / prefer coffee to tea)」や,「寝つきが悪くなる (have trouble getting to sleep)」などお茶の良くない点について話してもよいだろう。

二次試験・面接 | 問題カード **B** 日程 | 問題編 p.70〜71 | 🔊 ▶MP3 ▶アプリ ▶CD 1 81〜84

全文訳 **より良いビーチ**

　今日，ビーチはあらゆる年齢の人々に人気がある。しかしながら，ビーチを良い状態に保つのは大変な仕事である。今，科学技術が重要な役割を果たしている。いくつかの町はビーチを掃除するロボットを利用しており，このようにしてビーチの環境をより良くしようとしている。そのようなロボットはますます一般的になっている。

No. 1　文章によると，いくつかの町はどのようにしてビーチの環境をより良くしようとしていますか。

No. 2　さて，Aの絵の人々を見てください。彼らはいろいろなことをしています。彼らが何をしているのか，できるだけたくさん説明してください。

No. 3　さて，Bの絵の女の子を見てください。この状況を説明してください。

それでは，～さん，カードを裏返しにして置いてください。

No. 4　あなたは今後，ペットとしてロボットを持ちたいと思う人が増えると思いますか。

Yes. →なぜですか。　　No. →なぜですか。

No. 5　このごろ，友達と買い物に行くのが若者の間で人気です。あなたはよく友達と買い物に行きますか。

Yes. →もっと説明してください。　　No. →なぜですか。

No.**1**

解答例　By using robots that clean beaches.

解答例の訳　ビーチを掃除するロボットを利用することによってです。

解説　まず，質問にある try to make the environment of their beaches better が文章の第4文の後半にあることを確認する。その前にある in this way「このようにして」が同文前半の use robots that clean beaches を指していることを見抜き，By using ～. と答えればよい。

No.**2**

解答例　A boy is drinking water. / A woman is picking up her hat. / A girl is chasing a dog. / A man is cutting bread. / A man is carrying a box.

解答例の訳　男の子が水を飲んでいます。 / 女性が帽子を拾い上げています。 / 女の子が犬を追いかけています。 / 男性がパンを切っています。 / 男性が箱を運んでいます。

解説　「～を拾い上げる」は pick up ～。「～を追いかける」は chase の他に run after ～でもよい。「パンを切る」は cut bread だが，bread は数えられない名詞なので前に不定冠詞の a を付けないことに注意。

No.**3**

解答例　She wants to send the letter, but she forgot to put a stamp on it.

解答例の訳　彼女はその手紙を送りたいと思っていますが，それに切手を貼るのを忘れました。

解説　「手紙を送りたいと思っている」ことと「それに切手を貼るのを忘れた」ことの2点を説明し，A, but B.「AだがB」の形で答えたい。「手紙を送る」は「手紙を投函する」と考えて，post the letter とすることも可

能。「切手を貼るのを忘れた」は she noticed (that) there was no stamp on it「それに切手がないことに気づいた」としてもよい。

No.4

解答例 (Yes. と答えた場合)

It's easier to take care of robot pets. People don't need to give them food or water.

解答例の訳 ロボットのペットを世話する方が楽だからです。人々は彼らにえさや水をやる必要がありません。

解答例 (No. と答えた場合)

It's more fun to play with real animals. They can understand how people are feeling.

解答例の訳 本物の動物と遊ぶ方が楽しいからです。彼らは人がどう感じているのか理解できます。

解説 Yes. の場合には，「ロボットのペットの方が本物の動物よりも清潔に保ちやすい（Robot pets are easier to keep clean than real animals.）」や「ロボットのペットとでも楽しめる（can have fun even with robot pets）」なども考えられる。No. の場合には，「ロボットに愛情を感じられない（can't feel love for robots）」や「ロボットのペットは高価で手に入れにくい（Robot pets are expensive and hard to get.）」などと答えることもできる。

No.5

解答例 (Yes. と答えた場合)

We often go to the shopping mall in my town. I like looking at clothes with my friends.

解答例の訳 私たちはよく私の町のショッピングモールに行きます。私は友達と服を見るのが好きです。

解答例 (No. と答えた場合)

I'd rather go shopping by myself. I can look around stores more quickly alone.

解答例の訳 私は1人で買い物に行く方がいいからです。私は1人の方が早く店を見て回れます。

解説 Yes. の場合には，まず「この前の日曜日に友達2人と渋谷に買い物に行った（Last Sunday, I went shopping in Shibuya with two friends of mine.）」などと話して，その後でそこで買ったものや一緒に楽しんだことについて話してもよいだろう。No. の場合には，「普通，買い物は母と行く（I usually go shopping with my mother.）」などと言い，「母は何でも好きなものを買ってくれる（She buys me anything I like.）」などと答えることもできる。

2022-3

解答一覧

一次試験・筆記

1

(1)	3	(8)	2	(15)	2
(2)	1	(9)	2	(16)	3
(3)	3	(10)	1	(17)	3
(4)	1	(11)	2	(18)	2
(5)	3	(12)	2	(19)	2
(6)	3	(13)	3	(20)	2
(7)	4	(14)	4		

2

(21)	4	(23)	3	(25)	1
(22)	1	(24)	2		

3 A 　　　　　　　**3 B**

(26)	2		(28)	3
(27)	1		(29)	1
			(30)	2

4 A 　　　　　　　**4 B**

(31)	2		(34)	3
(32)	3		(35)	1
(33)	4		(36)	3
			(37)	4

5 　　　解答例は本文参照

一次試験・リスニング

第1部	No. 1	1	No. 5	3	No. 9	2
	No. 2	2	No. 6	1	No.10	3
	No. 3	2	No. 7	2		
	No. 4	3	No. 8	3		

第2部	No.11	3	No.15	2	No.19	3
	No.12	4	No.16	1	No.20	1
	No.13	3	No.17	2		
	No.14	2	No.18	4		

第3部	No.21	2	No.25	3	No.29	4
	No.22	1	No.26	2	No.30	2
	No.23	4	No.27	4		
	No.24	1	No.28	1		

(1) ─解答 ③ ･･･ 正答率 ★75%以上

訳 ホテルのプールの監視員は，泳ぐ人たちにプールは十分に深くはないのでそこでは飛び込まないように言った。

解説 プールの監視員が泳ぐ人たちに何と言ったのかを考える。「プールは十分に深くはないので〜しないように言った」という文脈なので，正解は**3**の dive「飛び込む」。〈tell＋人＋not to *do*〉で「（人）に〜しないように言う」。flow「流れる」，melt「溶ける」，announce「〜を公表する，〜を発表する」。

(2) ─解答 ① ･･

訳 グレッグは次の週末にテニスの試合に出る予定である。まだ3か月しかやっていないので，彼が勝つ可能性はとても低い。

解説 グレッグはテニスをまだ3か月しかやっていないので，試合で勝つ可能性は低いと考えて，**1**を選ぶ。unlikely は be unlikely to *do* の形で「〜しそうにない，〜する可能性が低い」という意味。be likely to *do*「〜しそうである」の反対の意味の表現である。traditional「伝統的な」，similar「類似した」，honest「正直な」。

(3) ─解答 ③ ･･

訳 ジェニーの夢は有名な作家になることである。彼女は彼女の大好きな作家のようになりたいと思っており，その作家というのは，10冊を超えるベストセラー小説を書いてきた。

解説 最初の文に，ジェニーの夢は to become a famous writer「有名な作家になること」とあり，それを次の文で「大好きな〜のようになりたい」とさらに詳しく説明していると考えて，writer の類義語である author「著者，作家」を選ぶ。astronaut「宇宙飛行士」，accountant「会計士」，athlete「運動選手」。

(4) ─解答 ① ･･

訳 その犬がリンダの帽子を取ったとき，リンダはそれを取り返すために公園中その犬を追いかけなければならなかった。

解説 空所直後の it は the dog を指し，to get it back の it は Linda's hat を指す。リンダは帽子を取り返すために犬を追いかけなければならなかったと考えて，正解は**1**。chase は「〜を追いかける，追跡する」。greet「〜にあいさつする」，hire「〜を雇う」，share「〜を共有する」。

(5) ─解答 ③ ･･

訳 電車やバスの交通網が整っているので，大阪や福岡のような大都市の中を動き回るのは楽である。

解説 空所前の they は big cities「大都市」を指す。大都市内で動き回るのが楽なのは networks of trains and buses「電車やバスの交通網」があるからだと考えて，正解は **3**。network は「網状の組織，ネットワーク」。struggle「闘争，奮闘」，recording「録音」，purpose「目的」。

(6) ─解答 ③

訳 その教師は，課題についての考えを話し合えるようにクラスを小グループに分けた。

解説 「課題についての考えを話し合えるようにクラスを小グループに〜した」という文脈なので，正解は **3** の divide「〜を分ける」。空所後にある into に着目して，divide *A* into *B* で「A を B に分ける」となることに注意しよう。accept「〜を受け入れる」，warm「〜を温める」，injure「〜を傷つける」。

(7) ─解答 ④

訳 サヤカと彼女の父は，税金や環境のような問題について非常に異なる意見を持っている。

解説 空所直後に such as taxes and the environment「税金や環境のような〜」とあるので，正解は **4**。issue は「問題」だが，議論が必要な社会的・政治的な問題を意味する。例えば，a political issue は「政治問題」，a global issue は「地球規模の問題」，a social issue は「社会的問題」。degree「（温度や角度の）度，程度，学位」，partner「配偶者，仲間」，response「反応，応答」。

(8) ─解答 ②

訳 オースティンは恋人が自分の元を去って悲しかった。しかし，彼はすぐに彼女のことを忘れて，今，再び元気である。

解説 オースティンは「すぐに彼女（＝恋人）のことを忘れて今再び〜である」という文脈なので，正解は **2**。spirit(s) は「気分」という意味で，be in good spirits で「元気である，上機嫌である」。spirit には他に「霊魂，精神」などの意味もある。contest「コンテスト」，argument「議論，討論」，decision「決定，決意」。

(9) ─解答 ②

訳 A：これらの花を育てるのは難しいですか。
B：全くそんなことはありません。ただ地面に種をまいて水をたっぷりあげるようにするだけです。

解説 花を育てるのは簡単で，「ただ〜するだけです」と答えていると考えて，正解は **2**。simply は形容詞 simple「簡単な」に副詞を作る語尾 -ly を付けてできた副詞で「簡単に，単に」。loudly「大声で」，shortly「まもなく」，finally「ついに」。

(10) – 解答 **1** ....

　訳　カールは隣人の窓を野球のボールで割ってしまいとても申し訳なく思った。彼は謝りに隣の家に行った。もっと気をつけることも約束した。

　解説　カールは，隣の家の窓を割ってしまい，謝りに隣の家に行ったと考えて，**1**を選ぶ。apologize は「謝罪する，謝る」（発音注意 [əpɑ́(ː)lədʒàɪz]）。〈apologize to ＋人＋for ～〉「～のことで（人）に謝る」の形でよく用いられる。名詞は apology「謝罪」。export「～を輸出する」，limit「～を制限する」，nod「うなずく」。

(11) – 解答 **2** ....

　訳　Ａ：アシュリー，どちらのドレスを買うべきかしら？
　　　Ｂ：わからないなあ。どちらも僕には同じように見えるよ。それらは同じボタンが付いているし，両方とも青色だ。

　解説　空所の後に「同じボタンで，両方とも青色だ」とあるので，2つのドレスは同じように見えると考えて，正解は**2**。look alike は「似たように見える，そっくりに見える」という意味。look ahead は「前を見る」，catch on は「人気を得る」，catch up は「追いつく」。

(12) – 解答 **2** ....

　訳　マイケルはテントで寝る前にキャンプファイアーの火を消さなければならなかった。彼は川に水をくみに行って，それを火にかけた。

　解説　第2文に川に水をくみに行ってそれを火にかけたとあるので，マイケルがしなければならなかったことは火を消すことだと考えて，正解は**2**。put out ～は「（火など）を消す（＝extinguish）」。come out は「外に出る」，fill up ～は「～をいっぱいにする」，back up ～は「～を支える」。

(13) – 解答 **3** ....

　訳　困っている人を助ける方法はいろいろある。例えば，十分に持っていない人にお金や服，食料などをあげることができる。

　解説　第2文でお金や服，食料などをあげることが例として挙げられているので，これらは困っている人を助ける方法だと考えて，正解は**3**。people in need で「困っている人」。in need は「何かを必要としている状態で」ということから，遠回しに「困って，困窮して」という意味を表す。on end は「続けて」，by heart は「暗記して」，of use は「役立って（＝useful）」。

(14) – 解答 **4** .... 正答率 ★**75%以上**

　訳　トニーは高校卒業後，電車の運転手として就職した。彼は50年近くもその鉄道会社に勤務した。彼は65歳になって退職した。

　解説　第1文にトニーは高校卒業後に就職し，第3文に65歳になって退職したとあるので，「50年近くその鉄道会社に勤務した」と考え，work for

～「～に勤務する」を選ぶ。come over は「こちらにやって来る」，take after ～ は「～に似ている」，bring up ～ は「～を育てる」。

(15) – 解答 ② 正答率 ★75%以上

訳 A：あなたはどのくらいの間ダイエットをしているのですか。

B：2か月前に始めました。今のところ，約5キロ減量しましたよ。

解説 BはAの質問に対して，2か月前に始めて約5キロやせたと言っていることから，ダイエットのことを話していると考えて，正解は**2**。on a diet で「ダイエット中で」。例えば，I'll go on a diet. で「私はダイエットします」，I'm on a diet. で「私はダイエット中です」のように使われる。for a change は「気分転換に」，in place は「適当な［いつもの］ところに」，with time は「やがて」。

(16) – 解答 ③

訳 いくつかの種類の鳥は長距離を移動することで知られている。例えば，キョクアジサシは毎年，約9万キロの旅をする。

解説 空所の直後が travel「旅行する，移動する」という動詞であることに着目。選択肢の中で後ろに動詞がとれるのは**3**の〈be known to *do*〉「～すると知られている」だけである（be known to ～「（人など）に知られている」と混同しないように注意）。第2文では arctic tern「キョクアジサシ」という渡り鳥の行動が例として挙げられていることもヒント。be jealous of ～ は「～に嫉妬している」，be true of ～ は「～についても言える，～にも当てはまる」。belong to ～ は「～に属する」を表し，to の後には名詞（句）や代名詞がくる。

(17) – 解答 ③

訳 ケリーは海が大好きだが，彼女はいつもそこから離れたところに住んできた。彼女の夢は，退職後，海に近い家に引っ越すことである。

解説 海が好きにもかかわらず，これまで海から離れて暮らしてきたケリーの夢は，a house close to the ocean「海に近い家」に引っ越すことだと考えて，正解は**3**。(be) close to ～で「～に近い」。be certain of ～ は「～を確信している」，be fit for ～ は「～に適する」，be poor at ～ は「～が苦手である」。

(18) – 解答 ②

訳 3か月ごとに，クーパーズビルでは大きな市が開かれる。前回は12月に開かれたので，次回は3月に開催される予定だ。

解説 第2文に市が開かれたのは前回が12月で次が3月とあるので，3か月に1回だと考えて，**2**を選ぶ。every ～ は「～に1回，～ごとに」という意味である。every は普通，後ろに単数名詞がくるが，この意味の場合には every three <u>months</u> のように複数名詞もくることに注意。three months を1つのまとまりだと考える。

(19) －解答 ② ･････････････････････････････

　訳　ビリーは，最新の音楽が聞きたいので，ソニック FM というラジオチャンネルをよく聞く。ソニック FM は通常，過去 2，3 か月に出た曲だけをかける。

　解説　後半にソニック FM は過去 2，3 か月に出た曲だけをかけるとあることから，そのラジオチャンネルで最新の音楽が聞けると考えて，正解は **2**。latest は「最新の」という意味。late「遅い」の最上級（late-later-latest）の 1 つだが，「（ニュースなどが）一番遅くに出た」ということから「最新の」という意味で用いられる。

(20) －解答 ② ･････････････････････････････

　訳　ケニーは，両親が彼に寝なさいとか野菜を食べなさいなどと言うと怒る。彼は小さな子供のように扱われるのが嫌いなのだ。

　解説　「小さな子供のように扱われることを嫌う」と考えて，treat「～を扱う」の受動態の動名詞である **2** の being treated を選ぶ。ちなみに hate は後ろに不定詞もとれるので，He hates *to be treated* like a little child. とすることも可能。

```
一次試験・筆記  2 │ 問題編 p.77〜78
```

(21) －解答 ④ ･････････････････････ 正答率 ★**75%以上**

　訳　A：こんばんは，お客さま。もうご注文はお決まりでしょうか。
　　　　B：シーフードパスタは今でも出していますか。
　　　　A：以前はご提供していましたが，最近メニューを変更しました。
　　　　B：それは残念だな。私はその料理が本当に好きだったのです。

　解説　レストランの客である B がシーフードパスタについて尋ねたところ，給仕の A は「以前はご提供していましたが，最近～」と答えている。さらに，空所後で B は That's a shame.「それは残念だな」と答えていることから，その料理はないと判断して，正解は **4**。**1**「開店を遅くし始めました」，**2**「新しいスタッフになりました」，**3**「新しいいすを購入しました」。

(22) －解答 ① ･････････････････････ 正答率 ★**75%以上**

　訳　A：お父さん，理科の宿題を手伝ってくれないかしら？
　　　　B：もちろんだよ，クレア。何をする必要があるんだい？
　　　　A：植物の絵を描かなければならないの。それから，それに色を塗ってそこにいろいろな部位の名前を書かなければならないの。
　　　　B：面白そうだね。庭から 1 つ選びに行こう。

　解説　クレアの宿題の内容を考える。空所直後に Then, I have to color it

and write the names of the different parts on it.「それから，それに色を塗ってそこにいろいろな部位の名前を書かなければならない」とあるので，宿題は植物の絵を描くことだと判断し，正解は **1**。後に出てくる choose one from the garden の one は **1** の中にある a plant「植物」を指すと考える。**2**「教科書の質問に答える」，**3**「宇宙についての情報を得る」，**4**「私の頭の大きさを測る」。

(23)－解答 ③ ●●●●●●●●●●●●●●●●●●●●●●●●●●●●●●● 正答率 ★75%以上

訳 A：お客さま，どのような服をお探しでしょうか。

B：特売について聞きました。古いスーツを持ってくれば，新しいのを半額で買えるのですか。

A：そうです。でも，本日がその割引を受ける最後のチャンスになります。

B：わかりました。すぐにまた来ます！

解説 空所前に What kind of clothes「どんな服」，heard about your sale「特売について聞いた」とあり，A の 2 回目の発言に get that discount「その割引を受ける」とあるので，洋服の割引セールについて尋ねていると判断して，正解は **3**。空所後にある my old one の one は **3** の中にある suit を指す。**1**「新車を 25％引きにしてくれる」，**2**「私のために新しい領収書を印刷してくれる」，**4**「新しいテレビを安く買う」。

(24)(25) ●●●

訳 A：お母さん，この週末に友達のジャンが家に泊まりに来てもいい？

B：うーん。どうかしら。2 人ともしなければならない宿題はないの？

A：先生が今週末は今週のテストの後だから勉強する必要はないとおっしゃっていたわ。

B：そう。あなたのお部屋はどうなのかしら？　もうお掃除したの？

A：まだだけど，木曜日の夜にやるって約束するわ。

B：それなら，いいわ。まず，ジャンが泊まってもいいか確認するために私がジャンのお母さんと話した方がいいわね。

A：ありがとう，お母さん。ジャンに彼女のお母さんの電話番号を私に送るよう頼むわね。

B：実は，もう持っていると思うの。アドレス帳を確認させて。

(24)－解答 ② ●●●●●●●●●●●●●●●●●●●●●●●●●●●●●● 正答率 ★75%以上

解説 空所の後で A が Our teacher said that after the tests this week, we wouldn't have to study this weekend.「先生が今週末は今週のテストの後だから勉強する必要はないと言っていた」と答えていることから，B は宿題について尋ねたと考えて，正解は **2**。**1**「行かなければならない会議」，**3**「クラブ活動」，**4**「医者の予約」。

(25)－解答 ① ●●●●●●●●●●●●●●●●●●●●●●●●●●●●●● 正答率 ★75%以上

解説 B はジャンの母に連絡を取りたがっていて，それに対して A は「ジャ

ンに〜を送るように頼む」とあるので，正解は**1**。空所の後でBがI think I already have it.「私はすでにそれを持っていると思う」と答えて my address book「私のアドレス帳」について述べていることもヒント。**2**「彼女のおばあさんのクッキーのレシピ」，**3**「テストのための本」，**4**「彼女の家族の写真」。

ポイント 「仮装パーティー」というタイトルで，ヘザーがそのパーティーへ着て行く魔女の衣装を準備する話。第1段落ではどんな衣装をどのようにして用意したのかを，第2段落では小物であるほうきをどのようにして手に入れたのかをそれぞれ読み取ろう。

全文訳 **仮装パーティー**

　先日，ライアンはヘザーを彼の誕生日パーティーに招待した。ライアンは，それは仮装パーティーだと言った。彼はヘザーに彼女のお気に入りの漫画のキャラクターに扮装するように頼んだ。ヘザーの大好きなキャラクターはほうきに乗って郵便を配達する魔女である。その魔女は青いドレスを着ていて，髪に赤いリボンを付けている。ヘザーは青いドレスは持っていなかったものの，彼女の母は青い布を持っていた。母は代わりにドレスを作れるとヘザーに話した。ヘザーは母を手伝い，まもなくして，魔女が着ているのとそっくりなドレスができた。

　ライアンのパーティーの日，ヘザーはほうきも必要なことを思い出した。彼女は母に聞いたが，母は持っていないと言った。そのとき，ヘザーはお隣のジョーンズさんが庭を掃くのにほうきを使っているのを見たことを思い出した。ヘザーはそれを借りてもいいか尋ねるためにジョーンズさんの家まで走った。幸運なことに，ジョーンズさんはいいよと言ってくれた。ヘザーは自分の衣装が完成してとてもうれしかった。

(26)－解答 **2** ・・・・・・・・・・・・・・・・・・・・・・・・・・・・・・・・・・・・・

選択肢の訳 **1** that she should stay home「彼女は家にいるべきだと」

2 that they could make one「ドレスを作れると」

3 to wear a green one「緑のドレスを着るように」

4 to choose another character「別のキャラクターを選ぶように」

解説 空所直前の文に「ヘザーは青いドレスを持っていなかったが，母は青い布（cloth）を持っていた」とあるので，母はヘザーにその布でドレスを作るように提案したと考えて，正解は**2**。**2**の make one の one は空所の前文中にある a blue dress を指すと考える。

(27)－解答 **1** ・・・・・・・・・・・・・・・・・・・・・・・・・・ 正答率 ★**75%以上**

選択肢の訳 **1** borrow it「それを借りる」

2　hide there「そこに隠れる」

3　help him「彼の手伝いをする」

4　get her ball「彼女のボールを手に入れる」

解説　ほうきが必要なヘザーは，ジョーンズさんが庭を掃くのにほうきを使っていたことを思い出し，「〜してもいいかどうか尋ねるためにジョーンズさんの家まで走った」という文脈なので，正解は**1**。

一次試験・筆記　**3B**　問題編 p.81

ポイント　オランダの画家マウリッツ・コルネリス・エッシャーの話。第1段落では彼の大学での勉強について，第2段落では大学卒業後に行ったイタリアとスペインへの旅行が彼に与えた影響について，第3段落では彼の絵の特徴とその人気の理由について読み取りたい。

全文訳　**エッシャーの素晴らしい芸術**

マウリッツ・コルネリス・エッシャーは，1898年にオランダで生まれた。高校を出た後，建物の設計方法を学ぶために大学に行った。しかし，彼はまもなく建築に興味を持っていないことに気づいた。実際，彼は建築できないものをデザインすることが好きだった。彼は代わりにグラフィックアートを学ぶことにした。グラフィックアーティストとは，絵を制作するのに想像力と数学，そして定規のような道具を使う画家である。

エッシャーは卒業後，長期間イタリアを旅行した。彼は田舎とそこにある古い建物がとても好きだった。彼はよく自分の絵の中にそこで目にした場所を描いた。彼はスペインも訪れた。そこで，彼は壁が興味深い模様で覆われた城に行った。それらは彼に彼独自の模様のアイデアを与え，彼は時々これらのデザインに動物の形を使用したのだった。これら2つの国での経験は彼の芸術に非常に大きな影響を与えた。

エッシャーの絵はしばしば現実では不可能なことを描いている。絵画『上昇と下降』では，人々が上り始めた場所に戻る階段を上っている。『描く手』では，2つの手が鉛筆を握り，互いに絵を描いている。エッシャーの独特な芸術は世界中で人気だ。例えば，約20万人が2018年の東京での彼の作品展を見に行った。多くの国の人々は，彼の絵が美しく，ものを考えさせるので，それらが好きなのである。

(28) – 解答 ③

選択肢の訳　1　a creative person「創造的な人間（では）」

2　a clever teacher「賢い教師（では）」

3　interested in construction「建築に興味を持って」

4　good at drawing「絵を描くことが得意（では）」

解説　空所前の部分でエッシャーが建築設計を学ぶために大学へ行ったことが述べられ，空所直後の文に「実際，彼は建築できないものをデザインす

ることが好きだった」とあることから「彼は建築に興味を持っていないと気づいた」と考えて，正解は **3**。

(29) – 解答 ①　　　　　　　　　　　　　　　　　正答率 ★**75%以上**

選択肢の訳
1 in these two countries「これら 2 つの国での」
2 from his early childhood「彼の幼い子供時代の」
3 of working with his father「彼の父と一緒に働いた」
4 while learning new languages「新しい言語を学びながらの」

解説　空所部分には空所直前にある experiences を修飾する語句がくる。「彼の～な経験は彼の芸術に大きな影響を与えた」という文脈。この段落前半にはイタリアへの旅，後半ではスペインへの訪問について述べられているので，正解は **1**。

(30) – 解答 ②　　　　　　　　　　　　　　　　　正答率 ★**75%以上**

選択肢の訳
1 all kept in one place「すべて 1 か所に保管されている」
2 popular around the world「世界中で人気である」
3 not for sale anymore「もはや売り物ではない」
4 not nice to look at「見て気持ちのいいものではない」

解説　空所直後にある For example「例えば」以下の内容に着目。2018 年の東京での展示会では 20 万もの人が訪れたとあり，さらに People in many countries like his pictures「多くの国の人々は彼の絵が好きである」とあるので，正解は **2**。

一次試験・筆記 4A │ 問題編 p.82～83

ポイント　アリアナからジェーンへのメールで，件名は「料理クラブのレシピ」である。第 1 段落では 2 人が参加している料理クラブの活動の仕方，第 2 段落ではジェーンの友人であるデイビッドの提案，第 3 段落ではその提案を実行する上でのジェーンの考えをそれぞれ読み取っていこう。

全文訳

送信者：アリアナ・スミス <arianaariana@peacemail.com>
受信者：ジェーン・ジョーンズ <jane_j30101@thismail.com>
日付：1 月 22 日
件名：料理クラブのレシピ

ジェーンへ
私はコミュニティーセンターでの料理クラブの週に 1 度の集まりをすごく楽しんでいます。会員の皆さんはとても親切です。会員が順番にお互いにレシピを教え合うというのがいいですね。私が教える順番のときは緊張しますが，その後はいつもうれしいのです。

それに，私はこのようにして本当に幅広いさまざまな料理の作り方を学びました。料理の先生が1人だけいるのより，ずっといいですね。

私は私たちの集まりについて友人のデイビッドに話しました。デイビッドは本を出版する会社のカメラマン兼デザイナーとして働いています。彼は料理クラブの会員が好きな料理のレシピ本を作ることを提案してくれました。彼は私たちがそれをするのを手伝うと言っています。私たちは自分たちの集まりの記念になるものが作れると思うのです。レシピ本は友達や家族への素晴らしいプレゼントにもなることでしょう。

私は彼のアイデアがとても気に入っています。あなたはどう思いますか。会員の1人1人にスナックとサラダとスープ，それからメインディッシュとデザートのレシピを用意するようにお願いしてはどうでしょう。その後，一番良さそうなのを選んで，集まりでそれを作るのはどうですか。デイビッドは喜んで私たちの料理の写真を撮りにくると言っていました。それと，試食も少ししたいともね！

あなたの友達
アリアナより

(31) −解答 ② ●●●●●●●●●●●●●●●●●●●●●●●●●●●●●●● 正答率 ★75%以上

質問の訳 アリアナは料理クラブの集まりについて何と言っていますか。

選択肢の訳
1 料理の先生がとても親切だと思っている。
2 会員がお互いに教え合うやり方が気に入っている。
3 新しい会員が加わると緊張する。
4 それらがコミュニティーセンターに移動するといいと思っている。

解説 第1段落の第3文に It's nice that the members take turns teaching each other recipes.「会員が順番にお互いにレシピを教え合うのがいい」とあるので，正解は **2**。take turns *doing* は「交代で～する」。

(32) −解答 ③ ●●●●●●●●●●●●●●●●●●●●●●●●●●●●●●● 正答率 ★75%以上

質問の訳 アリアナの友人のデイビッドは何を提案していますか。

選択肢の訳
1 料理クラブの集まりで作った料理は売れる。
2 友達が料理クラブの集まりを見学するのが認められるべきだ。
3 料理クラブの会員は本を作るべきだ。
4 アリアナは彼の出版社に就職できる。

解説 質問に出てくる David は第2段落に登場する。彼が提案したことに関しては，同段落第3文に He suggested that the cooking club members make a book of our favorite recipes.「彼は料理クラブの会員が好きな料理のレシピ本を作ることを提案した」とあるので，正解は **3**。

(33) −解答 ④ ●●

質問の訳 デイビッドが申し出ていることは，

選択肢の訳
1 料理クラブのために新しいレシピを考えることである。
2 料理コンテストで一番の料理を選ぶことである。

87

3 アリアナとジェーンにいろいろな料理の作り方を教えることである。

4 料理クラブのために料理の写真を撮ることである。

解説 デイビッドが申し出たことに関しては，第3段落の第5文に David said that he would be happy to come and take pictures of our food.「デイビッドは喜んで私たちの料理の写真を撮りにくると言っていた」とあるので，正解は**4**。

一次試験・筆記 **4B** | 問題編 p.84〜85

ポイント タイトルは「木々の中でのスローライフ」で，sloth「ナマケモノ」についての話。ナマケモノの暮らし方の紹介の後，その怠惰でスローな生活スタイルが生き残ることや天敵から身を守るのに役立っていること，つま先にある鉤爪（かぎ）が木にぶら下がるだけでなく自衛のためにも使われていることが説明されている。

全文訳 **木々の中でのスローライフ**

　ナマケモノは中央アメリカと南アメリカのジャングルに暮らす動物の一種である。ナマケモノはサルに似ていて，自分の時間のほとんどを高い木の枝のところで過ごす。しかし，サルと違い，ナマケモノは単独で暮らし，とてもゆっくり動き，ほとんど音を立てない。毎日20時間ほどまでも眠り，夜間にのみ目を覚ましている。

　ナマケモノの怠惰な生活スタイルはそれが生き残るのに役立っている。ほとんどの時間眠り，またゆっくり動くことにより，ナマケモノはあまり多くのエネルギーを使う必要がない。食べ物を手に入れるために長距離を移動することも速く走ることも必要ない。木々の高いところには，おいしい葉っぱがいつもほんの数センチ先にあるからだ。葉はカロリーをあまり多く含んでいないが，ナマケモノは目を覚ましている短い時間の間中ずっと食べていることによって，必要なものをすべて手にしている。

　驚くべきことに，ゆっくり動くことはナマケモノを空腹の肉食獣から守ってもいる。ワシや大型のネコはナマケモノと同じジャングルで暮らしている。しかし，これらのハンターたちは動きを探知するので，ナマケモノに気づかないことが多い。また，ナマケモノは自分の毛を完全にはきれいにしない。その結果，小さな植物がその中で育ち，それが毛皮を緑色に見せる。地面あるいは空から，木の枝々の中にいるナマケモノは，ワシや大型のネコが食べたいと思うものというよりはむしろ植物のように見えるのである。

　ナマケモノにはつま先に長くて硬い鉤爪がある。通常，彼らはその鉤爪を枝にぶら下がるために使う。しかし，攻撃されると，ナマケモノはその鉤爪を自衛のために使うことができる。ナマケモノの鉤爪はとても長いので，地面を歩くのが大変であるとナマケモノはわかっている。このため，ナマケモノはたいてい週に1回程度しか枝から下りてこない。

(34)－解答

質問の訳 ナマケモノがサルと異なる1つの点は何ですか。

選択肢の訳 **1** ナマケモノは北アメリカで見られる。

2 ナマケモノはよく大きな音を立てる。

3 ナマケモノはたいてい単独で暮らす。

4 ナマケモノは日中だけ目を覚ましている。

解説 サルと異なることに関しては，第1段落の第3文の冒頭に However, unlike monkeys「しかし，サルと違って」とあり，それに続いて sloths live alone「ナマケモノは単独で暮らす」とあるので，正解は **3**。本文中の alone が選択肢では by themselves（by *oneself*「一人で」）と書き換えられている。

(35)－解答

質問の訳 ナマケモノがゆっくりと動く理由の1つは何ですか。

選択肢の訳 **1** 使うエネルギーの量を減らすため。

2 かなりの長距離を移動するのを可能にするため。

3 自分たちが好んで食べるものを捕まえるため。

4 他の動物によって作られた穴に落ちるのを避けるため。

解説 第2段落の第2文に By sleeping most of the time and moving slowly, sloths do not have to use much energy.「ほとんどの時間眠り，またゆっくり動くことにより，ナマケモノはあまり多くのエネルギーを使う必要がない」とあるので，正解は **1**。

(36)－解答

質問の訳 ワシと大型のネコは

選択肢の訳 **1** 毛皮の味が悪いのでナマケモノを食べない。

2 肉を見つけられないと植物を食べる。

3 動物の動きを探して狩りをする。

4 ナマケモノが暮らすジャングルに近づかない。

解説 eagles and big cats「ワシと大型のネコ」は第3段落に登場する。それらは第1文中の hungry meat eaters「空腹の肉食獣」の一例として述べられ，第3文に these hunters search for movement, so they often do not notice sloths「これらのハンターたちは動きを探知するので，ナマケモノに気づかないことが多い」とある。それらは獲物の動きを探って狩りをすることがわかるので，正解は **3**。

(37)－解答 **4**

質問の訳 ナマケモノがその長い鉤爪を使うのは

選択肢の訳 **1** 木々に育つ果物を切り開くためである。

2 木の内部に暮らす虫を捕るためである。

3 木から木に飛び移るためである。

4 枝につかまるのに役立てるためである。

解説 第4段落の第2文に Usually, they use their claws to hang on to branches.「通常，彼らはその鉤爪を枝にぶら下がるために使う」とあるので，正解は **4**。

一次試験・筆記 **5** | 問題編 p.86

質問の訳 あなたは，図書館はもっと子供のための本のイベントを開くべきだと思いますか。

解答例 I think libraries should have more book events for children. I have two reasons. First, children can get more chances to find different kinds of books. They can enjoy reading books that they do not know. Second, book events help children make new friends. They can talk about the books that they are interested in.

解答例の訳 私は，図書館はもっと子供のための本のイベントを開くべきだと思います。理由は2つあります。第一に，子供たちがさまざまな種類の本を見つける機会をより多く得られるからです。彼らは自分が知らない本を読んで楽しむことができます。第二に，本のイベントは子供たちが新しい友達を作るのに役立つからです。彼らは自分が興味を持っている本について話すことができます。

解説 質問は「図書館はもっと子供のための本のイベントを開くべきだと思うか」で，解答例はそれに賛成する立場である。I think の後に質問の文をそのまま利用して書き，賛成の立場をはっきりと示している。

理由を書く前に I have two reasons.「理由は2つあります」と書き，読み手に次に理由が2つ述べられることを予測させる。1つ目の理由は First「第一に」で導入する。解答例では，そのようなイベントを通じて子供たちがさまざまな本について知る機会が増えることを述べている。次の文で，その結果，知らない本を読んで楽しめると書いている。

2つ目の理由は Second「第二に」で始め，そのようなイベントが子供たちの友達作りに役立つと述べている。その後に，友達になるきっかけとなる活動として読んだ本について話し合うことができると述べている。

この解答例では語数の関係で省略されているが，最後に Therefore, libraries should increase the number of such events.「ゆえに，図書館はそのようなイベントの数を増やすべきである」などと全体をまとめる文を書くと，さらにまとまりのある英文になるだろう。

90

〔例題〕−解答 **3**

(放送英文) ☆：Would you like to play tennis with me after school, Peter?
　★：I can't, Jane. I have to go straight home.
　☆：How about tomorrow, then?
　　1 We can go today after school.
　　2 I don't have time today.
　　3 That will be fine.

(全文訳) ☆：ピーター，放課後一緒にテニスをしない？
　★：できないんだ，ジェーン。まっすぐ家に帰らなきゃいけないんだよ。
　☆：それなら，明日はどう？
(選択肢の訳) **1** 今日の放課後に行けるよ。
　　2 今日は時間がないんだ。
　　3 それなら大丈夫だよ。

No.**1**−解答 **1**

正答率 ★**75%以上**

(放送英文) ★：June, have you finished writing your sales presentation yet?
　☆：No, I haven't, Mr. Begley.
　★：Well, please finish it today. I want to check it before the meeting tomorrow.
　　1 OK. I'll finish it this afternoon.
　　2 Hmm, I don't like presentations.
　　3 Well, I showed it to you yesterday.

(全文訳) ★：ジューン，販売プレゼンテーションはもう書き終わったかな？
　☆：いいえ，まだです，ベグリーさん。
　★：ええと，今日仕上げてください。明日，会議前にそれを確認したいので。
(選択肢の訳) **1** わかりました。今日の午後，仕上げます。
　　2 うーん，発表は好きではありません。
　　3 あら，昨日それをあなたにお見せしましたよ。

(解説) 会社の上司と部下の会話。男性の上司が販売プレゼンテーションの書類が仕上がっているかどうか尋ねると，女性の部下はまだだと言う。そこで上司は please finish it today「今日仕上げてください」と頼んでいる。これに対する適切な応答は，「今日の午後に仕上げる」と答えている **1**。

No.**2**−解答 **2**

(放送英文) ★：Excuse me, ma'am. Could you tell me where I can find the library's history section?
　☆：It's just over there, behind the magazines.

★: OK, thanks. Are there any books about Egypt?

   1 No, the library is closed today.

   2 Yes, there are a lot of them.

   3 Well, I used to live there.

全文訳 ★: すみません。図書館の歴史のコーナーはどこにあるか教えていただけませんか。

☆: すぐ向こうの，雑誌の後ろですよ。

★: わかりました，ありがとうございます。エジプトについての本はありますか。

選択肢の訳 **1** いいえ，図書館は今日閉館しています。

   2 はい，たくさんありますよ。

   3 そうですねえ，私はかつてそこに住んでいました。

解説 図書館での来館者と職員の会話。来館者は歴史のコーナーの場所を尋ねた後，最後に Are there any books about Egypt?「エジプトについての本はありますか」と尋ねている。これに対する適切な応答は「たくさんある」と答えている **2**。

No.**3** −解答 ② ・・・・・・・・・・・・・・・・・・・・・・・・・・・・・・・・・ 正答率 ★75%以上

放送英文 ☆: Arnold, would you like to go to the new Italian restaurant tonight?

★: That would be wonderful, Janine. Can you reserve a table for us?

☆: Sure. I'll make a reservation for 7 p.m.

   1 I'm sorry, but I'm really busy.

   2 Great. I'll see you this evening.

   3 I think I'll bring some food.

全文訳 ☆: アーノルド，今晩その新しいイタリアンレストランに行かない？

★: それはいいね，ジャニーン。テーブルを予約してくれるかな？

☆: わかったわ。午後7時に予約するわね。

選択肢の訳 **1** ごめんなさい，でも私は本当に忙しいんだ。

   2 いいね。それじゃあ，今晩ね。

   3 私はいくらか食べ物を持っていくと思うよ。

解説 友人同士の会話。最初に女性が would you like to go to the new Italian restaurant tonight?「今晩その新しいイタリアンレストランに行かない？」と誘い，男性はそれに同意している。その後2人で予約の時間も決めたので，適切な応答は別れのあいさつである **2**。

No.**4** −解答 ③ ・・・・・・・・・・・・・・・・・・・・・・・・・・・・・・・・・ 正答率 ★75%以上

放送英文 ☆: Are you going to the grocery store today, honey?

★: Yes. We need milk and cheese.

☆: Can you buy a few bananas and apples?

    1 OK. I'll be back next week.

    2 Maybe. I'll have to join first.

    3 Sure. I'll get some for you.

全文訳 ☆: あなた，今日食料雑貨店に行く？

★: うん。牛乳とチーズが必要なんだよ。

☆: バナナとリンゴを少し買ってきてもらえるかしら？

選択肢の訳 **1** わかった。来週戻るよ。

    2 多分。まず参加しなければならないだろうね。

    3 もちろんだよ。買ってきてあげるね。

解説 夫婦の会話。妻は夫に今日食料雑貨店に行くことを確認した後で，最後に Can you buy a few bananas and apples?「バナナとリンゴを少し買ってきてくれるか」と尋ねている。これに対する適切な応答は「買ってきてあげる」と了解している **3**。

No.5 -解答 **3**

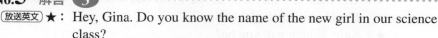

放送英文 ★: Hey, Gina. Do you know the name of the new girl in our science class?

☆: It's Dorothy Farmer. Why?

★: She introduced herself to me, but I forgot her name. She seems nice.

    1 I can't remember, either.

    2 That's a good idea.

    3 Yeah. She's really friendly.

全文訳 ★: ねえ，ジーナ。理科の授業にいた新しい女の子の名前わかる？

☆: ドロシー・ファーマーよ。なぜ？

★: 僕に自己紹介してくれたんだけど，彼女の名前を忘れちゃったんだ。良さそうな人だね。

選択肢の訳 **1** 私も思い出せないわ。

    2 それはいい考えね。

    3 ええ。彼女は本当に親しみやすいわね。

解説 友人同士の会話。男性は理科の授業にいた新しい生徒の名前を尋ね，女性はそれに答えている。最後に出てくる男性の She seems nice.「彼女は良さそうな人だね」に対して適切な応答は，それに同意している **3**。

No.6 -解答 **1**

放送英文 ☆: Good afternoon, sir. Can I help you find something?

★: I hope so. Do you sell used musical instruments here?

☆: Yes, we do. What instrument are you looking for?

    1 I want to get a violin.

2 I need to buy it today.

3 I learned to play the piano.

全文訳 ☆： いらっしゃいませ，お客さま。お探し物のお手伝いをいたしましょうか。

★： お願いします。ここでは中古の楽器を売っていますか。

☆： はい，売っております。どんな楽器をお探しですか。

選択肢の訳 **1** バイオリンを買いたいのです。

2 今日，それを買う必要があるのです。

3 ピアノを弾くのを習いました。

解説 楽器店での店員と客の会話。客は店が中古の楽器を扱っていることを確認すると，店員は最後に What instrument are you looking for? 「どんな楽器をお探しですか」と尋ねているので，適切な応答は「バイオリン」と答えている **1**。

No.**7** –解答 ②

放送英文 ★： Hello.

☆： Hi, Dad, it's me. I'm at the mall, but I lost my bicycle key. Could you come pick me up?

★： Sure. Where will you be?

1 I've been here since early afternoon.

2 I'll wait at the North Entrance.

3 I looked everywhere for the key.

全文訳 ★： もしもし。

☆： もしもし，お父さん，私よ。今ショッピングモールにいるんだけど，自転車のカギをなくしてしまったの。迎えに来てもらえるかしら？

★： いいよ。どこにいる？

選択肢の訳 **1** 午後早くからずっとここにいるわ。

2 北口で待っているわ。

3 カギがないかいろいろなところを捜したわ。

解説 娘と父親の電話での会話。最初のやりとりから娘は自転車のカギをなくしてしまい，父親に迎えを頼んでいることを聞き取る。最後の，Where will you be? 「あなたはどこにいる（つもり）か」と言って迎えに行く場所を尋ねる父親の質問に対する適切な答えは，「北口」と答えている **2**。

No.**8** –解答 ③

放送英文 ☆： Dr. Smith's office. How may I help you?

★： I'd like to make an appointment for Thursday.

☆： The doctor can see you at 9 a.m.

1 Sure. I'll see you later today.

2 OK. I'll tell her to call.

3 That's fine. I'll come then.

全文訳 ☆： スミス医師の診察室です。ご用件をお伺いします。

★： 木曜日に予約をしたいのですが。

☆： 先生は午前9時に診察できますよ。

選択肢の訳 **1** もちろんです。今日のちほどまた。

2 わかりました。彼女に電話するように言います。

3 それで結構です。そのときに参ります。

解説 クリニックへの患者からの電話。用件は診察の予約である。最後に出てくる The doctor can see you at 9 a.m.「先生は午前9時に診察できます」に適切な応答は，それでお願いしている **3**。男性が予約を希望する診察日は今日ではなく木曜日なので **1** は不適。

No.9 解答 2

放送英文 ☆： Did you get a good score on the exam?

★： It was OK, but it could have been better.

☆： You'll just have to study more next time.

1 Well, it was in the morning.

2 You're right. I will.

3 Yes. The test is next week.

全文訳 ☆： 試験で良い点を取れたの？

★： まあまあだったけど，もっと良かったらなあ。

☆： 次回はもっと勉強しなくちゃね。

選択肢の訳 **1** ええと，それは朝だったよ。

2 そうだね。頑張るよ。

3 うん。テストは来週だよ。

解説 母と息子の会話。話題は息子のテストである。最後に出てくる You'll just have to study more next time.「次回はもっと勉強しなくちゃね」という母親の発言に対して適切な応答は，「そうだね。頑張るよ」と答えている **2**。

No.10 解答 3 　　　正答率 ★75%以上

放送英文 ☆： Would you like to see our dessert menu, sir?

★： No, thanks. I'm full. Everything was great.

☆： How about something to drink, then?

1 By credit card, please.

2 Just some cake, please.

3 I'll have a cup of tea, please.

全文訳 ☆： お客さま，デザートのメニューをご覧になりますか。

★： いいえ，結構です。おなかがいっぱいです。全部おいしかったです。

☆： それでは，何かお飲み物はいかがですか。

選択肢の訳 **1** クレジットカードでお願いします。

2　ケーキだけでお願いします。

3　紅茶を 1 杯お願いします。

解説　レストランでのウエートレスと客の会話。食事が終わり，ウエートレスがデザートについて尋ねている。最後の How about something to drink, then?「それでは何かお飲み物はいかがですか」に適切な応答は，紅茶を注文している **3**。

No.11 解答 **③** ･･････････････････････････････････････ 正答率 ★**75%以上**

放送英文　☆：Dad, can we go to the zoo next week?

★：Sure, Lisa, I love the zoo. What animals do you want to see?

☆：Well, there's going to be a special show at the dolphin exhibit. That's what I want to see the most.

★：Oh, great. That sounds like fun.

Question: What is one thing the girl says about the zoo?

全文訳　☆：お父さん，来週，動物園に行けるかしら？

★：もちろんだよ，リサ，私は動物園が大好きなんだ。君はどんな動物が見たいの？

☆：ええと，イルカの展示場で特別なショーがあるのよ。それが私の一番見たいものなの。

★：おお，いいね。それは面白そうだ。

Q：女の子が動物園について言っていることの 1 つは何ですか。

選択肢の訳　**1**　新しいイルカがいる。

2　ほとんど動物がいない。

3　特別なショーがある。

4　来週閉鎖することになっている。

解説　会話は Dad で始まることから，父と娘の会話だと判断する。話題は動物園に行くことで，娘は there's going to be a special show at the dolphin exhibit「イルカの展示場で特別なショーがある」と言っているので，正解は **3**。

No.12 解答 **④** ･･

放送英文　★：Here, I can take your plate for you, ma'am. How was your meal?

☆：It was fantastic, thank you. I especially liked the pasta.

★：I'm glad you enjoyed it. Can I get you anything else?

☆：No, I'll just take the check, please.

Question: What does the customer ask the waiter to do?

全文訳 ★：さあ，お皿をお下げいたしましょう，お客さま。お食事はいかがでしたか。

☆：素晴らしかったわ，ありがとう。特にパスタが気に入ったわ。

★：お楽しみいただけて光栄です。他に何かお持ちいたしましょうか。

☆：いいえ，お会計でお願いします。

Q：その客はウエーターに何をするように頼んでいますか。

選択肢の訳 **1** お皿を温める。

2 もう少しパスタを出す。

3 新しい料理について話す。

4 伝票を持ってくる。

解説 レストランでのウエーターと客の会話。冒頭部分でウエーターが皿を下げ，食事の感想を聞いていることから，食事が終わった場面だとわかる。ウエーターがデザートなどについて Can I get you anything else?「他に何かお持ちいたしましょうか」と尋ねたところ，客は I'll just take the check, please.「お会計でお願いします」と答えているので，正解は **4**。

No.13 解答 ③

放送英文 ★：Hi, Emily. How was your trip to New York?

☆：It was great! We stayed at a nice hotel and did a lot of sightseeing.

★：That sounds nice. What kind of things did you go to see?

☆：We took a tour of the city and visited some museums.

Question: What is one thing Emily says about her trip to New York?

全文訳 ★：やあ，エミリー。君のニューヨーク旅行はどうだった？

☆：素晴らしかったわ！　素敵なホテルに泊まって，たくさん観光したの。

★：それはよかったね。どんなものを見に行ったの？

☆：市を巡るツアーに参加して博物館をいくつか訪れたわ。

Q：エミリーが彼女のニューヨーク旅行について言っていることの１つは何ですか。

選択肢の訳 **1** ホテルから離れられなかった。

2 博物館へは１つも行かなかった。

3 観光ツアーをした。

4 市外に滞在した。

解説 友人同士の会話。話題は女性が行ったニューヨーク旅行である。やりとりの最後に女性が We took a tour of the city and visited some museums.「市を巡るツアーに参加して博物館をいくつか訪れた」と

No.14 解答 ② ・・・

放送英文 ☆： Hello, I'm Erin, and I'll be your server this afternoon. Would you like anything to drink?

★： Actually, I'm ready to order my meal. Can I get a grilled cheese sandwich and potato chips?

☆： Sure. Anything else?

★： No, thank you. I have to be at a meeting in about 20 minutes, so please bring it as soon as you can.

Question: What do we learn about the man?

全文訳 ☆： こんにちは，私はエリンと申しまして，本日午後のあなたさまの給仕になります。お飲み物はいかがですか。

★： 実は，もう食事を注文できるんです。グリルドチーズサンドイッチとポテトチップをいただけますか。

☆： かしこまりました。他には？

★： いいえ，結構です。あと 20 分ほどで会議に出なければならないので，できるだけ早く持ってきてください。

Q：男性についてどんなことがわかりますか。

選択肢の訳 **1** サンドイッチと一緒にサラダを欲しがっている。

2 すぐにレストランを出る必要がある。

3 友人のために注文している。

4 今日はとてもおなかがすいている。

解説 レストランでの給仕（server）と客の会話。注文を終えた客が最後に I have to be at a meeting in about 20 minutes, so please bring it as soon as you can「あと 20 分ほどで会議に出なければならないので，できるだけ早く持ってきてください」と言っており，客は会議のために早くレストランを出なければならないことがわかるので，正解は **2**。

No.15 解答 ② ・・・

放送英文 ★： What are your plans this weekend?

☆： I'm going to a wedding at a church in the mountains. My aunt is getting married.

★： Wow! That sounds nice. Make sure to say hello to her for me.

☆： I will. She still remembers you from when we played table tennis at my grandma's house.

Question: What will the girl do this weekend?

全文訳 ★： 今週末の君の計画は何？

☆： 山の教会での結婚式に行く予定なの。おばが結婚するのよ。

★： わあ！ それはいいね。忘れずに僕からよろしくお伝えしてね。

☆： そうするわ。おばさんは，私たちがおばあちゃんの家で卓球を一緒にしたときから，今でもあなたのことを覚えているもの。

Q：女の子はこの週末に何をしますか。

1 祖母の家を訪れる。

2 山での結婚式に行く。

3 男の子と湖への旅行の計画を立てる。

4 おばと卓球をする。

解説 友人同士の会話。男性が冒頭で What are your plans this weekend? 「今週末のあなたの計画は何か」と尋ねたところ，女性は I'm going to a wedding at a church in the mountains. 「山の教会での結婚式に行く予定である」と言っているので，正解は **2**。

No.**16** 解答 ①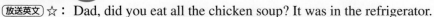

放送英文 ☆： Dad, did you eat all the chicken soup? It was in the refrigerator.

★： I threw it out. It looked pretty old.

☆： But I just made it yesterday! I was going to have soup for lunch.

★： Well, I have to drive your brother to his music lesson, but I'll buy you something to eat afterwards.

Question: What will the man do next?

全文訳 ☆： お父さん，チキンスープを全部食べちゃったの？ 冷蔵庫にあったんだけど。

★： 捨ててしまったよ。かなり古そうだったからね。

☆： でも，私はそれを昨日作ったばかりだったのよ！ 昼食に食べるつもりだったのに。

★： ええと，君の弟［兄］を音楽のレッスンに車で連れて行かなければならないんだけど，その後で何か食べるものを買ってきてあげるよ。

Q：男性は次に何をする予定ですか。

1 息子をクラスに連れて行く。

2 チキンスープを作る。

3 冷蔵庫を掃除する。

4 ゴミを出す。

解説 娘と父の会話。前半のやりとりから，父は娘が作ったスープを捨ててしまったことをつかむ。昼食がなくなってしまった娘に対して父は I have to drive your brother to his music lesson, but I'll buy you something to eat afterwards「君の弟［兄］を音楽のレッスンに車で連れて行かなければならないんだけど，その後で何か食べるものを買ってきてあげる」と言っている。質問は，この後に父が最初にすることなので，正解は **1**。

No.17 解答 ② 正答率 ★75%以上

放送英文 ☆： Welcome to Lee's Department Store, sir. Can I help you find anything?

★： Yes. I'm looking for a new pair of sneakers.

☆： The shoe department is on the second floor. Take the elevator upstairs, and you'll see it on your left.

★： OK. Thank you for your help.

Question: Why is the man at the department store?

全文訳 ☆： リーズデパートにようこそ，お客さま。お探し物のお手伝いをいたしましょうか。

★： お願いします。私は新しいスニーカーを探しています。

☆： 靴売り場は２階にございます。エレベーターで上まで行っていただければ，左側にございます。

★： わかりました。お手伝いくださりありがとうございます。

Q：男性はなぜデパートにいるのですか。

選択肢の訳 **1** 服を返品しなければならない。

2 新しい靴が必要である。

3 プレゼントを買わなければならない。

4 特売について聞いた。

解説 デパートでの店員と客の会話。店員が話しかけると，客は I'm looking for a new pair of sneakers.「新しいスニーカーを探しています」と答えているので，正解は **2**。後半のやりとりで靴売り場の場所を尋ねていることもヒントになる。

No.18 解答 ④ 正答率 ★75%以上

放送英文 ☆： What do you want to do for your birthday this year, Greg? Should we go to another restaurant?

★： Hmm. I think it would be fun to go to a concert.

☆： What type of concert would you like to go to?

★： Well, I borrowed a rock music CD from Danny, and I really liked it, so going to a rock concert would be great!

Question: What does Greg want to do for his birthday?

全文訳 ☆： グレッグ，あなたは今年の誕生日に何をしたいのかしら？　別のレストランに行きましょうか？

★： うーん。コンサートに行くのが楽しいかなと思う。

☆： どんな種類のコンサートに行きたいの？

★： ええと，ダニーからロック音楽の CD を借りて，それがすごく気に入ったから，ロックコンサートに行けたら最高だろうなあ！

Q：グレッグは誕生日に何をしたがっていますか。

1 新しい音楽CDをもらう。
2 家でパーティーを開く。
3 コンサートで演奏する。
4 ロックコンサートに行く。

解説 家族か親しい間柄の2人の会話。冒頭部分で女性は男性に誕生日に何をしたいのか尋ねたところ, 男性はI think it would be fun to go to a concert. 「コンサートに行くのが楽しいと思う」と答えているので, 正解は4。また, 最後にgoing to a rock concert would be great 「ロックコンサートに行けたら最高だろうなあ」とも言っている。

No.19 解答 3

放送英文 ★: The coffee shop up the street has closed.
☆: Really? I go there all the time!
★: Yeah, there was an advertisement in the newspaper that said the space is for rent.
☆: Oh no! That was one of my favorite places to study.
Question: Why is the woman upset?

全文訳 ★: 通りの先にあるコーヒー店が閉店したよ。
☆: 本当なの？ そこへはいつも行っているのに！
★: うん, その場所が賃貸募集中であると書いてある広告が新聞に載っていたんだ。
☆: あらまあ！ そこは私のお気に入りの勉強場所の1つだったのに。
Q：女性はなぜ動揺しているのですか。

選択肢の訳 1 その場所を借りたいと思っていたから。
2 コーヒーを手に入れる時間がなかったから。
3 そのコーヒー店で勉強するのが好きだったから。
4 新聞を見つけられなかったから。

解説 友人同士と思われる2人の会話。最初に男性がThe coffee shop up the street has closed. 「通りの先にあるコーヒー店が閉店した」と言っていることから, 閉店したコーヒー店が話題。最後に女性がThat was one of my favorite places to study. 「そこは私のお気に入りの勉強場所の1つだった」と言っているので, 正解は3。

No.20 解答 1

正答率 ★75%以上

放送英文 ☆: Napoli Pizza House. Can I help you?
★: Hi. I have a question. Does your restaurant only serve pizza?
☆: No, sir. We have a wide variety of other Italian dishes, too. Actually, our pasta dishes are quite popular.
★: Oh, that's great. Thank you so much for your time.
Question: Why is the man calling the restaurant?

☆： ナポリピザハウスです。ご用件をお伺いします。

★： こんにちは。質問があります。そちらのレストランはピザしか出していないのですか。

☆： いいえ，お客さま。幅広いさまざまな他のイタリア料理もございます。実際，私どものパスタ料理は非常に人気があります。

★： ああ，それはいいですね。お時間をいただきありがとうございました。

Q：男性はなぜレストランに電話しているのですか。

1 レストランのメニューについて尋ねるため。

2 レストランまでの行き方を聞くため。

3 夕食の予約をするため。

4 特別な食料品を注文するため。

レストランへの客からの電話である。客の男性は電話の用件について I have a question.「質問がある」と言い，Does your restaurant only serve pizza?「そちらのレストランはピザしか出していないのですか」とメニューについて質問しているので，正解は**1**。

一次試験・リスニング	第**3**部	問題編 p.90〜91	🔊	▶MP3 ▶アプリ ▶CD 2 **23**〜**33**

No.**21** 解答 ② ････････････････････････････････ 正答率 ★75%以上

Mary's favorite subject at school is art. Recently, one of her paintings won a prize in a contest. Mary wants to study art at college and become a professional artist. She also hopes to have her own art store where she can sell paper, brushes, and paints.

Question: What is one thing that Mary wants to do in the future?

学校でのメアリーのお気に入りの教科は美術である。最近，彼女の絵の1つがコンテストで賞を取った。メアリーは大学で美術を勉強してプロの画家になりたいと思っている。彼女はまた，紙や絵筆や絵の具を売る自分自身の画材店を持ちたいとも思っている。

Q：メアリーが将来したいことの1つは何ですか。

1 教師になるために勉強する。

2 画家になる。

3 自分自身の絵筆を作る。

4 コンテストで賞を取る。

美術が好きなメアリーの話。彼女の将来したいことに関しては，Mary wants to study art at college and become a professional artist.「大学で美術を勉強してプロの画家になりたいと思っている」と She also hopes to have her own art store「自分自身の画材店を持ちたいとも思っている」と言っている。前者の内容から，正解は **2**。

No.22 解答

放送英文 In Amsterdam, there is a bridge called the Torensluis. It is one of the oldest and widest bridges in the city. Long ago, the inside of the bridge was used as a prison. People who had been caught by the police were kept there. However, the Torensluis is now used for special events, such as jazz concerts and fashion shows.
Question: How was the inside of the Torensluis Bridge used long ago?

全文訳 アムステルダムには，トレンスラウスと呼ばれる橋がある。それはその市で最も古く最も幅が広い橋の1つである。昔，その橋の内部は刑務所として使われていた。警察に捕らえられた人がそこに収容された。しかし，トレンスラウスは今，ジャズコンサートやファッションショーのような特別な行事に利用されている。
Q：トレンスラウス橋の内部は昔，どのように使われていましたか。

選択肢の訳 **1** 警察によって捕らえられた人を収容するために。
2 楽器を作るために。
3 重要なイベントを計画するために。
4 ファッションアイテムをデザインするために。

解説 アムステルダムにあるトレンスラウスという名の橋についての説明。中ほどに Long ago, the inside of the bridge was used as a prison.「昔，その橋の内部は刑務所として使われていた」と述べられ，さらに People who had been caught by the police were kept there.「警察に捕らえられた人がそこに収容された」と続くので，正解は **1**。

No.23 解答 4 ...... 正答率 ★**75%以上**

放送英文 Lily is a junior high school student, and she likes to cook for her family. She enjoys trying new recipes with different kinds of meat and vegetables. She often makes soups or stews, and she also likes to make desserts. Her sister's favorite is the chocolate cake that Lily makes. Lily wants to make her own cooking videos and put them on the Internet someday.
Question: Which of Lily's recipes does her sister like best?

全文訳 リリーは中学生で，家族のために料理するのが好きである。彼女はいろいろな種類の肉や野菜を使って新しいレシピを試すのを楽しんでいる。彼女はよくスープやシチューを作り，デザートを作ることも好きである。彼女の妹［姉］のお気に入りは，リリーが作るチョコレートケーキである。リリーはいつか自分の料理動画を作成してそれをインターネットに

載せたいと思っている。

Q：リリーの妹［姉］は，リリーのレシピの中でどれが一番好きですか。

選択肢の訳
1　アイスクリームのもの。
2　野菜スープのもの。
3　肉のシチューのもの。
4　チョコレートケーキのもの。

解説　料理が好きなリリーの話。リリーが料理するものについての説明の後に，she also likes to make desserts「彼女はデザートを作るのも好きである」とデザートについて述べられ，Her sister's favorite is the chocolate cake that Lily makes.「彼女の妹［姉］のお気に入りは，リリーが作るチョコレートケーキである」と続くので，正解は**4**。

No.24 解答

放送英文　Thank you for shopping at Welldays Drugstore. Today, we have a very special offer. Get 50 percent off the cost of soap and shampoo products when you spend more than $20 at the store. Hurry, though—this offer is only available until the store closes today.

Question: Why are shoppers told to hurry?

全文訳　ウェルデイズドラッグストアでお買い物いただきありがとうございます。本日，非常に特別なお値引きがございます。店で 20 ドル以上お買い上げいただき，せっけん・シャンプー製品の 5 割引をご獲得ください。しかし，お急ぎくださいませ。このお値引きは本日閉店するまでしかご利用いただけませんので。

Q：買い物客はなぜ急ぐように言われているのですか。

選択肢の訳
1　値引きが 1 日しか利用できないから。
2　店がまもなく閉店するから。
3　すべての商品が今日はたった 20 ドルだから。
4　せっけん・シャンプー製品が少数しか残っていないから。

解説　ドラッグストアでの放送。せっけん・シャンプー製品の半額セールのお知らせである。放送最後に Hurry, though「しかし，お急ぎください」と述べられ，this offer is only available until the store closes today「この値引きは本日閉店するまでしか利用できない」と続く。つまり，この値引きは本日 1 日限りということなので，正解は**1**。

No.25 解答

放送英文　All the students in Nina's class are working on science projects. Each of them has to choose an interesting topic and give a five-minute presentation. It will be the first time for Nina to speak in front of the whole class, so she is nervous. She has decided to ask her older brother for advice.

Question: What is Nina nervous about?

全文訳 ニナのクラスの生徒は全員理科の課題に取り組んでいる。各自，興味のあるトピックを選び，5分間の発表をしなければならない。ニナにとってクラス全員の前で話すのは初めてのことになるので，彼女は緊張している。彼女は兄にアドバイスを求めることにした。

Q：ニナは何に緊張しているのですか。

選択肢の訳 **1** 面白いトピックを見つけること。
2 兄に理科について尋ねること。
3 クラスの生徒たちに発表すること。
4 一人で学校に行くこと。

解説 ニナの理科の課題についての話。前半部分から，課題の内容は1人1人が興味のある話題を選んで5分間の発表することだとつかむ。その課題に対して，It will be the first time for Nina to speak in front of the whole class, so she is nervous. 「ニナにとってクラス全員の前で話すのは初めてのことになるので，彼女は緊張している」と述べられているので，正解は **3**。

No.26 解答 2

放送英文 Sarah is good at making videos, and she shares them on the Internet. Last weekend, she used her smartphone to make a video about how to choose cool clothes. She got lots of comments from people who said that they really enjoyed watching it.

Question: What did Sarah make a video about last weekend?

全文訳 サラは動画を作るのが得意で，それらをインターネットで共有している。先週末，彼女は自分のスマートフォンを使ってかっこいい服の選び方についての動画を作成した。彼女は人々からコメントをたくさんもらい，彼らはそれを見て本当に楽しかったと言った。

Q：サラは先週末，何についての動画を作りましたか。

選択肢の訳 **1** スマートフォンの使い方。
2 おしゃれな服を選ぶこと。
3 彼女の町の面白い場所。
4 彼女の大好きな俳優と監督。

解説 サラの動画作りの話。中ほどで Last weekend, she used her smartphone to make a video about how to choose cool clothes. 「先週末，彼女は自分のスマートフォンを使ってかっこいい服の選び方についての動画を作成した」と述べているので，正解は **2**。cool clothes の cool は「かっこいい，素敵な」という意味。

No.27 解答 ④

Oats are a kind of grain, like rice and wheat. The ancient Romans were probably the first European people to grow oats. They fed them to their horses and cows. People in other places noticed that oats grew well, even in cold areas. In countries such as Scotland and Switzerland, oats have become an important food for both animals and people.

Question: What is one thing that we learn about oats?

全文訳 オートムギは，米や小麦と同様，穀物の一種である。おそらく古代ローマ人がオートムギを最初に栽培したヨーロッパ人であっただろう。彼らはそれを馬や牛に与えた。他の地域の人々はオートムギが寒い場所でさえもよく育つことに気づいた。スコットランドやスイスのような国々では，オートムギが動物と人間の両方にとって重要な食料になっている。

Q：オートムギについてわかることの１つは何ですか。

選択肢の訳　1　調理されなければ人々はそれらを食べられない。

2　ローマ人がそれを食べた最初の人々であった。

3　スコットランドが他のどの国よりも多く生産している。

4　寒い場所でよく育つことができる。

解説 oats「オートムギ」についてだが，a kind of grain, like rice and wheat「米や麦と同様，穀物の一種」と言っていることから，穀物の一種の説明だと理解できれば十分。複数の情報が述べられているが，People in other places noticed that oats grew well, even in cold areas.「他の地域の人々はオートムギが寒い場所でさえもよく育つことに気づいた」と言っているので，正解は **4**。

No.28 解答 ①

Keita wanted to go to a rock concert at a baseball stadium with his girlfriend, Amy. He was very excited about it. However, when he tried to buy tickets online, he saw that they were all sold out. He called Amy to tell her the bad news. Keita was disappointed that they could not go.

Question: Why was Keita disappointed?

全文訳 ケイタは恋人のエイミーと野球場でのロックコンサートに行きたいと思った。彼はそれにとてもわくわくしていた。しかし，彼がオンラインでチケットを買おうとしたとき，すべて売り切れであることがわかった。その悪い知らせを伝えるために彼はエイミーに電話した。ケイタは行けないことにがっかりした。

Q：ケイタはなぜがっかりしたのですか。

選択肢の訳　1　チケットが売り切れだったから。

2 コンサートが中止になったから。

3 エイミーが彼と一緒に行きたいと思わなかったから。

4 エイミーが野球を好きではないから。

解説 恋人とロックコンサートに行こうとしていたケイタの話。中ほどに出てくる However, when he tried to buy tickets online, he saw that they were all sold out. 「しかし、彼がオンラインでチケットを買おうとしたとき、すべて売り切れであることがわかった」を聞き取り、**1** を選ぶ。

No.29 解答 ④

放送英文 This is an announcement for passengers waiting for the night bus to Silver City. Unfortunately, the bus has been delayed due to engine trouble. We apologize for the inconvenience. Passengers with tickets for this bus may go to the bus station coffee shop to receive a free drink.

Question: Why is this announcement being made?

全文訳 シルバーシティ行きの夜行バスをお待ちの乗客の皆さまへお知らせいたします。あいにく、バスはエンジン故障のため遅れております。ご不便をお詫び申し上げます。このバスのチケットをお持ちのお客さまは、無料のドリンクをお受け取りいただけますので、バスステーションのコーヒー店までお越しください。

Q：このお知らせはなぜ出されているのですか。

選択肢の訳 **1** チケットの買い方を説明するため。

2 乗客に新しいバス停を伝えるため。

3 バスステーションがまもなく閉まるため。

4 バスが遅延しているため。

解説 バスステーションでの乗客へのお知らせの放送である。お知らせの内容は、the bus has been delayed due to engine trouble 「バスはエンジン故障のため遅れている」ということなので、正解は **4**。

No.30 解答 ②

放送英文 Robert is the best player on his school's basketball team. He is much taller than most players and can pass the ball really well. Last week, he fell off his friend's bicycle and hurt his arm. He will not be able to play in the basketball game this afternoon, so he will just watch his team play.

Question: What will Robert do this afternoon?

全文訳 ロバートは学校のバスケットボールチームで一番上手な選手である。彼はほとんどの選手よりずいぶん背が高く、ボールをすごく上手にパスできる。先週、彼は友達の自転車から転倒し、腕をけがした。今日の午後

はバスケットボールの試合に出られないので，彼はチームがプレーするのを見るだけになるだろう。

Q：今日の午後，ロバートは何をしますか。

1 腕について医師の診察を受ける。
2 彼のチームのバスケットボールの試合を見る。
3 友達と自転車に乗る。
4 ボールのパスの練習をする。

ロバートのバスケットボールについての話。中ほどに友達の自転車から転倒したことが述べられ，続く He will not be able to play in the basketball game this afternoon, so he will just watch his team play. 「今日の午後はバスケットボールの試合に出られないので，チームがプレーするのを見るだけになるだろう」から，正解は **2**。

二次試験・面接 | 問題カード **A** 日程 | 問題編 p.92〜93 | ▶MP3 ▶アプリ ▶CD 2 34〜38

空気をきれいに保つ

今日，空気清浄機は病院や学校などの場所で重要な役割を果たしている。しかし，空気清浄機はとても大きくてすべての部屋に設置するのが難しいことがある。今，いくつかの企業はより小型タイプの空気清浄機を作っていて，そうすることで，より多くの場所で空気をきれいに保つ手助けをしている。

No. 1 文章によると，いくつかの企業はどのようにしてより多くの場所で空気をきれいに保つ手助けをしていますか。

No. 2 さて，Ａの絵の人々を見てください。彼らはいろいろなことをしています。彼らが何をしているのか，できるだけたくさん説明してください。

No. 3 さて，Ｂの絵の男性を見てください。この状況を説明してください。

それでは，〜さん，カードを裏返しにして置いてください。

No. 4 今日の生徒にはリラックスする十分な時間があると思いますか。
Yes. →なぜですか。　　No. →なぜですか。

No. 5 このごろ，多くの人がフリーマーケットで物の売り買いをして楽しんでいます。あなたは物を買いによくフリーマーケットに行きますか。
Yes. →もっと説明してください。　　No. →なぜですか。

No.1

By making smaller types of air cleaners.

解答例の訳 より小型タイプの空気清浄機を作ることによってです。

解説 質問にある help more places to keep the air clean は文章の最後に出てくることを確認する。その前にある by doing so の doing so「そうすること」がさらにその前の making smaller types of air cleaners を指していることを見抜き，By making 〜. と答えればよい。

No.2

解答例 A boy is watching TV. / A woman is reading a newspaper. / A man is pouring some water. / A woman is putting a bottle on [taking a bottle from] a table. / A woman is closing [opening] the door.

解答例の訳 男の子がテレビを見ています。/ 女性が新聞を読んでいます。/ 男性が水を注いでいます。/ 女性がテーブルにボトルを置いています[テーブルからボトルを取っています]。/ 女性がドアを閉めて[開けて]います。

解説 「テレビを見る」は watch TV[television] で，TV の前は無冠詞であることに注意する。「〜を注ぐ」は pour（発音は [pɔːr]）だが，「グラスに水を注ぐ」と考えて，pour (some) water into glasses と答えてもよい。「A を B に置く」は put A on B で，その反対の「A を B から取る」は take A from B である。

No.3

解答例 He can't go to work because he has a fever.

解答例の訳 彼は熱があるので仕事に行けません。

解説 男性について「熱がある」ことと「仕事に行けない」ことの2点を説明し，前者が後者の理由であることを示したい。解答例の because の代わりに so「そのため」を用いて，He has a fever, so he can't go to work. でもよい。「熱がある」は he has a fever だが，「病気である[病気で寝ている]」と考えて he is sick (in bed) とすることも可能。

No.4

解答例 （Yes. と答えた場合）

Many students have a lot of free time after school. Also, they spend time with their friends on weekends.

解答例の訳 多くの生徒には放課後自由な時間がたくさんあります。また，彼らは週末に友達と時間を過ごします。

解答例 （No. と答えた場合）

Students today are very busy with their homework. For example, they have to prepare presentations for their classes.

解答例の訳 今日の生徒は宿題でとても忙しいのです。例えば，彼らは授業のために発表の準備をしなければなりません。

解説 Yes. の場合には，「暇なときに好きな音楽を聞く（They listen to their

109

22年度第3回 面接

favorite music in their free time.)」や「スマートフォンでゲームをして楽しむ（enjoy playing games on their smartphones）」,「友達と出かける（go out with friends）」など, 具体的にリラックスできることを説明するとよい。No. の場合には,「勉強やクラブ活動で忙しい（They are busy with their studies and club activities.）」ということが中心になるが, 解答例の「授業のための発表の準備」のように, 具体的に生徒がやらなければならないことを説明してもよい。

No.5

解答例 （Yes. と答えた場合）
The goods at flea markets are cheaper than the goods in stores. Also, flea markets sell a variety of different products.

解答例の訳 フリーマーケットの商品は店の商品よりも値段が安いです。また, フリーマーケットはさまざまな異なる製品を売っています。

解答例 （No. と答えた場合）
Flea markets usually only have used goods. I prefer to buy new things at the shopping mall.

解答例の訳 フリーマーケットには普通, 中古品しかありません。私はショッピングモールで新品を買う方が好きです。

解説 Yes. の場合には,「先日, 自宅近くのフリーマーケットに行った（The other day, I went to a flea market near my house.）」などと述べて, 具体的にそこで起こったことや買ったものについて説明してもよいだろう。No. の場合には,「フリーマーケットに関心がない（I have no interest in flea markets）」,「自宅近くでフリーマーケットが開かれない（There are no flea markets near my house.）」などと答えることもできる。

| 二次試験・面接 | 問題カード **B** 日程 | 問題編 p.94～95 | 🔊 | ▶MP3 ▶アプリ ▶CD 2 **39**～**42** |

全文訳 **夜通し営業**

　日本では, 昼も夜も営業している店が多い。しかし, いくつかの店は24時間営業することの経費を心配しており, そのため夜に閉店する方を選んでいる。これを便利でないと思う客もいるが, おそらくもっと多くの店が夜通し営業をやめるだろう。

質問の訳 No. 1　文章によると, いくつかの店はなぜ夜に閉店する方を選んでいるのですか。

　　　　 No. 2　さて, Aの絵の人々を見てください。彼らはいろいろなことをしています。彼らが何をしているのか, できるだけたくさん説明してく

ださい。

No. 3　さて，Bの絵の男性と彼の娘を見てください。この状況を説明してください。

それでは，〜さん，カードを裏返しにして置いてください。

No. 4　学校が生徒のために食堂を持つことはよい考えだと思いますか。
　　　Yes. →なぜですか。　　　No. →なぜですか。

No. 5　日本では，多くの祭りがいろいろな季節に催されます。あなたはあなたの町の祭りによく行きますか。
　　　Yes. →もっと説明してください。　　　No. →なぜですか。

No.1

解答例　Because they worry about the cost of staying open 24 hours.

解答例の訳　24時間営業することの経費を心配しているからです。

解説　質問にある choose to close at night は文章の第2文の後半にあることを確認する。その前にある so「そのため」がさらにその前の some stores worry about the cost of staying open 24 hours を指していることを見抜き，その部分を答えればよい。ただし，主語の some stores は質問文にすでに出ているので，they に置き換えて答える。

No.2

解答例　A girl is getting off an elevator. / A woman is pulling a cart. / A man is lifting a bag. / A man is planting a tree. / A man is writing something on a piece of paper.

解答例の訳　女の子がエレベーターから降りています。 / 女性がカートを引いています。 / 男性がカバンを持ち上げています。 / 男性が木を植えています。 / 男性が1枚の紙に何かを書いています。

解説　「エレベーターから降りる」は get off [out of] an elevator（反対に「エレベーターに乗る」は get into[on] an elevator）で表す。「〜を持ち上げる」は lift である。「木を植える」は plant a tree だが，plant は plant seeds「種をまく」のようにも使える。

No.3

解答例　He can't sleep because she's playing music loudly.

解答例の訳　彼女が音楽を大音量でかけているので，彼は眠れません。

解説　男性については「眠れない」ことを，娘については「音楽を大音量でかけている」ことを説明し，後者が前者の理由であることを示したい。「眠れない」は he can't get to sleep「寝つけない」や he can't rest「休めない」などとしてもよい。娘については her music is loud「音楽の音が大きい」や listen to loud music [listen to music loudly]「大音量で音楽を聞く」などと表現してもよい。

No.4

解答例 (Yes. と答えた場合)

Students can buy hot food and drinks. Also, they don't need to bring their lunch from home.

解答例の訳 生徒は温かい食べ物や飲み物を買うことができます。また，家から昼食を持ってくる必要がありません。

解答例 (No. と答えた場合)

Students often spend a lot of money at cafeterias. It's cheaper for them to bring food from home instead.

解答例の訳 生徒はよく食堂でたくさんのお金を使います。代わりに家から食べ物を持ってくる方が彼らにとって安く済みます。

解説 Yes. の場合には，「食堂の食べ物は安い（Food at cafeterias is cheap.）」や「いろいろな食べ物や飲み物を楽しめる（can enjoy various kinds of food and drinks）」なども考えられる。No. の場合には，「食堂の食べ物はあまりおいしくない（Food at cafeterias doesn't taste very good.）」や「混んでいることが多い（Cafeterias are often crowded.）」などと答えてもよい。

No.5

解答例 (Yes. と答えた場合)

It's fun to go to festivals with my family. I like to buy many different things at festivals.

解答例の訳 家族と祭りに行くことは楽しいです。私は祭りで多くのいろいろなものを買うのが好きです。

解答例 (No. と答えた場合)

There are too many people at the festival in my town. Also, the festival is too noisy for me.

解答例の訳 私の町のお祭りには人が多すぎます。また，その祭りは私にはうるさすぎます。

解説 Yes. の場合には，「私の町では毎年夏祭りが開かれる（Our town has a summer festival every year.）」などと言った後に「去年の夏，私はきれいな花火を見た（Last summer, I saw beautiful fireworks.）」などと自分の祭りの体験を話してもよいだろう。No. の場合には，「私は混んだ［うるさい／にぎやかな］場所が好きではない（I don't like crowded [noisy / busy] places.）」や「一緒に行く人を見つけるのが難しい（It is difficult to find people to go to festivals with.）」なども考えられる。

2022-2

解答一覧

一次試験・筆記

1

(1)	1	(8)	1	(15)	3
(2)	2	(9)	3	(16)	2
(3)	2	(10)	2	(17)	2
(4)	2	(11)	1	(18)	4
(5)	1	(12)	2	(19)	2
(6)	3	(13)	2	(20)	1
(7)	4	(14)	1		

2

(21)	2	(23)	4	(25)	2
(22)	4	(24)	1		

3 A

(26)	4
(27)	1

3 B

(28)	2
(29)	4
(30)	3

4 A

(31)	2
(32)	4
(33)	4

4 B

(34)	3
(35)	3
(36)	1
(37)	2

5　解答例は本文参照

一次試験・リスニング

第1部

No. 1	3	No. 5	3	No. 9	1
No. 2	2	No. 6	1	No.10	3
No. 3	1	No. 7	2		
No. 4	3	No. 8	3		

第2部

No.11	3	No.15	3	No.19	2
No.12	4	No.16	1	No.20	3
No.13	3	No.17	2		
No.14	2	No.18	1		

第3部

No.21	1	No.25	3	No.29	3
No.22	2	No.26	3	No.30	2
No.23	4	No.27	1		
No.24	1	No.28	2		

(1) ― 解答 **①** ‥‥‥‥‥‥‥‥‥‥‥‥‥‥‥‥‥‥‥‥‥‥ 正答率 ★**75%以上**

訳 その2人のリーダーは国同士の戦争をやめることに決めた。彼らは国民に平和が訪れることを約束した。

解説 国同士の戦争をやめることに決めたのだから，国民に約束したのは平和の訪れだと考えて，正解は**1**。peace は「平和」という意味で，形容詞形は peaceful「平和な」。faith「信頼，信用」，honor「名誉」，matter「事柄，問題」。

(2) ― 解答 **②** ‥‥‥‥‥‥‥‥‥‥‥‥‥‥‥‥‥‥‥‥‥‥ 正答率 ★**75%以上**

訳 トロイの足は今年とても大きくなったので，彼の靴はどれも彼に合わない。彼の母は新しい靴を買うために，今日彼を買い物に連れて行く予定である。

解説 前半の文の so 〜 that ...「とても〜なので…」に注意する。足がとても大きくなったためにどの靴もサイズが合わなくなったと考えられるので，正解は**2**。fit は「(大きさや型が)〜にぴったり合う」という意味。sew「〜を縫う」，cure「〜を治療する」，gain「〜を得る」。

(3) ― 解答 **②** ‥‥‥‥‥‥‥‥‥‥‥‥‥‥‥‥‥‥‥‥‥‥‥‥‥‥‥

訳 その小さな女の子はその猫と遊びたかった。しかし，彼女がその猫に近づくときはいつでも，それは逃げ去った。

解説 空所の後の it は the cat を指す。「彼女がその猫に〜するときはいつでも，その猫は逃げ去った」という文脈なので，正解は**2**。approach は「〜に近づく(≒ come up to 〜)」という意味の他動詞で，後ろに to が付かないことに注意しよう。celebrate「〜を祝う」，separate「〜を分離する」，research「〜を調査する」。

(4) ― 解答 **②** ‥‥‥‥‥‥‥‥‥‥‥‥‥‥‥‥‥‥‥‥‥‥‥‥‥‥‥

訳 モモコは東京に住んでいるが，それは日本の東部にある。毎年夏に彼女は電車に乗り，西にある大阪の祖父を訪ねる。

解説 前半の文にある which は関係代名詞で，先行詞は Tokyo である。東京は日本のどの部分にあるかを考えて，**2**を選ぶ。east「東」の形容詞形が eastern「東の」である。relative「相対的な」，smooth「滑らかな」，brave「勇敢な」。

(5) ― 解答 **①** ‥‥‥‥‥‥‥‥‥‥‥‥‥‥‥‥‥‥‥‥‥‥‥‥‥‥‥

訳 シャンは重病のため2週間仕事に行けなかった。彼女は薬をたくさん飲まなければならず，何回も医者に診てもらいに行った。

解説 because of a serious ( )で「重大な〜のために」という意味。薬を多く飲み，何回も診察に行ったことから，シャンが欠勤したのは重い病

気のためだと考えられるので，正解は **1**。illness は形容詞 ill「病気で」の名詞形で「病気」という意味。facility「施設，設備」，decade「10年間」，immigration「（外国からの）移住」。

(6) ― 解答 **3**

訳 ヤスコは東京の新しいアパートに引っ越す前に，いくつか家具を買った。しかし，入居すると，テーブルとベッドのスペースが十分になかった。

解説 後半の文に there was not enough space for the table and the bed「テーブルとベッドのスペースが十分になかった」とあり，購入したのは家具だと考えられるので，正解は **3**。furniture「家具」は数えられない名詞。atmosphere「雰囲気」，religion「宗教」，poverty「貧困」。

(7) ― 解答 **4**

訳 近年，その市は，人口がとても急速に増加したので，新しい道路や学校をたくさん建設しなければならなくなっている。

解説 新しい道路や学校をたくさん建設しなければならないのだから，人口が急速に増加したと考えられる。したがって，正解は **4**。rapidly は形容詞 rapid「（動き，速度などが）速い」の副詞形。例えば，change rapidly「急速に変化する」，develop rapidly「急速に発展する」のように使う。exactly「正確に」，pleasantly「愉快に」，fairly「公正に」。

(8) ― 解答 **1**

訳 自動車はバイクよりも安全であるが，バイクの利点はガソリンを使う量が少ないことである。

解説 空所の後にある they use less gasoline「それら（＝バイク）はガソリンを使う量が少ない」ことは，バイクの利点だと考えられるので，正解は **1** の advantage[ədvǽnʈɪdʒ]（アクセント注意）「利点，有利な点」。反対に「不利な点，欠点」は disadvantage である。destruction「破壊」，laboratory「実験室」，concentration「集中」。

(9) ― 解答 **3**

訳 地図上の色は地球のさまざまな特徴を示すことがある。青は水を表すために用いられ，緑は森を示すためによく用いられる。

解説 different features とは「さまざまな特徴」という意味である。空所の後にある green is often used to show forests が空所を含む部分と対になっていることに着目する。したがって，空所には show と同じような意味の語が入ると考えられるので，**3** の represent「～を表す」が正解。develop「～を開発する」，exchange「～を交換する」，guide「～を案内する」。

(10) ― 解答 **2** 　　　　　　　　　　正答率 ★**75%以上**

訳 私の両親が若かったころ，牛乳配達人が毎日牛乳を家に持ってきた。ちょうど，現在，郵便集配人が私たちに手紙を配達するように。

115

解説 just like ～ は「ちょうど～のように」という意味である。brought milk to their homes「牛乳を家に持ってきた」が，( ) letters to us に対応していると考えられるので，正解は **2**。deliver は「～を配達する」という意味で，名詞形は delivery「配達」。balance「～のバランスをとる」，operate「～を操作する」，replace「～を取り換える」。

(11) – 解答 ①

訳 A：ブライアン，学校に新しく来た男の子はすごく魅力的だと思うんだけれど，私，彼の名前を知らないの。

B：彼は僕の体育の授業にいるよ。君のために彼の名前を調べてあげる。

解説 A は転校生が really cute「すごく魅力的だ」と思っているが，彼の名前を知らない。B は転校生と体育の授業で一緒なので，A のために彼の名前を調べてあげると言っていると考えられる。したがって，正解は **1**。find out ～ は「～を見つけ出す，（情報など）を得る」という意味である。

(12) – 解答 ② 正答率 ★75%以上

訳 A：僕，絵の授業を取っているんだけど，僕の絵はいつもひどいんだ！

B：努力し続けることだよ。そのような技術を習得するには長い時間がかかるものだからね。

解説 絵が下手だと言う A に B は努力し続けるよう助言していると考えて，正解は **2**。keep on *doing* で「～し続ける（≒ continue *doing*[to *do*]）」という意味。turn on ～ は「～のスイッチを入れる」，bring up ～ は「～を育てる」，sit up は「（寝ずに）起きている」。

(13) – 解答 ②

訳 アンドリューは 3 つの仕事に応募して，今，その会社のうちの 1 社でも彼との面接を希望するかどうかの連絡を待っている。

解説 文の後半から，アンドリューが会社から面接の連絡が来るのを待っている状況だとわかるので，3 つの仕事に応募したと考えられる。したがって，正解は **2**。apply for ～ で「～に応募する，～に申し込む」という意味。他に，apply for a loan「ローンを申し込む」のようにも使う。

(14) – 解答 ①

訳 リサは，遠く離れて暮らしていて両親が恋しいので，彼らと毎週電話で話す。電話を切ると，彼女はすぐにまた両親が恋しくなり始める。

解説 毎週両親と電話するリサが，何をした後に「すぐにまた両親が恋しくなり始める」のかを考えて，**1** を選ぶ。hang up は「電話を切る」という意味。carry out ～ は「～を実行する」，put away ～ は「～を片付ける」，go ahead は「先に行く」。

(15) – 解答 ③

訳 シャロンはクモがすごく怖い。先日，彼女の寝室にクモがいた。彼女はそれを見ると飛び上がり，悲鳴を上げて，浴室に隠れた。

解説 空所直後の of it の it は，前文にある one を指しており，クモのことである。第1文からシャロンはクモが怖いことがわかる。シャロンが飛び上がって，悲鳴を上げ，浴室に隠れたのは，クモを見たからだと考えられるので，正解は **3**。at the sight of ～ で「～を見ると」という意味。

(16) – 解答 **2** ....

訳 シモンズ先生は生徒たちにピアノを弾くことを教えるだけでなく，彼らに歴史上最も有名なピアニストの生涯についても詳しく話す。

解説 シモンズ先生がピアニストの生涯についてどのように話すかが空所に入る。正解は **2** で，in detail は「詳しく，詳細に」という意味。この熟語では details とはならないことに注意しよう。not only *A* but also *B* は「A だけでなく B も」という意味。

(17) – 解答 **2** ....

訳 デイジーは，大学生のとき，いくつかの方法でお金を稼ごうとした。彼女は大学の図書館と食堂で仕事をし，美術の授業のためのモデルとしても働いた。

解説 後半の文から，デイジーが図書館と食堂の仕事，モデルとしての仕事をしたことがわかる。デイジーはこれらの仕事をしてお金を稼ごうとしたと考えられるので，正解は **2**。make money で「お金を稼ぐ」という意味。take pride in ～ は「～に誇りを持つ」。

(18) – 解答 **4** ....

訳 ジェーンの姉［妹］には4人の息子がいる。1人は高校生で，残りは小学生である。

解説 4人の息子について説明している。One is ～, and (　) are ...「1人は～，残り（3人）は…」という構造になっている。ここでは，残りの息子たちが3人と複数なので，**4** の the others が正解。2人についてであれば，「1人」は one で，「もう1人」は the other と表現する。

(19) – 解答 **2** ....

訳 サンドラは，飼い犬のチャーリーは新しい上着を着るととてもかわいく見えると思った。彼女は彼の写真を撮り，それを友達とオンラインで共有した。

解説 in his new jacket で「新しい上着を着て」という意味。この前置詞 in は「～を着て，～を着用して」という意味を表す。例えば，a student in uniform「制服を着た生徒」，a girl in red shoes「赤い靴を履いた女の子」のように使う。

(20) – 解答 **1** ....

訳 バルセロナはスペインで2番目に大きい都市である。マドリードだけがそこより大きい。

解説 後半の文に「マドリードだけが（バルセロナ）より大きい」とあるので，

バルセロナは 2 番目に大きい都市と考えられる。正解は **1** で，「〜番目に…な」は〈the＋序数＋最上級〉を用いて表す。

---

(21) – 解答 **2** ....

訳 A：サッカーの練習は普通午後 5 時に終わるけど，スティーブンスコーチが今日の練習は 6 時に終わると言っていたよ。

B：本当？ 彼がそう言ったの？ 僕は聞かなかったなあ。お母さんに電話していつもより遅く迎えに来るように頼んだ方がいいね。

A：僕の電話を使う？

B：ありがとう！ 1 時間待たなければならなかったら，お母さんは怒るだろうから。

解説 最初のやりとりから B は今日の練習が 1 時間長いことを知らなかったことをつかむ。B は最後に My mom will be angry if she has to wait for an hour.「1 時間待たなければならなかったら，お母さんは怒るだろう」と言っており，母親にいつもより遅く迎えに来るように頼むと考えられるので，正解は **2**。**1**「僕のサッカーシューズを持ってくる」，**3**「スティーブンスコーチと話す」，**4**「僕の夕食を温めておく」。

(22) – 解答 **4** .... 正答率 ★**75%以上**

訳 A：すみません。庭づくりについての本を探すのを手伝っていただけますか。

B：かしこまりました。お役に立てる本が何冊かございます。お花か野菜を育てるつもりですか。

A：うーん。ジャガイモやニンジンのような食べられるものから始めると楽しいと思います。

B：それでしたら，こちらの本があなたにぴったりですよ。

解説 A は庭づくりに関する本を探している。空所の直後で A は things I can eat, like potatoes and carrots「ジャガイモやニンジンのような食べられるもの」と，野菜を育てたい旨を答えているので，空所部分で育てるものについて質問されたとわかる。したがって，正解は「花か野菜を育てる」の意味の **4**。**1**「誰か他の人と一緒にそれをする」，**2**「2 冊以上購入する」，**3**「よく図書館に来る」。

(23) – 解答 **4** ....

訳 A：明日の会議後，昼食にソーセージピザを何枚か注文しようよ。4 枚あれば十分だね。

B：待って。ピートとサラは肉を食べないわ。

A：君の言う通りだ。彼らのためにも何か買った方がいいね。

B：ソーセージピザ 3 枚と野菜だけのピザ 1 枚を買いましょう。

解説 最初のやりとりから，2 人は昼食にソーセージピザを 4 枚注文しようとしていたが，2 人の同僚が肉を食べないことに気づいたことをつかむ。この状況で，注文すべきピザは，4 枚のうち 1 枚を野菜だけのピザに変えた **4**。**1**「ソーセージピザ 2 枚とチキンピザ 2 枚」，**2**「特大チキンピザ 4 枚」，**3**「ソーセージピザ 1 枚と野菜だけのピザ 1 枚」。

(24)(25)

訳 A：テイラー先生，授業の発表で何のテーマを選んだらいいのかわかりません。助けてもらえますか。

B：いいですよ。今年の授業で勉強したことについて考えてごらん。何か好きだったことはありますか。

A：ええと，海の生物について学ぶのがとても楽しかったです。

B：それは良いテーマになりますね。例えば，海の深いところに暮らす奇妙な魚について話すことができますね。

A：それは良い考えですね！　教科書にそれについて何か書かれていると思います。

B：いいけど，他の情報を探すこともすべきですよ。

A：図書館で何が調べられるか見ます。それと，インターネットで見ることもできます。

B：もっと助けが必要だったら，いつでも私のところに話しに来てください。

(24) – 解答 ① .... 正答率 ★75%以上

解説 空所直後の B の発言に着目する。「それは良いテーマになる」と答えて，例として「海の深いところに暮らす奇妙な魚」を挙げていることから，空所には海の生物に関することが入るとわかる。したがって，正解は **1**。**2**「有名な旅人」，**3**「金属をリサイクルすること」，**4**「星と惑星」。

(25) – 解答 ② .... 正答率 ★75%以上

解説 空所前の A の発言「教科書にそれ（＝海の深いところに暮らす奇妙な魚）について何か書かれている」を受けて，B は「いいけど，〜もすべきだ」と答えている。それに対して A は図書館やインターネットを挙げているので，B は教科書だけでなく，他の情報も探すべきだと忠告したと考えられる。したがって，正解は **2**。**1**「パートナーと作業する」，**3**「発表の練習をする」，**4**「両親と話す」。

ポイント 「過去からの声」というタイトルで，ジョンが40年前のメッセージを受け取った話。第1段落ではどのようにしてメッセージを受け取ったのか，第2段落ではどうしてそれが40年前のものだとわかったのかを読み取りたい。

全文訳 **過去からの声**

　毎年，オーストラリアのブリスベンのボランティアたちは海辺を清掃するために集まる。今年，ジョンと彼の父はそのグループに加わった。彼らは午前中ずっとゴミ拾いに熱心に取り組んだ。昼食時近くにジョンは海辺でガラスの瓶に気づいた。その瓶は古くて汚かった。その中に何か入っているようだった。ジョンはその瓶を拾い上げ，それを父に渡した。父はそれを開けて，1枚の紙を取り出した。彼はジョンにそれはメッセージだと言った。

　ジョンの父はそのメッセージをジョンに見せた。そこには「僕の名前はポールで，10歳です。カナダ出身です。フェアスターという名の船に乗ってオーストラリアに向けて旅行中です。この住所あてに僕に手紙を書いてください」と書いてあった。ジョンと父は帰り道に，ポールに送るはがきを買った。数週間後，彼らは返事をもらった。ポールは今50歳で，こんなに長い時を経てジョンが彼のメッセージを見つけたことは驚きだと書いてあった。

(26) – 解答　**4** ....

選択肢の訳　**1**　it had been made recently「それは最近作られた」
　2　it was full of red wine「それは赤ワインでいっぱいだった」
　3　there might be more bottles nearby「近くに瓶がもっとあるかもしれない」
　4　there was something inside it「その中に何か入っていた」

解説　空所前にある It looked like ～ は「～であるように思われた」という意味。空所の後の2文から瓶の中に a piece of paper「1枚の紙」が入っていたことがわかる。正解は**4**で，a piece of paper を something と表している。

(27) – 解答　**1** ....

選択肢の訳　**1**　write to me at this address「この住所あてに僕に手紙を書いて」
　2　have a nice time on vacation「休暇で素敵な時間を過ごして」
　3　take this bottle to my family「この瓶を僕の家族のところへ届けて」
　4　help me to get back home「家に帰る手伝いをして」

解説　空所は瓶の中に入っていたメッセージの最後の部分にある。空所直後の文に John and his father bought a postcard to send to Paul「ジョンと父はポールに送るはがきを買った」とあるので，そのメッセージに

は手紙を送るように書いてあったと考えて，正解は **1**。

ポイント 中国に生息する野生のゾウについての話。第1段落では彼らが暮らす場所が縮小していること，第2段落では保護地域に十分なえさがないため，そこを離れるゾウがいたこと，第3段落ではそれを防止するためにゾウのための「フードコート」が作られたことを中心に読み取ろう。

全文訳 **空腹なハイカーたち**

　人々は野生動物にますます大きな影響を与えている。その結果，自然を保護するために新しい法律と特別な公園がつくられている。その中にはとてもうまくいっている変化もある。例えば，中国雲南省には1980年に約170頭の野生のゾウがいた。最近，専門家たちはそこには300頭ほどのゾウがいると考えている。しかし，ゾウが暮らすスペースは縮小している。都市が大きくなり，より多くの農場が人々を養うのに必要とされているので，ゾウのような動物のための場所が以前ほど多くない。

　大型の動物は人に大きな問題を引き起こすことがある。保護地域には十分なえさがないので，ゾウは農場から食べ物を取るためにこれらの地域を離れることがよくある。実際，雲南省の14頭ほどのゾウの群れが2020年と2021年の間，食べ物を探すため500キロ歩き続けた。ゾウたちは時々，食べ物を見つけようと町を通り抜けた。彼らはテレビニュースとインターネットに登場した。その結果，彼らは中国で大きく注目された。人々は次に彼らに何が起こるのかを知ろうと興味を持った。

　最終的に，ゾウたちは雲南省の保護地域に戻った。しかし，今後は同じような冒険を防止しようと，専門家たちはゾウのために特別な「フードコート」を設計した。そのフードコートは建設するのに1,500万ドルかかり，約67万平方メートルある。そこには，ゾウが水を飲める池が5つあり，健康でいるためにゾウが食べる必要があるすべての植物がある。専門家たちはそれがその地域にゾウを留まらせるのに十分であることを願っている。

(28) - 解答 ②　　　正答率 ★75%以上

選択肢の訳
1 fewer chances to see people「人に会う機会が少なくなって」
2 less space to live in「暮らすスペースは縮小して」
3 shorter lives than before「以前よりも短命になって」
4 smaller numbers of babies「赤ちゃんの数が減って」

解説 空所直後の文に，都市が大きくなり農場が必要とされているため，there are not as many places for animals like elephants「ゾウのような動物のための場所が以前ほど多くない」とある。これとほぼ同じ内容を表す**2**が正解で，ゾウが暮らせる地域が狭くなっているのである。

(29) –解答 **4** ･･･

選択肢の訳
1 tried some food from「のえさを食べてみた」
2 were kept in zoos outside「の外部の動物園で飼育された」
3 decided to travel to「へ旅行することにした」
4 got a lot of attention in「で大きく注目された」

解説 空所の前の文に，ゾウたちがテレビとインターネットに登場したとあり，空所の後の文に People were interested to find out what would happen to them next.「人々は次に彼らに何が起こるのかを知ろうと興味を持った」とある。ゾウが注目されたことがわかるので，正解は **4**。

(30) –解答 **3** ･･････････････････････ 正答率 ★**75%以上**

選択肢の訳
1 attract more human visitors「もっと多くの人間の訪問者の心をとらえる」
2 stop people from killing animals「人々が動物を殺すのを防止する」
3 keep the elephants in the area「その地域にゾウを留まらせる」
4 make the elephants sleepy「ゾウを眠くさせる」

解説 空所を含む文にある it は，専門家が設計したゾウのための「フードコート」を指す。これはえさ探しのためにゾウが保護地域外に出ることを防止するために作られたものである。よって，正解は **3**。

一次試験・筆記	**4A**	問題編 p.106～107

ポイント アランからジェフへの E メールで，件名は「映画祭」である。第1段落では借りた DVD に関する本を買ったこと，第2段落ではその本を購入した書店で映画祭のポスターを見かけたこと，第3段落ではその映画祭の内容と参加の意向について書かれている。

全文訳

送信者：アラン・レズニック <alanreznick@bmail.com>
受信者：ジェフ・ティーナウエイ <jeff.t@wmail.com>
日付：10月9日
件名：映画祭

こんにちは，ジェフ
『バーニングフィスト』の君の DVD を僕に借りさせてくれてありがとう。とてもわくわくする映画ですね。僕は主人公がかっこいいバイクに乗って悪人たちに追いかけられる部分がすごく好きでした。この前の土曜日にそれを見た後，母が僕を書店に連れて行ってくれました。僕は『バーニングフィスト』についての本を見つけて，買いました。それは本当に面白いです。僕が読み終えたら，君に貸してあげますね。

その書店にいるときに，アクション映画祭のポスターを見かけました。それは，来月，地下鉄のエルム通り駅近くのオールドローレンス劇場で開かれます。そこは去年，僕たちが君の誕生日に行ったメキシコ料理店の近くです。ポスターには『バーニングフィスト』の監督がその映画祭に来ると書いてありました。彼女は自分の映画についてのファンからの質問に答えたり，次の映画について話したりします。

映画祭では，2日間にわたって8本の映画が上映される予定です。それらはすべて『バーニングフィスト』の監督によって選ばれています。その中には1980年代と1990年代の古いアクション映画もあります。新しい映画もあります。とても面白そうだと思うので，僕はその映画祭のチケットを絶対に買うつもりです。僕が君のも買いましょうか。

じゃあ，また

アラン

(31) – 解答

質問の訳 この前の土曜日にアランは何をしましたか。

選択肢の訳
1 彼はジェフと書店に行った。
2 彼はある映画についての本を買った。
3 彼は友達のかっこいいバイクに乗った。
4 彼は自分のDVDの1枚をジェフに貸した。

解説 質問に出てくる last Saturday は第1段落の第4文にある。そこには母が書店に連れて行ってくれたとあり，さらに第5文に I found a book about *Burning Fist* and bought it. 「僕は『バーニングフィスト』についての本を見つけて，買った」とあることから，正解は **2**。

(32) – 解答 4 　　　　　　　　　　　正答率 ★75%以上

質問の訳 昨年，ジェフとアランは

選択肢の訳
1 初めてメキシコ料理を食べてみた。
2 オールドローレンス劇場で映画を見た。
3 『バーニングフィスト』の監督に会った。
4 ジェフの誕生日にレストランへ行った。

解説 質問の Last year は第2段落の第3文の最後にある。第3文に the Mexican restaurant that we went to on your birthday「僕たちが君の誕生日に行ったメキシコ料理店」とあるので，正解は **4**。初めてメキシコ料理を食べてみたという説明はないので，**1** は不適。

(33) – 解答 4

質問の訳 アランがその映画祭について言っていることの1つは何ですか。

選択肢の訳
1 彼はそのチケットをすでに買った。
2 すべての映画は古いアクション映画である。
3 映画は地元の映画ファンによって選ばれた。

解説　第 3 段落の第 1 文に Eight movies are going to be shown over two days at the festival.「映画祭では，2 日間にわたって 8 本の映画が上映される予定」とあるので，正解は **4**。**4** の more than ～ は「～を上回る」という意味なので，more than one day で「2 日以上」ということ。チケットはこれから買おうとしているので，**1** は不適。

一次試験・筆記	**4B**	問題編 p.108～109

ポイント　「スパイシーなソーダ」というタイトルで，「カナダドライペールジンジャーエール」を発明したジョン・マクラフリンの話。アメリカ留学中にソーダ水とフルーツの風味を混ぜている人が多いことに気づき，トロントでソーダ水の会社をおこし，3 年かけてジンジャーエールを改良してカナダドライペールジンジャーエールを作り，それを世界に広めたことをつかもう。

全文訳　**スパイシーなソーダ**

ジンジャーエールはスパイシーなソフトドリンクである。それは 1850 年代にアイルランドで発明された。しかし，今日最も人気のある種類が，カナダのトロントで暮らすジョン・マクラフリンという男性によって考案された。彼は，カナダの大学を卒業した後，ニューヨーク市に勉強しに行った。勉強しながら，彼はドラッグストアでアルバイトをした。多くの人が店でソーダ水を買って，それをさまざまなフルーツの風味と混ぜていることに彼は気づいた。

マクラフリンは 1890 年にトロントに戻り，ソーダ水の会社を始めた。それは大成功した。1 つの理由は，彼の広告に，市から供給される水は危険で病気を引き起こすと書いてあったことだった。彼は代わりに自分のフルーツ味のソーダ水を飲むように人々に勧めた。彼はまた，ソーダ・ファウンテンと呼ばれる機械も作った。人々はマクラフリンの飲み物を買うためにそれを利用することができた。その機械は，混雑したデパートの買い物客の間で，特に暑い夏の日に，人気となった。

マクラフリンは健康状態が悪く，自分の会社の経営者でいることをやめなければならなかった。しかし，彼は新しい飲み物を発明し続けた。彼はアイルランドのジンジャーエールを知っていたが，彼の客の多くがその甘い風味を好まなかった。マクラフリンはジンジャーエールの完璧な種類を作ろうと 3 年を費やした。ついに，1904 年には，より軽く，よりスパイシーな飲み物を考案した。マクラフリンの妻はそれを大変気に入ったので，それは「ジンジャーエールのシャンパン」だと言った。

マクラフリンの「カナダドライペールジンジャーエール」は成功した。それ自体がおいしいだけでなく，それは他の飲み物と混ぜ合わせることもできた。ビールや他のアルコール飲料よりもむしろそれを飲むのが好きな人もいる。さらに，ショウガは胃痛やのどの痛みがある人に役立つことがある。カナダドライペールジンジャーエールが発明さ

れてから100年以上が経つ。この間に，その人気はカナダからアメリカ中を経て世界中に広がった。

(34) – 解答

質問の訳 ジョン・マクラフリンはニューヨーク市にいる間に何に気づきましたか。

選択肢の訳
1 アイルランド出身の人はジンジャーエールを飲むことが好きだった。
2 カナダよりもそこで仕事を見つける方が楽だった。
3 ソーダ水にさまざまな風味を加えることが人気だった。
4 そこのドラッグストアはトロントのドラッグストアよりも多くの物を売っていた。

解説 質問にある New York City は第1段落第4文の最後にあり，これ以降にニューヨーク市での出来事が書かれている。マクラフリンはドラッグストアでアルバイトをしていたが，同段落最終文に many people were buying soda water from the store and mixing it with different fruit flavors「多くの人が店でソーダ水を買って，それをさまざまなフルーツの風味と混ぜている」ことに気づいたとあるので，正解は **3**。

(35) – 解答 3

質問の訳 人々がマクラフリンの飲み物を買った理由の1つは何ですか。

選択肢の訳
1 彼らはソーダ水は時に病気を引き起こすことがあると聞いたから。
2 1890年は異常に暑い夏だったから。
3 マクラフリンが彼らにトロントの水は安全ではないと言ったから。
4 マクラフリンが混雑したデパートの外で自分の飲み物を売ったから。

解説 質問は What is one reason ...? だが，第2段落の第3文が One reason was that で始まっていることに着目して，マクラフリンの会社が大成功した理由の1つが説明されていることをつかむ。his advertisements said the water provided by the city was dangerous and caused diseases「彼の広告に，市から供給される水は危険で病気を引き起こすと書いてあった」と同じ内容の **3** が正解。the city はトロント市のこと。

(36) – 解答

質問の訳 マクラフリンの不健康の結果の1つは何でしたか。

選択肢の訳
1 彼は経営者としての仕事をやめた。
2 彼はアイルランド旅行に出かけた。
3 彼はもっと多くのショウガを食べ始めた。
4 彼はシャンパンを飲むのをやめた。

解説 マクラフリンの不健康については，第3段落の第1文に書かれている。不健康によって，he had to stop being the manager of his company「彼は自分の会社の経営者でいることをやめなければならなかった」と

あるので，正解は **1**。

(37) – 解答 ② ....

質問の訳 ある人々は…「カナダドライペールジンジャーエール」を飲むのを好みます。

選択肢の訳
1 他の飲み物は胃痛がするから
2 ビールやワインのような飲み物の代わりに
3 他の国に旅行に行くとき
4 仕事や勉強をしなければならないときに眠らないように

解説 第4段落の第3文に Some people like to drink it rather than beer or other alcoholic drinks.「ビールや他のアルコール飲料よりもむしろそれ（＝マクラフリンのジンジャーエール）を飲むのが好きな人もいる」とあるので，正解は **2**。other alcoholic drinks を **2** では wine と言い換えている点にも注意する。

一次試験・筆記 5 | 問題編 p.110

質問の訳 あなたは人々が勉強中にスマートフォンを使うのは良いことだと思いますか。

解答例 I think it is good for people to use smartphones while studying. First, people can look for things on the Internet quickly. For example, it takes only a few seconds to look up English words. Second, they can watch videos that explain the things they learn. It helps them understand what they are studying clearly.

解答例の訳 私は人々が勉強中にスマートフォンを使うのは良いことだと思います。第一に，人々はすばやくインターネットで物事を検索することができます。例えば，英単語を調べるのに数秒しかかかりません。第二に，学んでいることを説明する動画を見ることができます。それは学んでいることをはっきりと理解するのに役立ちます。

解説 質問は「人々が勉強中にスマートフォンを使うのは良いことだと思うか」で，解答例はそれに賛成する立場である。解答例では，I think に続けて質問の文をそのまま利用して書き，自分の立場を明確にしている。

　1つ目の理由は First「第一に」で始めて，「インターネットでは速く物事を検索できる」と示している。次に，For example「例えば」という表現を用いて，例として英単語を調べることについて説明している。

　2つ目の理由は Second「第二に」で導入して，「学んでいることについての動画を見られる」と示している。次に，それがなぜ良いことなのかの説明として，学習内容がはっきりと理解できることを指摘している。

解答例では50語〜60語という制限語数があるため省略されているが，最後に Therefore, I believe .... 「したがって，私は…と思います」などと加えるとさらにまとまりのある文章になる。

〔例題〕−解答　3

放送英文
☆：Would you like to play tennis with me after school, Peter?
★：I can't, Jane. I have to go straight home.
☆：How about tomorrow, then?
　　1 We can go today after school.
　　2 I don't have time today.
　　3 That will be fine.

全文訳
☆：ピーター，放課後一緒にテニスをしない？
★：できないんだ，ジェーン。まっすぐ家に帰らなきゃいけないんだよ。
☆：それなら，明日はどう？

選択肢の訳
　　1 今日の放課後に行けるよ。
　　2 今日は時間がないんだ。
　　3 それなら大丈夫だよ。

No.1−解答　3　　　　　正答率 ★75%以上

放送英文
★：Hi, Mom. I'm at the mall looking for a Father's Day present for Dad.
☆：What are you going to get him?
★：I don't know yet. I thought you could give me some ideas.
　　1 I don't need a present.
　　2 It's his birthday tomorrow.
　　3 He might like a necktie.

全文訳
★：もしもし，お母さん。僕はショッピングモールにいて，お父さんのために父の日のプレゼントを探しているんだ。
☆：お父さんに何を買ってあげるつもりなの？
★：まだわからないよ。お母さんがアイデアをくれると思って。

選択肢の訳
　　1 私はプレゼントが必要ではないわ。
　　2 明日お父さんの誕生日よ。
　　3 お父さんはネクタイが好きかもしれないわ。

解説
息子と母親の電話での会話。息子は父の日のプレゼントを探しているが，何を買うべきかわからない。最後の I thought you could give me some ideas.「お母さんがアイデアをくれると思って」に対する適切な

応答は，ネクタイを提案している **3**。

No.2 -解答 ② ⋯⋯⋯⋯⋯⋯⋯⋯⋯⋯⋯⋯⋯⋯ 正答率 ★**75%以上**

放送英文　★： Here you are, ma'am, one large coffee. Would you like anything
to eat?

☆： No, thanks. Just the coffee, please.

★： Are you sure? Our blueberry muffins are half price today.

　1 Oh really? I'll have a cup of coffee, then.

　2 Oh really? I'll take one, then.

　3 Oh really? I'll hurry home, then.

全文訳　★： はい，どうぞ，お客さま，ラージコーヒーです。何か食べ物はいかがで
すか。

☆： いいえ，結構よ。コーヒーだけください。

★： 本当にそれでよろしいですか。私どものブルーベリーマフィンが本日は
半額ですよ。

選択肢の訳　**1** あら，本当？　それならコーヒーを一杯いただくわ。

　2 あら，本当？　それなら 1 ついただくわ。

　3 あら，本当？　それなら家に急ぐわ。

解説　コーヒー店での店員と客の会話。注文したコーヒーを持ってきた店員が，
食べ物を薦めている場面である。最後の Our blueberry muffins are
half price today. 「ブルーベリーマフィンが本日は半額です」に対する
適切な応答は，それを 1 つもらうと言っている **2**。

No.3 -解答 ① ⋯⋯⋯⋯⋯⋯⋯⋯⋯⋯⋯⋯⋯⋯⋯⋯⋯⋯⋯⋯

放送英文　☆： Sir, you dropped your wallet!

★： Thank you for telling me.

☆： Sure! I'm glad I was here to see it.

　1 It was very kind of you to help me.

　2 I work very near here.

　3 You're a little taller than me.

全文訳　☆： あなた，お財布を落としましたよ！

★： 教えていただきありがとうございます。

☆： どういたしまして！　ここにいてそれに気づいてよかったわ。

選択肢の訳　**1** ご親切に助けていただきありがとうございました。

　2 私はこのすぐ近くで働いています。

　3 あなたは私よりも少し背が高いですね。

解説　見知らぬ者同士の路上での会話。最初の発言から，女性が財布を落とし
た男性を呼び止めたことをつかむ。最後の I'm glad I was here to see
it. 「ここにいてそれに気づいてよかったわ」に対する適切な応答は，お
礼を述べている **1**。

No.4 – 解答 **3** ....

放送英文　☆：Carlton's Computer Repair.

★：Hello. My computer has stopped working. I'd like to know how much it will cost to fix.

☆：Well, that depends. Can you bring it in?

1 Well, it stopped working this morning.

2 Hmm. That's more than I'd like to pay.

3 Sure. I'll stop by this afternoon.

全文訳　☆：カールトンズ・コンピュータ修理店です。

★：もしもし。私のコンピュータが動かなくなってしまいました。修理するのにどのくらいお金がかかるか知りたいのですが。

☆：そうですねえ，それは状況によります。お持ち込みいただけますか。

選択肢の訳　**1**　ええと，それは今朝動かなくなりました。

2　うーん。それは私が払いたい額よりも高いですね。

3　わかりました。今日の午後，寄ります。

解説　冒頭の Carlton's Computer Repair. から，コンピュータ修理店への客からの電話であることをつかむ。最後の Can you bring it in?「お持ち込みいただけますか」に対する適切な応答は，「今日の午後，寄ります」と言っている **3**。stop by は「立ち寄る」という意味。

No.5 – 解答 **3** .... 正答率 ★75%以上

放送英文　★：Do you want to watch a movie this weekend?

☆：That sounds fun. What do you want to see?

★：How about a horror film?

1 No, weekends are usually more fun.

2 Well, movies cost a lot of money.

3 Sure, I love to watch scary movies.

全文訳　★：今週末に映画を見ない？

☆：楽しそうね。あなたは何を見たいの？

★：ホラー映画はどう？

選択肢の訳　**1**　いいえ，週末は普通もっと楽しいわ。

2　そうねえ，映画はお金がたくさんかかるわ。

3　いいわね，私は怖い映画を見るのが大好きよ。

解説　家族か友人同士の会話。話題は映画である。最後に男性が How about a horror film?「ホラー映画はどう？」と提案しているのを聞き取る。正解は，その提案に賛同して，「怖い映画が大好きだ」と述べている **3**。

No.6 – 解答 **1** ....

放送英文　★：Hi, Janice. How was the hockey game you went to?

☆：It was great. Oh, and I saw your friend Adam there.

★ : Really? Was he sitting near you?

    1 Yes, he was two seats behind me.

    2 Yes, he watched the game on TV.

    3 Yes, he wished he could have come.

全文訳 ★ : こんにちは，ジャニス。君が行ったホッケーの試合はどうだった？

    ☆ : 最高だったわ。あっ，そこであなたの友達のアダムを見かけたわよ。

    ★ : 本当？　彼は君の近くに座っていたの？

選択肢の訳 **1** ええ，彼は私の２つ後ろの席だったわ。

    2 ええ，彼はその試合をテレビで見たわ。

    3 ええ，彼は来られたらよかったのにと思ったわ。

解説 友人同士の会話。女性がホッケーの試合で男性の友達のアダムを見かけたことをつかむ。最後に Was he sitting near you?「彼は君の近くに座っていたの？」に対する適切な応答は，「私の２つ後ろの席」と具体的な場所を答えている **1**。

No.7 －解答 ②

放送英文 ★ : You had one phone call while you were out, Ms. Johnson.

    ☆ : Did you take a message?

    ★ : Yes. Mr. Smith called to ask you some things about the new software.

    1 Well, we should try again sometime.

    2 Oh. I just talked to him on my smartphone.

    3 Sure, I'll call you back this afternoon.

全文訳 ★ : ジョンソンさん，外出中に電話が１件ありました。

    ☆ : 伝言は受けましたか。

    ★ : はい。スミスさんから新しいソフトウエアについていくつかのことを聞きたいと電話がありました。

選択肢の訳 **1** そうねえ，いつかまた試してみるべきね。

    2 まあ。ちょうど私のスマートフォンで彼と話したところよ。

    3 もちろん，今日の午後にあなたにかけ直します。

解説 会社の同僚同士の会話。男性が上司と思われる女性に留守中の電話について説明している。Mr. Smith called to ask you ～.「スミスさんから～を聞きたいと電話がありました」という報告に対する適切な応答は，「私のスマートフォンで彼と話したところよ」と答えている **2**。

No.8 －解答 ③

放送英文 ★ : Hawthorne Lake Campground. How can we help you?

    ☆ : Hello. I was wondering if you'll be open next month.

    ★ : Sorry, ma'am, but we close this weekend. We won't open again until after the winter.

1 OK. See you tomorrow.

2 OK. We'll go fishing, too.

3 OK. Maybe we'll come then.

全文訳 ★： ホーソン・レイク・キャンプ場です。ご用件をお伺いいたします。

☆： もしもし。来月は営業しているかなと思いまして。

★： お客さま，申し訳ございませんが，今週末に閉鎖します。冬が終わるまで再開いたしません。

選択肢の訳 **1** わかりました。それでは明日。

2 わかりました。私たちも魚釣りに行きます。

3 わかりました。そのときに多分行きます。

解説 キャンプ場への問い合わせの電話である。用件は来月営業しているかどうかということ。最後の We won't open again until after the winter.「冬が終わるまで再開しない」に対する適切な応答は，「そのとき（＝冬が終わったとき）多分行く」と言っている **3**。

No.**9** − 解答 ①

放送英文 ☆： I like your jacket, Adam. Did you buy it at the big sale at Huntsville Mall?

★： Sale? I bought it online.

☆： That's too bad. You could have saved some money.

1 Oh no. I would have gone to it.

2 Oh no. I worry about online shopping.

3 Oh no. I forgot to get a jacket.

全文訳 ☆： アダム，あなたの上着素敵ね。ハンツヴィル・モールの大売り出しでそれを買ったの？

★： 売り出し？　オンラインで買ったんだよ。

☆： それは残念ね。お金を少し節約できたのに。

選択肢の訳 **1** なんてことだ。そこに行ったのに。

2 なんてことだ。オンラインでの買い物が心配だ。

3 なんてことだ。上着を買うのを忘れたよ。

解説 友人同士の会話。男性は上着をオンラインで買ったが，モールで大売り出しをしていて，お金を少し節約できただろうという状況をつかむ。正解は **1** で，I would have gone to it. は「（大売り出しなら）そこに行ったのに（実際には行かなかった）」という意味。実現しなかった過去の出来事について述べる仮定法過去完了が使われている。

No.**10** 解答 ③

放送英文 ☆： Thomas, it's Kate's birthday on Saturday.

★： That's right! I forgot to get her a gift. What should I get her?

☆： She likes flowers and chocolate.

131

1 You may have to go by yourself.

2 She might have a party.

3 I'll get her some roses.

全文訳 ☆： トーマス，土曜日はケイトの誕生日よ。

★： そうだね！　彼女に贈り物を買うのを忘れていたよ。何を買ったらいいかな？

☆： 彼女はお花とチョコレートが好きよ。

選択肢の訳 **1** 君は1人で行かなければならないかもね。

2 彼女はパーティーを開くかもね。

3 彼女にバラを買ってあげよう。

解説 友人同士の会話。話題はケイトの誕生日への贈り物である。女性が最後に She likes flowers and chocolate.「彼女はお花とチョコレートが好き」と助言しているので，適切な応答は「バラを買う」と言っている**3**。

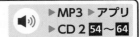

| 一次試験・リスニング | 第**2**部 | 問題編 p.112〜113 | 🔊 | ▶MP3 ▶アプリ ▶CD 2 54〜64 |

No.11 解答 ③ ·· 正答率 ★75%以上

放送英文 ★： Alison, I want to invite my girlfriend out for dinner. Can you recommend a good restaurant?

☆： Sure. What kind of place are you looking for?

★： Well, something a little different would be good. I want our meal to be special.

☆： There's a great new Italian restaurant downtown on Third Street. You could go there.

Question: What is the man asking the woman about?

全文訳 ★： アリソン，彼女を夕食に誘いたいんだ。いいレストランを推薦してくれる？

☆： いいわよ。どんな場所を探しているの？

★： そうだな，ちょっと変わったところがいいかな。僕たちの食事を特別なものにしたいから。

☆： ダウンタウンの第3通りに素敵な新しいイタリア料理店があるわよ。そこに行くのはどうかしら。

Q：男性は女性に何について尋ねていますか。

選択肢の訳 **1** 買うべきパスタの種類。

2 第3通りのパン屋。

3 夕食に行く場所。

4 ダウンタウンのスーパーマーケット。

解説 友人同士の会話。冒頭部分で男性が彼女を夕食に誘いたいと言い，Can you recommend a good restaurant?「いいレストランを推薦してくれる？」と言っているので，正解は**3**。後半で女性が具体的に a great new Italian restaurant「素敵な新しいイタリア料理店」を薦めていることからも推測できる。

No.12 解答 ④ ・・・・・・・・・・・・・・・・・・・・・ 正答率 ★75%以上

放送英文 ☆： Hello?

★： Hi, Erica. This is your neighbor, Frank. I'm going away this weekend. Could you feed my cat for me?

☆： Sorry, but I'm going camping this weekend.

★： Oh. Could you ask your sister if she can do it?

☆： Sure. She's not home now, but I'll ask her later.

Question: What will Erica do this weekend?

全文訳 ☆： もしもし？

★： こんにちは，エリカ。お隣のフランクです。今週末出かける予定なんです。飼い猫にえさをあげてもらえませんか。

☆： 申し訳ないんだけど，今週末はキャンプに行くのよ。

★： 残念。お姉［妹］さんにそれができるかどうか聞いてもらえますか。

☆： もちろんよ。今は家にいないけど，後で聞いてみるわね。

Q：エリカは今週末何をする予定ですか。

選択肢の訳 **1** 姉［妹］を訪ねる。 **2** 隣人の猫にえさをあげる。

3 家にいる。 **4** キャンプに行く。

解説 電話での隣人同士の会話。男性のフランクは，今週末留守にするので飼い猫にえさをあげてほしいと頼んでいるが，女性のエリカは I'm going camping this weekend「今週末はキャンプに行くのよ」と答えている。質問はエリカの今週末の予定についてなので，正解は**4**。

No.13 解答 ③ ・・・

放送英文 ☆： Hello, sir. How can I help you today?

★： Hi. I'd like to mail this letter to my friend in Italy.

☆： OK. That will be three dollars and fifty cents. Do you need any stamps?

★： Yes. I'll take a sheet of the regular 50-cent stamps, too, please.

Question: What is the man doing?

全文訳 ☆： こんにちは，お客さま。今日はどのようなご用件でしょうか。

★： こんにちは。この手紙をイタリアの友達に郵送したいのです。

☆： わかりました。3ドル50セントかかります。切手は必要ですか。

★： はい。通常の50セント切手のシート1枚もお願いします。

Q：男性は何をしていますか。

1 銀行でお金を入手している。 2 洋服店で買い物をしている。
3 郵便局で職員と話している。 4 旅行代理店で旅行を予約している。

冒頭で女性は男性を sir と呼び，How can I help you today?「今日は
どのようなご用件でしょうか」と話しかけていることから，店員と客の
会話だとわかる。I'd like to mail this letter「この手紙を郵送したい」，
any stamps「切手」，a sheet of the regular 50-cent stamps「通常
の 50 セント切手のシート 1 枚」より，郵便局での会話だと判断できる。
よって，正解は **3**。

No.14 解答 ② 　正答率 ★75%以上

★ : Excuse me. I'm a new student at this school. Can you tell me
where the cafeteria is?

☆ : Sure. I'll take you, but we have to hurry. It's Wednesday—that's
pizza day! It's the only day we get to eat pizza.

★ : That's great! My old school never served that. It always served
burgers, pasta, and salads.

☆ : We get those, too, but Wednesday is definitely my favorite day
of the week.

Question: Why does the girl like Wednesdays?

★ : すみません。僕はこの学校の転入生です。食堂がどこにあるか教えてく
れますか。

☆ : もちろんよ。連れて行ってあげるけど，急がなければいけないわ。水曜
日で，ピザの日よ！ ピザが食べられる唯一の日なのよ。

★ : それはいいですね！ 前の学校でそれは全く出ませんでした。いつもハ
ンバーガーとパスタとサラダが出ました。

☆ : それらもあるけど，水曜日は間違いなく 1 週間で私が一番好きな日よ。
Q：女の子はなぜ水曜日が好きなのですか。

1 学校の昼食にサラダがあるから。
2 食堂がピザを出すから。
3 彼女の母が夕食にハンバーガーを作るから。
4 彼女は料理の授業があるから。

転入生と生徒の会話。女の子は今日は水曜日で pizza day「ピザの日」
だと言い，the only day we get to eat pizza「ピザが食べられる唯一
の日」と説明している。さらに Wednesday is definitely my favorite
day of the week「水曜日は間違いなく 1 週間で私が一番好きな日」と
言っているので，正解は **2**。

No.15 解答 ③

☆ : Hello.

★ : Hello, Mrs. Harris. Is Karen home from school yet?

☆ : No, she's not. She's at her piano lesson. Is this Bryan?

★ : Yes. I wanted to tell her that I found her math book at my house.

☆ : I'll let her know where it is. Thank you.

Question: What is one thing the boy says?

全文訳 ☆ : もしもし。

★ : こんにちは，ハリスさん。カレンはもう学校から帰っていますか。

☆ : いいえ，まだよ。ピアノのレッスンに行っているわ。ブライアンかしら？

★ : はい。カレンに彼女の数学の本を僕の家で見つけたと伝えたかったのです。

☆ : カレンにそれがどこにあるか知らせるわね。どうもありがとう。

　　Q：男の子が言っていることの１つは何ですか。

選択肢の訳　**1**　彼は数学のテストがよくできた。

　　2　彼はピアノのレッスンを受けたい。

　　3　彼はカレンの数学の本を見つけた。

　　4　彼はカレンを自宅に招待するつもりである。

解説　男の子と彼の友達の母親が電話で話している。用件は I found her math book at my house「彼女の数学の本を僕の家で見つけた」と知らせることなので，正解は **3**。母親の最後の発言 I'll let her know where it is.「それがどこにあるか知らせるわね」もヒントになる。

No.16 解答 ①

放送英文 ☆ : This chicken is delicious, Joe! Where did you learn how to make it?

★ : I found the recipe in a cookbook this morning.

☆ : My grandmother used to make a similar dish. I saw a television show called *Best Chefs* where they made a dish like this, too.

★ : I love that cooking show!

Question: How did the man learn to make the meal?

全文訳 ☆ : このチキン，おいしいわね，ジョー！　どこでその作り方を習ったの？

★ : 今朝，料理本でレシピを見つけたんだ。

☆ : 祖母が似た料理を以前作っていたわ。『ベストシェフス』というテレビ番組を見たけど，そこでもこのような料理を作っていたわね。

★ : 僕はその料理番組が大好きだよ！

　　Q：男性はどのようにしてその食事の作り方を学んだのですか。

選択肢の訳　**1**　料理本を読むことによって。

　　2　何年も練習することによって。

　　3　『ベストシェフス』を見ることによって。

　　4　祖母から習うことによって。

友人同士の会話。話題は男性が料理したチキンである。最初のやりとりで女性が Where did you learn how to make it? 「どこでその作り方を習ったの？」と尋ねると，男性は I found the recipe in a cookbook「料理本でレシピを見つけた」と答えているので，正解は **1**。テレビ番組の『ベストシェフス』でも似た料理を作っていたが，質問に対する答えとしては不適なので **3** は不正解。

No.**17** 解答 ②

☆ : Mr. Franklin, I really enjoyed today's lesson on space travel.

★ : Thank you, Carol. I try to make each lesson interesting by telling stories.

☆ : Well, I'm interested in any story that is about space.

★ : Really? I have a very good book about space. You can borrow it if you want to.

Question: Why does Mr. Franklin include stories in his lessons?

☆ : フランクリン先生，宇宙旅行についての今日の授業，すごく楽しかったです。

★ : ありがとう，キャロル。私は話をすることでそれぞれの授業を面白くしようとしているんだよ。

☆ : ところで，私は宇宙についての話なら何でも興味があるんです。

★ : 本当？　宇宙についてのとてもいい本があるよ。ご希望なら借りてもいいですよ。

Q：フランクリン先生はなぜ授業に話を含めるのですか。

1 生徒に話をさせないため。

2 授業を面白くするため。

3 生徒たちの宿題を手助けするため。

4 生徒たちに旅行の準備をさせるため。

生徒と教師の会話。生徒が授業の感想を言うと，教師は I try to make each lesson interesting by telling stories.「話をすることでそれぞれの授業を面白くしようとしている」と言っている。よって，正解は **2**。

No.**18** 解答 ①

★ : Mom, do we have any more lemons? I found three in the refrigerator.

☆ : There are some in the bowl on the dining table, too. What do you need them for?

★ : I'm making lemonade for the barbecue this afternoon.

☆ : Oh, that sounds good. I can go to the grocery store if you need more.

Question: What is the boy doing?

全文訳 ★：お母さん，もっとレモンあるかな？　冷蔵庫に３つ見つけたけど。

☆：食卓の上のボールの中にもいくつかあるわよ。何に必要なの？

★：今日の午後のバーベキューのためにレモネードを作っているんだよ。

☆：あら，それはいいわね。もっと必要なら食料雑貨店に行くわよ。

Q：男の子は何をしていますか。

選択肢の訳　**1**　レモンで飲み物を作っている。

2　バーベキューで食べ物を料理している。

3　昼食のために食卓を整えている。

4　食料雑貨店のためのリストを作っている。

解説 息子と母親の会話。息子がもっとレモンが欲しいと言うので母親がその理由を尋ねると，I'm making lemonade for the barbecue this afternoon.「今日の午後のバーベキューのためにレモネードを作っている」と答えている。よって，正解は**1**。

No.19 解答 ②

放送英文 ☆：Hello. How is your stomach feeling today? Is it still painful?

★：Well, Dr. Schneider, it feels much better than last week. But it still hurts a little bit.

☆：I see. Well, I'll give you some more medicine. You should feel better in no time.

★：Thank you, Doctor.

Question: What is the man's problem?

全文訳 ☆：こんにちは。今日の胃の調子はいかがですか。まだ痛みますか。

★：ええ，シュナイダー先生，先週よりずっと良くなっています。でも，まだ少し痛みます。

☆：わかりました。それでしたら，もう少し薬を出します。すぐに改善するはずですよ。

★：ありがとうございます，先生。

Q：男性の問題は何ですか。

選択肢の訳　**1**　彼は良い医師を見つけられない。

2　彼は胃痛がする。

3　彼の薬がおいしくない。

4　彼の仕事はとてもストレスがたまる。

解説 冒頭で女性は男性に胃の調子を尋ねており，男性は女性をDr. Schneiderと呼んでいることから，医師と患者の会話だとわかる。医師のIs it still painful?「まだ痛みますか」という質問に男性はit still hurts a little bit「まだ少し痛みます」と答えているので，男性には胃痛があることがわかる。よって，正解は**2**。

137

No.20 解答 ③ ··

放送英文 ☆： Hello. Brenda's Bakery.

★： Hi. Do you have any chocolate cakes?

☆： I'm sorry, but we're sold out. We have other cakes, though. If you want to order a chocolate cake, we could make one for you by tomorrow.

★： No, that's OK. I'll come by your shop and take a look at your other cakes.

Question: What does the man decide to do?

全文訳 ☆： もしもし。ブレンダズベーカリーです。

★： もしもし。チョコレートケーキはありますか。

☆： 申し訳ございませんが，売り切れです。でも，他のケーキならありますよ。チョコレートケーキのご注文がご希望なら，明日までに作ることができます。

★： いいえ，結構です。お店に立ち寄って他のケーキを見てみます。

Q：男性は何をすることに決めていますか。

選択肢の訳 1 チョコレートケーキを注文する。 2 ケーキをブレンダに売る。
3 そのパン屋に行く。 4 ケーキを自分で作る。

解説 冒頭の Hello. Brenda's Bakery.「もしもし。ブレンダズベーカリーです」より，パン屋への電話だとわかる。男性客はチョコレートケーキがあるか問い合わせているが，売り切れている。男性は最後に I'll come by your shop and take a look at your other cakes.「お店に立ち寄って他のケーキを見てみる」と言っているので，正解は **3**。

| 一次試験・
リスニング | 第**3**部 | 問題編 p.114～115 | 🔊 | ▶MP3 ▶アプリ
▶CD 2 **65**～**75** |

No.21 解答 ① ··

放送英文 After working until late last night, Sophia fell asleep on the train and missed her stop. She woke up when the train arrived at the last station. There were no more trains, so she had to walk home with her heavy bag. It took more than one hour. Her co-workers could see that she was tired this morning.

Question: What is one reason Sophia was tired this morning?

全文訳 ソフィアは昨夜遅くまで働いた後，電車で寝入って降りる駅を乗り過ごした。彼女は電車が終着駅に到着したとき，目を覚ました。もう電車がなかったので，彼女は重いカバンを持って家まで歩かなければならなかった。1時間以上かかった。彼女の同僚たちは今朝，彼女が疲れてい

るこがわかった。

Q：ソフィアが今朝疲れていた理由の１つは何ですか。

 1 彼女は長い時間歩かなければならなかったから。

2 彼女はテレビを見て夜更かししたから。

3 彼女の電車がとても混んでいたから。

4 彼女の会社が自宅から遠いから。

 帰りの電車で眠って降りる駅を乗り過ごしたソフィアの話。電車がなかったので，she had to walk home with her heavy bag「重いカバンを持って家まで歩かなければならなかった」と述べられていて，続く文から１時間以上かかったことがわかる。したがって，正解は **1**。

No.22 解答 ②

放送英文 Veronika Dichka and Archie became friends in 2021. Archie is a brown bear who used to live in a safari park. The park could not keep Archie anymore, so Veronika offered to take care of him. On weekends, she took the bear to a lake to go fishing. Pictures of Veronika and Archie became well-known on the Internet.

Question: How did Veronika Dichka spend her weekends with Archie?

全文訳 ヴェロニカ・ディチカとアーチーは2021年に友達になった。アーチーは以前サファリ公園で暮らしていたヒグマである。その公園がもうアーチーを飼育できなくなったので，ヴェロニカが彼の世話をすると申し出た。週末，彼女は釣りに行くためにそのクマを湖に連れて行った。ヴェロニカとアーチーの写真はインターネット上でよく知られるようになった。

Q：ヴェロニカ・ディチカはどのようにしてアーチーと週末を過ごしましたか。

選択肢の訳 **1** 彼女たちは一緒に自然の絵を描いた。

2 彼女たちは一緒に魚釣りに行った。

3 彼女は彼を彼女の家族に会わせに連れて行った。

4 彼女はサファリ公園にいる彼を訪ねた。

解説 ヴェロニカ・ディチカという女性とアーチーという名のヒグマの話。ヴェロニカがアーチーを飼うようになった経緯の説明の後，On weekends, she took the bear to a lake to go fishing.「週末，彼女は釣りに行くためにクマを湖に連れて行った」とあるので，正解は **2**。

No.23 解答 ④

放送英文 Rachel and her friends had to do a lot of math homework. Rachel finished it on time, but her teacher wanted to speak to her about it. The reason was that Rachel had answered the questions from the wrong page of her textbook. The teacher gave Rachel some more time to answer the correct questions.

Question: What was the problem with Rachel's homework?

 レイチェルと彼女の友達は数学の宿題をたくさんしなければならなかった。レイチェルはそれを時間通りに終えたが，彼女の先生はそれについて彼女と話したかった。その理由はレイチェルが教科書の間違ったページの問題に答えていたからだった。先生はレイチェルに正しい問題に答えるための時間をもっと与えた。

Q：レイチェルの宿題で何が問題でしたか。

選択肢の訳 **1** 彼女は古い教科書を使った。

2 彼女は遅れてそれを終えた。

3 彼女は友達の答えを写した。

4 彼女は間違った問題をしてしまった。

解説 レイチェルの数学の宿題の話。宿題を提出期限までに終えたが，先生は彼女と話したかった。The reason was that Rachel had answered the questions from the wrong page of her textbook. 「その理由はレイチェルが教科書の間違ったページの問題に答えていたからだった」と述べられているので，正解は **4**。

No.24 解答 ①

放送英文 We will return to this afternoon's sports program, *Golf Plus*, after this emergency weather warning. This is a safety announcement. Heavy rain and strong winds are expected to hit the city this evening. Everyone is advised to stay indoors and keep away from windows until the storm is over.

Question: Why is this announcement being made?

全文訳 この緊急天気警報の後，今日の午後のスポーツ番組『ゴルフプラス』に戻ります。これは安全策のお知らせです。今日の夕方，激しい雨と強風がこの市を襲うことが予想されています。皆さんは，嵐が収まるまで屋内にとどまり，窓から離れるようにしてください。

Q：このお知らせはなぜなされているのですか。

選択肢の訳 **1** 嵐がその日の後で来るから。

2 スポーツ番組が中止されるから。

3 午前中に強風が吹いたから。

4 夕方に面白い映画があるから。

解説 冒頭から，スポーツ番組の途中で放送された緊急放送であることをつかむ。Heavy rain and strong winds are expected to hit the city this evening. 「今日の夕方，激しい雨と強風がこの市を襲うことが予想されている」と伝えているので，正解は **1**。最後の具体的な行動指示からも

嵐が近づいていることが推測できる。

No.25 解答 ③ ···

放送英文 At school yesterday, Maki's friend Larry told her that he got a new pet dog. He also said that he ran with it in the park last weekend. Maki is excited because Larry invited her to come to the park to see it this weekend.

Question: Why will Maki go to the park this weekend?

全文訳 昨日学校で，マキの友達ラリーが彼女に新しいペットの犬をもらったと話した。彼は先週末，犬と一緒に公園で走ったとも言った。マキは，ラリーが彼女に今週末に犬を見るために公園に来るよう誘ってくれたので，わくわくしている。

Q：マキはなぜ今週末に公園へ行くのですか。

選択肢の訳 **1** 友達と昼食を食べるため。　　　**2** 走って運動をするため。

3 友達の犬を見るため。　　　　　**4** 自分の新しいペットと遊ぶため。

解説 マキと彼女の友達のラリーの話。前半からラリーが新しいペットの犬をもらって，公園で犬と走ったことをつかむ。最終文に Larry invited her to come to the park to see it this weekend「ラリーが彼女に今週末に犬を見るために公園に来るよう誘った」と述べられているので，正解は **3**。話題に上っているペットはマキのペットではなく，ラリーのペットなので，**4** は不適。

No.26 解答 ③ ···

放送英文 Nana has been on skiing trips with her family since she was little. Last weekend, her friends invited her to go to the mountains. Nana took her skis, ski boots, and poles, but when she got there, all her friends had snowboards. They said snowboarding was cool. Nana decided to rent a snowboard and boots so that she could try it.

Question: Why did Nana start snowboarding?

全文訳 ナナは幼いころから家族とスキー旅行に行っている。先週末，彼女の友達が彼女を山に行こうと誘った。ナナはスキー板とスキーブーツ，ストックを持って行ったが，そこに到着すると，友達はみんなスノーボードを持っていた。彼らはスノーボードをするのはかっこいいと言った。ナナは，それに挑戦できるようにスノーボードとブーツを借りることにした。

Q：ナナはなぜスノーボードをし始めたのですか。

選択肢の訳 **1** 彼女はスキーストックの 1 本を折ってしまったから。

2 彼女は家にスキー板を忘れたから。

3 彼女の友達がそれはかっこいいと言ったから。

解説 ナナが友達と山に行ったときの話。ナナはスキーセットを持って行ったが、友達はみんなスノーボードを持って来ていた。They said snowboarding was cool.「彼らはスノーボードをするのはかっこいいと言った」と述べられていて、ナナもスノーボードに挑戦するためにスノーボードとブーツを借りることにしたので、正解は **3**。

No.27 解答 ①

放送英文 In the Middle East, there is a sweet dessert called baklava. It is made with a lot of sugar, butter, flour, and nuts. In the past, baklava was eaten at important events. Even today, people in Turkey sometimes say, "I'm not rich enough to eat baklava every day." This saying tells us that baklava was a special treat.

Question: When was baklava eaten in the past?

全文訳 中東地域には、バクラヴァと呼ばれる甘いデザートがある。それはたくさんの砂糖とバター、小麦粉、ナッツで作られる。昔、バクラヴァは大事な行事の際に食べられた。今日でもトルコの人は時々「私はバクラヴァを毎日食べるほど金持ちじゃない」と言う。この言い習わしからバクラヴァは特別なごちそうであったことがわかる。

Q：バクラヴァは昔、いつ食べられましたか。

選択肢の訳
1 特別な行事の際に。　　　　　2 気分が悪かったときに。
3 午前中の中頃で。　　　　　　4 お金が欲しかったときに。

解説 バクラヴァと呼ばれる中東地域のお菓子の説明。baklava was eaten at important events「バクラヴァは大事な行事の際に食べられた」と述べられているので、正解は **1**。最終文の baklava was a special treat「バクラヴァは特別なごちそうだった」もヒントになる。

No.28 解答 ②

放送英文 For Jack's third birthday, his parents took him to a toy store to choose a present. Jack's favorite color is yellow, so they thought that he would choose a yellow toy car or airplane. However, he chose a toy tea set with cups and plates because it was in a yellow box. His parents enjoy watching Jack playing with his new toys.

Question: Why did Jack choose the tea set?

全文訳 ジャックの3歳の誕生日のために、両親はプレゼントを選ぶために彼をおもちゃ店へ連れて行った。ジャックの大好きな色は黄色なので、彼らは、ジャックは黄色のおもちゃの車か飛行機を選ぶだろうと思った。しかし、彼はカップとお皿がついたおもちゃのティーセットを選んだ。というのも、それが黄色の箱に入っていたからである。両親はジャックが

新しいおもちゃで遊んでいるところを見て楽しんでいる。

Q：ジャックはなぜティーセットを選んだのですか。

選択肢の訳　**1** それは他のおもちゃよりも安かったから。

2 その箱が彼の大好きな色だったから。

3 両親が似たものを持っていたから。

4 そこに車の絵が描いてあったから。

解説　3歳の誕生日を迎えるジャックの話。前半からジャックは黄色が好きであることをつかむ。後半部分に he chose a toy tea set with cups and plates「カップとお皿がついたおもちゃのティーセットを選んだ」と述べられるが，その理由は because it was in a yellow box「黄色の箱に入っていたから」である。よって，正解は **2**。

No.29 解答 ③

放送英文　Steve's sister practices breakdancing every day. Last Saturday, she was in a performance at a nearby park. Steve and his parents went to watch. At first, Steve was bored. He was glad he brought his pet dog with him. However, when he saw his sister dancing, he started to enjoy it. He thought she was great after practicing so hard.

Question: Why did Steve go to the park on Saturday?

全文訳　スティーブの姉［妹］は毎日ブレイクダンスを練習する。この前の土曜日，彼女は近くの公園で催しに出た。スティーブと両親は見に行った。最初，スティーブは退屈だった。ペットの犬を一緒に連れてきてよかったと思った。しかし，姉［妹］がダンスをしているところを見ると，それを楽しみ始めた。彼は，とても一生懸命練習して姉［妹］は素晴らしいと思った。

Q：土曜日にスティーブはなぜ公園に行きましたか。

選択肢の訳　**1** ペットを散歩させるため。　　**2** ブレイクダンスをしてみるため。

3 催しを見るため。　　　　　　**4** 姉［妹］の練習を手伝うため。

解説　ブレイクダンスをする姉［妹］がいるスティーブの話。前半部分を注意して聞く。Last Saturday, she was in a performance at a nearby park.「この前の土曜日，彼女は近くの公園で催しに出た」とあり，Steve and his parents went to watch.「スティーブと両親は見に行った」と述べられているので，正解は **3**。

No.30 解答 ②

放送英文　Attention, passengers. This train has just made an emergency stop between Basinville Station and Coltswood Station. A tree has fallen on the tracks. Our engineers are working on the problem. The doors will remain closed, and we will continue to

Coltswood Station as soon as we get a message that it is safe to move forward. We are sorry for the inconvenience.

Question: Why did the train make an emergency stop?

全文訳 乗客のみなさまにお知らせします。この電車はベイスンビル駅とコルツウッド駅間で緊急停止しました。木が線路上に倒れました。技師たちがこの問題に取り組んでおります。ドアは閉まったままで，前に進んで安全であるという連絡を受けたらすぐにコルツウッド駅まで運行を続ける予定です。ご不便をおかけして申し訳ございません。

Q：電車はなぜ緊急停止したのですか。

選択肢の訳 1 駅で事故があったから。
2 線路に問題があったから。
3 電車のドアを閉めることができなかったから。
4 電車のラジオがよく機能していなかったから。

解説 電車の緊急停止を知らせる案内放送。序盤で an emergency stop「緊急停止」したことが伝えられている。その理由は A tree has fallen on the tracks.「木が線路上に倒れた」からなので，正解は **2**。駅の間で緊急停止したが，駅で事故があったわけではないので，**1** は不適。

| 二次試験・面接 | 問題カード **A** 日程 | 問題編 p.116〜117 | 🔊 | ▶MP3 ▶アプリ ▶CD 2 76〜80 |

全文訳 **リサイクルの新しい方法**

　　今日，スーパーマーケットは環境に役立とうと努力している。それらは買い物客にもっと簡単にプラスチックをリサイクルしてもらうサービスを始めている。何人かの買い物客はペットボトルをスーパーマーケットに持って行き，そうすることで，そこでの買い物の割引を受ける。そのようなスーパーマーケットは，環境をより良くすることと買い物客を引きつけることを同時に行おうとしている。

質問の訳 No. 1　文章によると，何人かの買い物客はどのようにしてスーパーマーケットでの買い物の割引を受けますか。

No. 2　さて，Aの絵の人々を見てください。彼らはいろいろなことをしています。彼らが何をしているのか，できるだけたくさん説明してください。

No. 3　さて，Bの絵の男性を見てください。この状況を説明してください。
それでは，～さん，カードを裏返しにして置いてください。

No. 4　生徒は学校でもっとコンピュータを使う時間を持つべきだと思いますか。
　　　Yes. →なぜですか。　　　No. →なぜですか。

No. 5　日本では，多くの人が時間があるときにハイキングをして楽しみます。あなたはハイキングに行くことが好きですか。

Yes. →もっと説明してください。　　　No. →なぜですか。

No.1

解答例 By taking plastic bottles to supermarkets.

解答例の訳 ペットボトルをスーパーマーケットに持って行くことによってです。

解説 まず，質問に出てくる get a discount for shopping が文章の第3文後半にあることを確認する。次に，その前にある by doing so「そうすることによって」の do so がさらにその前にある take plastic bottles to supermarkets を指していることを見抜き，By taking ～. と答える。

No.2

解答例 Two men are shaking hands. / A woman is counting money. / A girl is listening to music. / A boy is talking on the phone. / A man is trying on a hat.

解答例の訳 2人の男性が握手をしています。／女性がお金を数えています。／女の子が音楽を聞いています。／男の子が電話で話しています。／男性が帽子を試着しています。

解説 「握手する」は shake hands で，hands は必ず複数形になるので注意する。「電話で話す」は talk[speak] on[over] the phone である。try on ～「～を試着する」は服だけでなく，帽子や靴などを試しに身につけてみるときにも用いられる。

No.3

解答例 He's buying strawberries because he wants to make a cake with them.

解答例の訳 彼はイチゴでケーキを作りたいと思っているので，イチゴを買っています。

解説 「男性はイチゴを買っている」ことと「男性はイチゴでケーキを作りたいと思っている」ことの2点を説明する。He's thinking of making a strawberry cake, so he's buying strawberries. などと，so「それで」を用いて答えることもできる。

No.4

解答例 （Yes. と答えた場合）

Students can look for information by using computers. Also, it's important for students to learn how to use computers.

解答例の訳 生徒はコンピュータを使うことで情報を探すことができるからです。また，コンピュータの使い方を学ぶことは生徒にとって大切です。

解答例 （No. と答えた場合）

Students should use textbooks at school to learn things. Also, most students already use computers a lot at home.

解答例の訳 生徒は物事を学ぶのに学校では教科書を使うべきだからです。また，ほとんどの生徒はすでに家でたくさんコンピュータを使っています。

解説 Yes. の場合には，「考えや意見を交換する（exchange ideas and opinions）」など，コンピュータを使ってできる学習活動について話してもよい。No. の場合には，「生徒はコンピュータを使うことに時間を費やしすぎている（Students spend too much time using computers.）」などと言った後で，「それは彼らの目に悪い（It is bad for their eyes.）」などと話すこともできる。

No.5 ······

解答例 （Yes. と答えた場合）
I enjoy being in nature with my friends. Also, it's healthy to walk around in the fresh air.

解答例の訳 私は友達と自然の中にいることを楽しんでいます。また，新鮮な空気の中で歩き回ることは健康的です。

解答例 （No. と答えた場合）
I don't really like walking for a long time. I'd rather stay at home and read books.

解答例の訳 私は長時間歩くのがあまり好きではないからです。私はむしろ家にいて読書をしたいです。

解説 Yes. の場合には，「先週，私は〜山へ行った」などと具体的に自分が行った場所を話題に挙げて，「気分がさわやかになる（feel refreshed）」や「新鮮な空気を吸う（breathe fresh air）」などそこでできたことなどを紹介してもよいだろう。No. の場合には，解答例のように「私はむしろ〜したい（I'd rather 〜.）」を用いてハイキング以外の余暇の過ごし方について話してもよい。

二次試験・面接　問題カード **B** 日程　問題編 p.118〜119　🔊　▶MP3　▶アプリ　▶CD 2 81〜84

全文訳 **オーディオブック**

　今日，プロの俳優によって読まれて録音されている多くの本がインターネットで売られている。これらの本はオーディオブックと呼ばれる。人々は，他のことをしながらオーディオブックを聞いて楽しめるので，このような本はとても便利だと思っている。オーディオブックはおそらく今後さらに人気となることだろう。

質問の訳 No. 1　文章によると，人々はなぜオーディオブックがとても便利だと思っているのですか。

　　　　 No. 2　さて，Aの絵の人々を見てください。彼らはいろいろなことをして

います。彼らが何をしているのか，できるだけたくさん説明してください。

No. 3　さて，Bの絵の男性と女性を見てください。この状況を説明してください。

それでは，〜さん，カードを裏返しにして置いてください。

No. 4　テレビでニュースを見るのは新聞を読むよりもよいと思いますか。
　　　Yes. →なぜですか。　　　No. →なぜですか。

No. 5　このごろ，料理についての本や雑誌が多くあります。あなたは家でよく料理をしますか。
　　　Yes. →もっと説明してください。　　　No. →なぜですか。

No.1

解答例 Because they can enjoy listening to audio books while doing other things.

解答例の訳 なぜなら，彼らは他のことをしながらオーディオブックを聞いて楽しめるからです。

解説 まず，質問に出てくる find audio books very convenient に該当する部分が文章の第3文の後半部分にあることを確認する。文章中には these books とあるが，これは audio books のことである。次に，その前にある so「それで」がさらにその前の People can enjoy listening to audio books while doing other things を受けていることを見抜き，そこを答えればよい。ただし，主語の people は they に置き換える。

No.2

解答例 A woman is cleaning a window. / A man is using a copy machine. / A woman is fixing a door. / A man is pushing a cart. / A girl is drawing a picture.

解答例の訳 女性が窓をきれいにしています。／男性がコピー機を使っています。／女性がドアを修理しています。／男性がカートを押しています。／女の子が絵を描いています。

解説 「コピー機を使う」は「何かをコピーする」と考えて，copy something を用いることも可。「ドアを修理する」は fix a door だが，fix の代わりに repair でもよい。「絵を描く」は鉛筆などの線画なら draw a picture，絵の具などを使って描く絵なら paint a picture を用いる。

No.3

解答例 He ordered a hamburger, but she brought him spaghetti.

解答例の訳 彼はハンバーガーを注文しましたが，彼女は彼にスパゲティを持ってきました。

解説 男性と女性それぞれについて，「彼はハンバーガーを注文した」ことと「彼女はスパゲティを持ってきた」ことの2点を説明する。He wanted

to eat a hamburger, but she brought (him) the wrong dish.「彼は
ハンバーガーを食べたかったが，彼女は（彼に）間違えた料理を持って
きた」のように want を用いて答えることも可能である。

No.4

解答例 (Yes. と答えた場合)

TV news is easier for people to understand. There are a lot of videos and pictures.

解答例の訳 テレビのニュースの方が人々にとって理解しやすいからです。動画や写真がたくさんあります。

解答例 (No. と答えた場合)

People can read newspapers at any time. Also, newspapers have more information than the news on TV.

解答例の訳 人々は新聞をいつでも読めるからです。また，新聞にはテレビのニュースより情報が多くあります。

解説 Yes. の場合には，「（通常）無料である（be (usually) free）」など，テレビのニュースのメリットを話したり，逆に新聞のデメリットを話したりしてもよいだろう。No. の場合には，解答例のように新聞のメリットを述べることになるだろうが，他に「人々は読みたいニュースを選べる（People can choose the news they want to read.）」なども考えられる。

No.5

解答例 (Yes. と答えた場合)

I usually cook dinner with my mother. I like to help her as much as I can.

解答例の訳 私は普通，母と一緒に夕食を料理します。私はできるだけ母の手伝いをするのが好きです。

解答例 (No. と答えた場合)

I think it's difficult to cook well. Also, I don't usually have time to cook.

解答例の訳 私は上手に料理するのは難しいと思うからです。また，私には普段，料理する時間がありません。

解説 Yes. の場合には，具体的に「先日，私は家族のためにパスタを作った（I cooked pasta for my family the other day.）」などと述べた後，「みんな気に入ってくれてうれしかった（I was happy that they all liked it.）」などとまとめることもできる。No. の場合には，「母が作ってくれる（My mother cooks for us.）」などと自分の家族の状況を説明したり，「私は将来のために料理を習いたい（I want to learn cooking for my future.）」などと今後のことについてつけ加えたりしてもよいだろう。

2022-1

解 答 一 覧

1

(1)	1	(8)	1	(15)	4
(2)	3	(9)	4	(16)	2
(3)	3	(10)	3	(17)	4
(4)	3	(11)	4	(18)	1
(5)	3	(12)	3	(19)	2
(6)	1	(13)	1	(20)	2
(7)	4	(14)	1		

2

(21)	1	(23)	4	(25)	3
(22)	3	(24)	1		

3 A

(26)	1
(27)	2

3 B

(28)	4
(29)	3
(30)	2

4 A

(31)	1
(32)	1
(33)	2

4 B

(34)	1
(35)	4
(36)	2
(37)	4

5　　解答例は本文参照

第1部

No. 1	3	No. 5	3	No. 9	1
No. 2	2	No. 6	2	No.10	3
No. 3	3	No. 7	1		
No. 4	1	No. 8	2		

第2部

No.11	3	No.15	1	No.19	1
No.12	2	No.16	4	No.20	4
No.13	2	No.17	1		
No.14	1	No.18	3		

第3部

No.21	2	No.25	3	No.29	1
No.22	3	No.26	4	No.30	3
No.23	1	No.27	4		
No.24	2	No.28	3		

(1) ― 解答 **1**

訳 リサは道路脇の**警告**を読んだ。そこには落石に注意するようにと書いてあった。

解説 後半の文の It は空所部分の語を指す。そこには「落石注意」と書いてあり，注意喚起の警告だとわかるので，正解は **1**。warning は動詞 warn「警告する」の名詞形で「警告，注意」という意味。channel「チャンネル」，shade「日陰」，variety「多様（性）」。

(2) ― 解答 **3** .... 正答率 ★**75%以上**

訳 トモコはユウジとの**友情**が来年違う中学校に行った後でも続いてほしいと思っている。

解説 〈want＋目的語＋to *do*〉「（目的語）に～してもらいたい，（目的語）が～してほしい」に注意する。目的語に当たるのが her ( ) with Yuji で，「ユウジとの友情が続いてほしい」という意味になると考えられるので，正解は **3**。knowledge「知識」，supply「供給」，license「免許」。

(3) ― 解答 **3**

訳 アンドリューはスペイン語の授業で苦労していたので，彼の先生は彼に**追加**の宿題を出した。彼は，スペイン語で文を作るのにもっと時間をかけることによって多くを学んだ。

解説 「アンドリューはスペイン語の授業で苦労していた」とあるので，先生は追加の宿題を出したと考えて，正解は **3**。additional「追加の」は add「～を加える」の形容詞形である。後半の文からその宿題はスペイン語の文を作ることだったとわかる。peaceful「平和な」，talented「才能のある」，negative「否定的な」。

(4) ― 解答 **3**

訳 マイケルの両親は彼に教師になるように**強く勧めた**が，マイケルは画家になりたかった。最終的に，彼は美術の教師になった。

解説 「マイケルの両親は～が，マイケルは…」という文脈に注意する。画家になりたかったマイケルは最終的に美術の教師になったので，両親は彼に教師になってほしかったと考えられる。よって，正解は **3**。〈push＋目的語＋to *do*〉で「（目的語）に～するように強く勧める」という意味。celebrate「～を祝う」，fill「～を満たす」，escape「逃げる」。

(5) ― 解答 **3**

訳 A：お父さん，私たちは長い時間ずっと車で走っているわ。おばあちゃんの家にはいつ着くの？

B：もう遠くないよ，ベス。あと 10 分くらいでおばあちゃんの家に到

150

着するよ。

解説 娘にいつ到着するのかと尋ねられて，父親は「あと 10 分くらいでおばあちゃんの家に〜するだろう」と答えているので，正解は **3**。reach は「〜に到着する，〜に届く」という意味である。measure「〜を測る」，count「〜を数える」，promise「（〜を）約束する」。

(6) ― 解答 ①

訳 A：ナオミ・ジョーンズが今年のテニス選手権で優勝したなんて信じられないわ！

B：うん，特に彼女はシーズンの最初の 2 試合で負けていたから，大偉業だね。

解説 ナオミ・ジョーンズがシーズン初めの 2 試合で負けていたにもかかわらず，テニス選手権で優勝したのは偉業だと考えて，**1** を選ぶ。achievement は動詞 achieve「〜を達成する」の名詞形で「偉業，功績，達成」という意味。retirement「引退」，treatment「治療」，equipment「設備」。

(7) ― 解答 ④

訳 ビクトリアは，初めてコンピュータでタイプし始めたとき，すごく遅かった。しかし，彼女は毎日練習し，ついにとても速くタイプできるようになった。

解説 空所直前の and は practiced every day と（　）became 以下を結んでいることに注意。「毎日練習して，〜とても速くタイプできるようになった」という文脈なので，正解は **4**。eventually は文修飾の副詞で「結局，最終的に，ついに」という意味。rarely「めったに〜しない」，heavily「激しく」，brightly「明るく」。

(8) ― 解答 ①

訳 最初，ボブは学校の演奏会でギターのソロを弾くことが不安だった。しかし，彼のギターの先生と話した後，彼はそれをする勇気を持てた。

解説 空所後の do it は，演奏会でギターのソロを弾くことを指す。先生と話して演奏会でソロを弾く勇気を得たと考えられるので，正解は **1**。courage は「勇気」だが，動詞形は encourage「〜を励ます」，形容詞形は courageous「勇気のある」。fashion「流行」，education「教育」，average「平均」。

(9) ― 解答 ④

訳 メリッサは台所の床にネズミがいるのを見て悲鳴を上げた。彼女の夫は彼女がなぜそんな大声を上げたのか知ろうと台所に駆けつけた。

解説 選択肢の中で，メリッサが台所でネズミを見たときに取った行動として自然なものは「悲鳴を上げる」なので，正解は **4**。後半の文の「彼女がなぜそんな大声を上げたのか」もヒントになる。decorate「〜を飾る」，harvest「〜を収穫する」，graduate「卒業する」。

(10) – 解答 **3** ···

訳 クラークの弟は黒い服を着て忍者ごっこをするのが好きである。

解説 クラークの弟は黒い服を着て忍者のふりをして遊ぶのが好きだと考えられるので，正解は **3**。pretend は pretend to *do* の形で「～するふりをする」。例えば，pretend to be sick は「仮病を使う」，pretend to cry は「うそ泣きする」。**1** の expect も後ろに to 不定詞をよくとるが，ここでは意味が合わない。expect「～を期待する」，explode「～を爆発させる」，protest「～に抗議する」。

(11) – 解答 **4** ···

訳 ジェーンは夏のマラソン競走に向けて毎日トレーニングした。最後には，彼女は 4 時間かからずにそのレースを完走することに成功した。

解説 毎日トレーニングをした結果，最後には 4 時間かからずに完走することに成功したと考えて，正解は **4**。succeed in *doing* は「～することに成功する」という意味。complain of ～ は「～について不平を言う」，come into ～ は「～に入って来る」，stand by ～ は「～を支援する」という意味。

(12) – 解答 **3** ···

訳 マイクは，ツアーガイドが指差して遠くにゾウがいると言ったとき，目を向けた。しかし，それらはあまりにも遠くにいたので，彼は見ることができなかった。

解説 最後に because they were too <u>far away</u>「それらはあまりにも遠くにいたので」とあることに着目して，**3** を選ぶ。distance は「距離」だが，in the distance で「遠くに，遠方に」という意味になる。on air は「放送中で」，as a rule は「概して」，at most は「せいぜい」。

(13) – 解答 **1** ···

訳 A：ジェニー，君はどうしてそのショッピングモールにデートで行きたいの？ 買い物は別としても，そこで他に何ができるの？

B：そうねえ，ショッピングモールにはすごくいい食事場所があるわ。映画館もあるわよ。

解説 ジェニーは，ショッピングモールでできることとして，買い物以外に食事と映画を挙げていることから，正解は **1**。aside from ～ は「～を別にして」という意味。compared with ～ は「～と比較して」，based on ～ は「～に基づいて」，close to ～ は「～に近い」。

(14) – 解答 **1** ························· 正答率 ★**75%以上**

訳 エマはビーチに座り，太陽が沈み星が出るのを見て楽しんでいた。しばらくすると，寒くなり始めたので，彼女はホテルに戻ることにした。

解説 「エマはビーチに座り，～を見て楽しんだ」と「寒くなり始めたので，ホテルに戻ることにした」を自然につなぐことができるのは **1** の after a while「しばらくして」。この while は名詞で「(短い) 期間」という意味。in a word は「要するに」，by the way は「ところで」。

(15) – 解答 **4** ・・・・・・・・・・・・・・・・・・・・・・・・・・・・・・・・・・・ 正答率 ★**75%以上**

訳 スペンサーは，自転車を使うとき，危険を冒すことが好きではない。彼はいつもヘルメットをかぶり，注意して乗っている。

解説 スペンサーはヘルメットをかぶって注意して自転車に乗っていることから，危険を冒すことが嫌いだと考えて，正解は **4**。take[run] risks で「危険を冒す」という意味。make efforts は「努力する」，make progress は「進歩する」，take place は「起こる」。

(16) – 解答 **2** ・・・・・・・・・・・・・・・・・・・・・・・・・・・・・・・・・・・ 正答率 ★**75%以上**

訳 ボビーは隣人の台所の窓から煙が出ているのを見た。彼は隣人の家が火事だとわかったので，すぐに母親に知らせに行った。

解説 ボビーは隣人宅の台所の窓から煙が出ているのを見たのだから，火事だと理解したと考えて，正解は **2**。on fire で「燃えて，火事になって」という意味。with luck は「運が良ければ」，at sea は「航海中で，海上で」，for sale は「売りに出された」。

(17) – 解答 **4** ・・・

訳 A：ランディーが川に携帯電話を落としたそうよ。
B：うん。それは事故だと彼は言っていたけど，親に新しいのを買ってもらいたがっていたからわざとそうしたんだと僕は思うな。

解説 ランディーが携帯電話を川に落としたのは，親に新しい携帯電話を買ってもらうためで，わざとだったと B は考えていると判断し，**4** の on purpose「故意に (≒ deliberately)」を選ぶ。反対の意味の表現 by chance[accident]「偶然に」もあわせておさえておこう。for free は「無料で」。

(18) – 解答 **1** ・・・

訳 ジェイソンの両親は高校のとき，ともに演劇部に入っていた。そのようにして彼らは初めてお互いを知り合うようになった。

解説 That is how ～. で「そのようにして～」という意味。前には経緯や手順などを説明する文がくる。この how は関係副詞で the way に置き換えられるが，the way how とは言えない。

(19) – 解答 **2** ・・・

訳 昨晩，リックの母は，彼が自分の部屋の掃除を終えるまで彼にテレビを見させなかった。

解説 let は使役動詞の 1 つで，〈let + 目的語 + 原形不定詞〉の形で「(目的語) に～させる，(目的語) が～するのを許す」という意味を表す。他に原形不定詞をとる使役動詞には make，have などがある。

(20) – 解答 **2** ....

訳 A：バリ旅行は楽しかった？

B：ええ，とても。本当にきれいなところで，現地の人たちはとても親切なの。そこは訪問する価値があったわ。

解説 be worth *doing* で「～する価値がある」という意味。この表現で特異なのは *doing* の目的語が文の主語になっているところである。例えば，This book is worth reading.「この本は読む価値がある」では，reading の目的語がこの文の主語 This book になっている。

一次試験・筆記 **2** | 問題編 p.125～126

(21) – 解答 **1** ....

訳 A：こんにちは。ピーター・メイソンと申します。2 泊の予約をしてあります。

B：メイソンさま，確認させていただきます。はい，確かに。禁煙のダブルルームをご用意してあります。それでよろしいでしょうか。

A：はい。それで結構です。

B：ありがとうございます，お客さま。こちらがカギです。お部屋は404 号室で，4 階にございます。

解説 空所を含む A の発言に対して B は We have a nonsmoking, double room for you.「禁煙のダブルルームを用意してある」とホテルの部屋について答えている。また，B は最後の発言でカギを渡し，部屋番号を伝えていることから，ホテルのチェックインの場面だとわかるので，正解は **1**。**2**「医師との予約」，**3**「4 時にグラント氏との会議」，**4**「受け取るべき荷物」。

(22) – 解答 **3** ···················· 正答率 ★**75%以上**

訳 A：エリック，こんにちは。マンディーはどこかしら？　彼女はあなたと一緒だと思っていたわ。

B：事前に彼女から電話があって，今晩は来られないということなんだよ。

A：あら。どうしてか言っていた？

B：うん。彼女の同僚の 1 人が病気だから，上司が彼女に出社するように頼んだんだ。

解説 最初のやりとりからマンディーがいないことを把握する。最後のやりとりから，マンディーは上司に出社するように頼まれたことがわかるので，彼女は今晩来られないと B に電話したと考えて，正解は **3**。**1**「満月だろう」，**2**「雨が降るかもしれない」，**4**「彼女の車が始動しない」。

(23) – 解答 ④ ‥‥‥‥‥‥‥‥‥‥‥‥‥‥‥‥‥‥‥‥‥‥ 正答率 ★75%以上

訳 A：ドローリッシュ観光案内所へようこそ。ご用をお伺いいたします。

B：ドローリッシュに水族館はありますか。

A：申し訳ございません，お客さま。以前は 1 つあったのですが，数年前に閉館しました。

B：それは残念です。魚が泳ぐのを見るととてもくつろげると思いますので。

解説 観光案内所での会話。空所を含む文の質問に対して，A は「以前は 1 つあったが，数年前に閉館した」と答えている。B は「魚が泳ぐのを見るとくつろげる」と続けていることから，水族館について話していると考えられるので，正解は **4**。**1**「川はありますか」，**2**「博物館はいくつありますか」，**3**「一番良いみやげ店は何ですか」。

(24)(25) ‥‥‥‥‥‥‥‥‥‥‥‥‥‥‥‥‥‥‥‥‥‥‥‥‥‥‥‥‥‥‥‥‥

訳 A：お父さん，私，少し前にサンドイッチを作ったんだけど，どこにも見当たらないの。それがどこにあるのか知っている？

B：それは中にツナとマヨネーズが入っていた？

A：ええ，そうよ。それはサンドイッチに入れる私の一番好きなものなの。

B：ごめん！　お母さんが僕のために作ってくれたと思ったんだ。ちょうど今，朝食に食べてしまったよ。

A：何ですって？　困ったわ！　今日，昼食に食べるものが何もないわ。

B：心配しないで。僕が別のものを作ってあげるよ。

A：でも，スクールバスがあと 3 分でここに来るわ。

B：大丈夫さ。今日は僕が車で送っていくよ。

(24) – 解答 ① ‥‥‥‥‥‥‥‥‥‥‥‥‥‥‥‥‥‥‥‥‥‥‥‥‥‥‥‥‥‥

解説 空所後の A の発言 They're my favorite things to put in a sandwich. 「それはサンドイッチに入れる私の一番好きなものなの」に注目する。文頭の They はサンドイッチの中身に相当する語（句）を指していると考えられるので，それを含む **1** が正解。**2**「サンドイッチ屋さんから来る」，**3**「作るのに長い時間がかかる」，**4**「イチゴジャムのような味がする」。

(25) – 解答 ③ ‥‥‥‥‥‥‥‥‥‥‥‥‥‥‥‥‥‥‥‥ 正答率 ★75%以上

解説 ①今日の昼食がないと言う娘に父親は自分が別のサンドイッチを作ると提案している，②スクールバスがあと 3 分で来るという 2 点を把握する。この状況で父親が提示できる解決案は自分が娘を学校まで送っていくことなので，正解は **3**。**1**「一日中家にいる」，**2**「スーパーに行く」，**4**「レストランで食事する」。

ポイント 「良い友達」というタイトルで，ヒロコが友達と一緒に研究課題に取り組んだときの話。第1段落では彼女たちが研究課題に対してどのように取り組んでいたか，第2段落ではヒロコにどんなことが起きて友達がそれにどう対応したか読み取ろう。

全文訳 **良い友達**

　ヒロコと彼女の3人の友達はずっと学校の研究課題に取り組んでいる。彼女たちは，自分たちの町の歴史について調査していて，来週授業でその発表をしなければならない。毎日，放課後，彼女たちは学校の図書館に集まっている。どんな情報を使うのか，そしてどうやって良い発表をするかについて話し合っている。彼女たちには良い考えがいくつかあり，クラスメートの前で話すことを楽しみにしていた。

　ところが，昨日，ヒロコはバレーボールの練習中に脚の骨を折ってしまった。今，彼女は5日間入院しなければならない。彼女は友達に電話して，発表の手伝いがもう何もできなくて申し訳ないと言った。友達は彼女に心配しないように言った。彼女たちは先生が発表のビデオを撮る予定だと言った。そうすれば，ヒロコは後でそれを見ることができるだろう。ヒロコは友達にお礼を言い，彼女たちの幸運を祈った。

(26) –解答 **1**

選択肢の訳 1 talking in front of their classmates「クラスメートの前で話すこと」

2 making food for their teachers「先生のために食べ物を作ること」

3 performing their musical in public「人前でミュージカルを上演すること」

4 seeing their book in bookstores「書店で彼女たちの本を見ること」

解説 空所を含む文は「彼女たちには良い考えがいくつかあり，〜を楽しみにしていた」という意味。第1段落の冒頭に彼女たちは「学校の研究課題に取り組んでいる」とあり，第2文の後半に「授業でその発表をしなければならない」とあるので，正解は **1**。

(27) –解答 **2**

選択肢の訳 1 get well soon「すぐに良くなる」

2 watch it afterwards「後でそれを見る」

3 take part as well「（ヒロコ）も参加する」

4 play other sports「他のスポーツをする」

解説 空所を含む文の最初にある That way「そうすれば」は，その直前の文にある「先生が発表のビデオを撮る予定であること」を指す。発表のビデオがあれば，ヒロコは後でそれを見ることができるので，正解は **2**。

ポイント アメリカ南部の都市ニューオーリンズについての話。第1段落ではそこには独特の文化があることが述べられ，第2段落ではベニエと呼ばれるお菓子，第3段落ではカフェオレと呼ばれる飲み物についてそれぞれ説明がある。

全文訳 **ニューオーリンズを知るようになること**

ニューオーリンズはアメリカ合衆国南部の都市である。昔，フランスやスペイン，アフリカ，カリブ海地域の人々がそこに暮らそうとやって来た。その結果，そこには独特の文化がある。このことは，町の建築物のデザインの中に見られ，また，町の音楽の中で耳にすることができる。観光客は，ニューオーリンズやその周辺地域発祥の料理を味わうことでもこの文化を体験できる。例えば，観光客はジャンバラヤのような料理を食べることでその町を知ることができる。これは，肉や海産物，野菜，米，香辛料で作られる。

ニューオーリンズはベニエと呼ばれるお菓子でも有名である。ベニエは穴のないドーナッツのようなものである。ベニエは通常，朝食に食べられている。しかし，フレンチクォーターと呼ばれる町の地区にあるカフェでは，それが一日中提供されている。カフェ・デュ・モンドは，これらの中で一番有名である。そこの店は単純なメニューを提供している。実際，そこはベニエと飲み物しか売っていない。

ニューオーリンズの人々は普通ベニエと一緒にカフェオレと呼ばれるコーヒーの一種を飲む。人々はこれを作るために，温かい牛乳と特別な種類のコーヒーを使う。ずっと昔，コーヒー豆はとても高価だった。人々はコーヒーのような味がするもっと安いものを探し，チコリと呼ばれる植物を見つけた。この植物の根にはコーヒーと似た風味がある。やがて，ニューオーリンズの人々は，コーヒー豆と乾燥したチコリの根を混ぜたものから作られるコーヒーの味が大好きになったのだった。

(28) – 解答 **4**

選択肢の訳 1 hearing the stories「話を聞くこと」
2 meeting the people「人々に会うこと」
3 driving the cars「車を運転すること」
4 tasting the dishes「料理を味わうこと」

解説 空所を含む文は「観光客は〜でもこの文化を体験できる」という文脈。続く文は For example「例えば」で始まり，by eating foods like jambalaya「ジャンバラヤのような料理を食べることで」と料理について説明されているので，正解は **4**。

(29) – 解答 **3** 正答率 ★75%以上

選択肢の訳 1 the highest prices「一番高い値段」
2 special tables and chairs「特別なテーブルといす」

3 a simple menu「単純なメニュー」

4 only one waiter「たった1人のウエーター」

解説 空所を含む文に続いて「実際,そこはベニエと飲み物しか売っていない」とあることから,そこ（＝カフェ・デュ・モンド）で提供される飲食物が限られていることがわかる。それを a simple menu「単純なメニュー」と言い表している **3** が正解。

(30) – 解答 **2**

選択肢の訳 **1** contain more vitamins than「よりも多くのビタミンを含む」

2 have a similar flavor to「と似た風味がある」

3 grow well in bags of「の袋の中でよく育つ」

4 can be used as cups for「のためのカップとして利用できる」

解説 空所を含む文の前では,昔コーヒー豆が高価だったため,人々がコーヒーのような味がするもっと安いものを探してチコリを見つけたことが説明されている。空所直前の this plant はチコリを指し,チコリの根にコーヒーのような風味があると考えられるので,正解は **2**。

一次試験・筆記 **4A** 問題編 p.130〜131

ポイント ペンフレンドのジェニーから日本のアイへのメール。ジェニーはペンシルベニアのおばとおじのところに行ったが,そのときに行った自然史博物館がとても良かったので,アイが来月アメリカに来たらシカゴの自然史博物館へ行こうと提案している。

全文訳

送信者：ジェニー・スミス <jennysmith_060529@ezmail.com>
受信者：アイ・タナカ <atanaka-1102@tomomail.co.jp>
日付：6月5日
件名：博物館への訪問

こんにちは,アイ

日本はどうですか。先月は海辺で楽しんだことと思います。私はあなたが泳ぐことや友達と砂浜で遊ぶことがどんなに大好きか知っていますから。私も素晴らしい休暇を過ごしましたよ。先週,ペンシルベニアにいるおばとおじのところに泊まりました。おばとおじはピッツバーグと呼ばれる都市から50キロほど離れた農場で暮らしています。弟[兄]と私は,自然の中,野外で遊んで楽しみました。

ある日,雨が降ったので,私たちは町に行ってそこにある自然史博物館を見ることにしました。博物館には恐竜の骨がたくさんあるので良かったです。そこには,色とりどりの岩の驚くべきコレクションもあります。でも,私が一番気に入った場所は「パレオラ

ボ」でした。そこでは，科学者たちが博物館のために恐竜や他の動物の古い骨を整えています。その科学者たちは大きな窓のある特別な部屋で作業をしているので，博物館の来館者は彼らを見ることができるのです。

母は，ここシカゴにも自然史博物館があると言っています。来月あなたがアメリカ合衆国を訪ねて来たら，あなたと私と弟［兄］をそこに連れて行くと母は言っていました。早く行けば，丸一日博物館で過ごせますよ。興味があるかどうか教えてくださいね。あなたに会えるのがすごく楽しみです！

あなたのペンフレンド，

ジェニーより

(31) – 解答 **1** ･･････････････････････････････････････ 正答率 ★75％以上

質問の訳　先月，アイは

選択肢の訳　**1** ビーチでしばらく過ごした。

　　　　　　2 泳ぎのレッスンを受け始めた。

　　　　　　3 ピッツバーグにいる家族を訪ねた。

　　　　　　4 弟［兄］と一緒に外で遊んだ。

解説　質問にある Last month は第1段落の第2文の最後にある。第2文に I hope that you had fun by the ocean「あなた（＝アイ）が海辺で楽しんだことと思います」とあることから，アイは先月海に行ったことがわかるので，正解は **1**。

(32) – 解答 **1** ･･･

質問の訳　ジェニーは博物館で何が一番気に入りましたか。

選択肢の訳　**1** 科学者が博物館のために骨を準備するのを見ること。

　　　　　　2 恐竜の骨について面白い話を聞くこと。

　　　　　　3 色とりどりの岩の驚くべきコレクション。

　　　　　　4 窓が大きくてたくさんの光を取り込んでいたこと。

解説　第2段落の第4文に My favorite part was the "PaleoLab,"「私が一番気に入った場所は『パレオラボ』だった」とある。パレオラボについてはその次の文で，There, scientists prepare old bones from dinosaurs and other animals for the museum.「そこでは，科学者たちが博物館のために恐竜や他の動物の古い骨を整えている」とあるので，正解は **1**。

(33) – 解答 **2** ･･･

質問の訳　アイは来月，何をする予定ですか。

選択肢の訳　**1** 家族と一緒にシカゴに引っ越す。

　　　　　　2 ジェニーに会いに海外旅行をする。

　　　　　　3 行事に参加するために早起きする。

　　　　　　4 歴史博物館で働き始める。

解説　質問にある next month は第3段落の第2文の最後に when you

come to visit the United States <u>next month</u>「来月あなたがアメリカ
合衆国を訪ねてくるとき」とある。さらに，最後にジェニーが「あなた
に会えるのがすごく楽しみです！」と書いているので，アイはジェニー
に会いにアメリカに行くことがわかる。よって，正解は **2**。

ポイント　「オオカミの再来」というタイトルで，絶滅しかけていたオオカミが復活し
た話。オオカミが減少した理由，その数が再び増え始めた理由，ドイツのオ
オカミが陸軍訓練場に暮らすのを好む理由を中心に読み進めていこう。

全文訳　**オオカミの再来**

　オオカミは群れというグループで暮らす賢い動物である。ずっと昔，オオカミの群れ
は，ドイツを含むヨーロッパの多くの国々で見ることができた。しかし，農場主たちは，
オオカミが時々自分たちの羊を殺すので，オオカミ狩りをした。スポーツとしてオオカ
ミを狩る人もいた。19世紀までに，ドイツにオオカミは一匹も残っていなかった。し
かし，ここ20年でオオカミはドイツに戻り始めた。

　1980年代と1990年代に，ヨーロッパの国々は野生生物を保護する法律を制定し，
野生動物のための特別な区域を作った。それと同時期に，多くの人が外国で仕事に就く
ために東ヨーロッパの農場を去った。その結果，人の数が減り，オオカミが食するのを
好むシカやその他の動物にとって安全な場所が増えることとなった。これらの動物の数
が増えるにつれて，オオカミの数も増加した。オオカミは西に広がり，2001年には，
再びドイツに生息しているのが見つかった。

　今，ドイツには120を超えるオオカミの群れがいるが，そのすべてが野生動物のた
めの特別な区域で生息しているのではない。多くのオオカミは，陸軍が訓練のために利
用する場所の方を好む。これは，これらの場所がオオカミにとって安全であるからだと
専門家は考えている。許可されていないものの，ドイツでオオカミ狩りをしている人も
いるようだ。しかし，これらの人々は，捕まるかもしれないため陸軍訓練場に入るのを
恐れている。

　珍しい鳥を含む他の動物も陸軍訓練場によって保護されている。かつてヨーロッパに
は多くの陸軍訓練場があった。しかし，そのいくつかはもう必要とされていない。
2015年，ドイツ政府は62の古い陸軍訓練場から野生生物のための公園を創設した。
これが国内のそのような公園の総規模を25%増加させた。今では，これらの公園にウ
マ，バイソンやその他の野生動物を戻す計画もある。

---

(34) −解答

質問の訳　オオカミがドイツから消えた理由の1つは何ですか。

選択肢の訳　**1**　農場の動物を殺すのを防ぐために狩猟されたから。

2 オオカミが食べた動物がすべて農場主によって殺されたから。

3 ドイツの農場主が羊の代わりに牛を飼い始めたから。

4 オオカミが暮らしていた場所に人々が農場を作ったから。

解説 第1段落の後半部分に着目する。第3文では，農場主たちが自分たちの羊が殺されたのでオオカミ狩りをしたこと，第4文では，スポーツ目的でオオカミ狩りをする人もいたことが説明されている。その結果，第5文にあるように，オオカミがドイツからいなくなったことがわかる。第3文の内容から，正解は**1**。

(35) – 解答 4

質問の訳 東ヨーロッパの多くの人々はなぜ1980年代と1990年代に自分たちの農場を去ったのですか。

選択肢の訳 **1** 野生動物のための区域を作るために彼らの農場が買われたから。

2 オオカミやその他の動物の数が突然増加したから。

3 ヨーロッパ諸国の新しい法律では彼らは退去しなければならないと示していたから。

4 彼らは他の国に行って働く機会があったから。

解説 質問にある in the 1980s and 1990s は第2段落冒頭にある。続く第2文は At the same time「それと同時期に」で始まり，many people left their farms in eastern Europe to take jobs abroad「多くの人が外国で仕事に就くために東ヨーロッパの農場を去った」とあるので，正解は**4**。オオカミなどの動物の増加について本文で述べられているが，質問の答えとしては不適なので，**2**は不正解。

(36) – 解答 2

質問の訳 多くのオオカミが陸軍訓練場で暮らす方を好むのは

選択肢の訳 **1** 訓練場の兵士たちが台所から出る食べ物を彼らに与えるから。

2 彼らを狩猟する人々はとても恐れて訓練場に入らないから。

3 多くの人々が野生動物のための特別な区域を訪れるから。

4 ドイツの他の地域よりも道路が少ないから。

解説 質問にある「多くのオオカミが陸軍訓練場で暮らす方を好む」という内容は，第3段落の第2文にある。第3文に because these places are safe for the wolves「これらの場所がオオカミにとって安全だから」という研究者の見解があり，その後の2文に，そこが安全な理由として密猟者が捕まるのを恐れて陸軍訓練場に入らないことが説明されているので，正解は**2**。

(37) – 解答 4

質問の訳 ドイツ政府は，

選択肢の訳 **1** 62の新しい陸軍訓練場を開く計画を立てている。

2 保護するためにいくつかの珍しい鳥を移動させた。

3 2015 年にウマとバイソンを公園に連れてきた。

4 野生動物のためにさらに多くの土地を提供した。

解説 質問にある the German government は第 4 段落の第 4 文にあり，ド イツ政府が陸軍訓練場を使って野生生物のための公園を創設したことが説明されている。さらに第 5 文に，その結果，そのような公園の総規模が増加したとあるので，正解は **4**。最終文にウマ，バイソンなどを公園に戻す計画があるとの説明があるが，今後のことだとわかるので，**3** は不正解。

一次試験・筆記 **5** 問題編 p.134

質問の訳 あなたは人々がインターネットを利用して料理の仕方を学ぶのは良い考えだと思いますか。

解答例 I think it is a good idea for people to learn how to cook by using the Internet. First, there are many videos on the Internet about cooking. Learning to cook by watching them is easier than by reading cookbooks. Second, they can learn to cook for free. If people take cooking classes, they have to pay for them.

解答例の訳 私は人々がインターネットを利用して料理の仕方を学ぶのは良い考えだと思います。第一に，インターネットには料理に関するたくさんの動画があります。それらを見て料理を学ぶのは料理本を読むよりもやさしいです。第二に，人々は無料で料理を学ぶことができます。もし料理教室を受講したら，お金を支払わなければなりません。

解説 質問は「インターネットを利用して料理の仕方を学ぶのは良い考えだと思うか」で，解答例ではそれに賛成する立場をとっている。

　まず，I think (that) ... の後に質問文を繰り返して自分が賛成の立場であることをはっきりと述べる。

　1 つ目の理由は First「第一に」で始め，「たくさんの動画がある」と書いている。次に，その動画について「それらを見て料理を学ぶのは料理本を読むよりもやさしい」と詳しい説明を加えている。

　2 つ目の理由は Second「第二に」で始め，「無料で料理が学べる」と書いている。次に料理教室と比較して，料理教室に通うと支払いが生じると述べている。

　理由を述べる場合には，この解答例のように，そこで述べたこと（例えば動画）のさらなる利点を述べたり，そうでない場合に生じる問題点（例えば料理教室では料金がかかる）を付け加えたりして，2 文程度に膨らませて書くようにしたい。

〔例題〕−解答 **3** ....

放送英文 ☆： Would you like to play tennis with me after school, Peter?

★： I can't, Jane. I have to go straight home.

☆： How about tomorrow, then?

　　1 We can go today after school.

　　2 I don't have time today.

　　3 That will be fine.

全文訳 ☆： ピーター，放課後一緒にテニスをしない？

★： できないんだ，ジェーン。まっすぐ家に帰らなきゃいけないんだよ。

☆： それなら，明日はどう？

選択肢の訳 **1** 今日の放課後に行けるよ。

　　2 今日は時間がないんだ。

　　3 それなら大丈夫だよ。

No.**1** −解答 **3** .... 正答率 ★**75%以上**

放送英文 ★： Let's go on the roller coaster again!

☆： We've already ridden that twice today. Let's do something else.

★： OK. But should we go get lunch first?

　　1 Well, I can't go to the amusement park today.

　　2 No. I don't like roller coasters.

　　3 Good idea. I'm really hungry.

全文訳 ★： もう一度，ジェットコースターに乗ろうよ！

☆： 今日はもう2回それに乗ったわ。他のものにしましょうよ。

★： わかった。でも，まず昼食を買いに行った方がいいんじゃない？

選択肢の訳 **1** ええと，私は今日，遊園地に行けないわ。

　　2 いいえ。私はジェットコースターが好きではないわ。

　　3 いい考えね。私，すごくお腹がすいているの。

解説 友人同士の遊園地での会話。最後の should we go get lunch first?「まず昼食を買いに行った方がいいんじゃない？」に対して適切な応答は，それに賛成して「すごくお腹がすいている」と答えている **3**。

No.**2** −解答 **2** .... 正答率 ★**75%以上**

放送英文 ★： Thanks for choosing Speedy Taxi. Where are you going to?

☆： Could you take me to Hartford Airport?

★： Certainly, ma'am. Are you traveling somewhere for vacation?

　　1 No. I'm afraid of flying.

　　2 No. I'm going on a business trip.

3 No. I don't have a guidebook.

全文訳 ★： スピーディータクシーをお選びいただき，ありがとうございます。どちらまで行きますか。

☆： ハートフォード空港まで連れて行ってもらえますか。

★： かしこまりました，お客さま。休暇でどこかにご旅行ですか。

選択肢の訳 **1** いいえ。私は飛行機で行くことが怖いのです。

2 いいえ。私は出張に行くのです。

3 いいえ。私はガイドブックを持っていません。

解説 タクシーの運転手と乗客の会話。乗車の場面である。男性タクシー運転手の最後の発言 Are you traveling somewhere for vacation?「休暇でどこかにご旅行ですか」に対して適切な応答が，I'm going on a business trip.「出張に行く」と答えている **2**。

No.3 –解答

放送英文 ☆： Excuse me, sir. How do I get to City Hall?

★： Well, you can take the No. 9 bus. It stops over there.

☆： Oh, really? How long does the bus ride take?

1 Next to City Hall.

2 The bus is coming soon.

3 About half an hour.

全文訳 ☆： 恐れ入ります。市役所にはどのようにして行くのでしょうか。

★： そうですねえ，9番バスに乗るといいですよ。あそこに停まりますよ。

☆： あら，本当ですか？　バスにはどのくらい乗るのでしょうか。

選択肢の訳 **1** 市役所の隣です。

2 そのバスはすぐに来ます。

3 30分ほどです。

解説 見知らぬ者同士の会話。女性は男性に市役所への行き方を尋ねている。最後の How long does the bus ride take?「バスにはどのくらい乗りますか」に対して適切な応答が，「30分ほど」と所要時間を答えている **3**。

No.4 –解答 ① ……………………………… 正答率 ★75%以上

放送英文 ☆： Central Station. This is the lost-and-found office.

★： Hello. I think I left my textbook on a bench on Platform 5 this morning.

☆： OK. I'll take a look. What's the title?

1 It's called *Basic French*.

2 I need it for my homework.

3 It was the eight o'clock train.

全文訳 ☆： セントラル駅です。こちらは遺失物取扱所です。

★： もしもし。私，今朝5番線のベンチに教科書を置き忘れてしまったと思

うのです。

☆： わかりました。見てみます。題名は何ですか。

選択肢の訳 **1** 『ベーシックフレンチ』といいます。

2 私はそれを宿題に必要としています。

3 それは 8 時の電車でした。

解説 the lost-and-found office は「遺失物取扱所」。駅の遺失物取扱所への問い合わせの電話である。男性が教科書を置き忘れたことをつかむ。女性は最後の発言で What's the title? と教科書の題名を尋ねているので，正解は題名を答えている **1**。

No.5 –解答 ③

放送英文 ★： What movie do you want to watch?

☆： Hmm. I'm not sure. There are so many. How about *Happy Puppy*?

★： But that movie is for children.

1 OK, but it's three hours long.

2 Yeah, thanks for asking.

3 I know, but I still want to see it.

全文訳 ★： 君は何の映画を見たいの？

☆： うーん。よくわからないわ。すごくたくさんあるから。『ハッピーパピー』はどうかしら？

★： でもその映画は子供向けだよ。

選択肢の訳 **1** いいわ，でも 3 時間ね。

2 うん，聞いてくれてありがとう。

3 わかっているけど，それでも私は見たいの。

解説 友人同士の会話。これから見る映画について話している。女性が『ハッピーパピー』を提案すると，男性は But that movie is for children.「でもその映画は子供向けだよ」と反論している。これに対する適切な応答は，「それでも見たい」と言っている **3**。

No.6 –解答 ②　　　　　　　　　　　　　　　 正答率 ★75%以上

放送英文 ☆： Eddie, I hear you're going to Spain next month.

★： Yeah. I'm really excited. I love Spanish food.

☆： I have a guidebook you can borrow if you like.

1 We arrived in Spain yesterday.

2 That's very kind of you.

3 I didn't go with you.

全文訳 ☆： エディ，あなた，来月スペインに行くそうね。

★： うん。すごくわくわくしているんだ。僕はスペイン料理が大好きだし。

☆： ご希望ならあなたが借りてもいいガイドブックを持っているわよ。

　1　僕たちは昨日スペインに着いたんだ。

　　　2　それはご親切にどうも。

　　　3　僕はあなたとは行かなかったよ。

　解説　友人同士の会話。話題は男性が来月行くスペイン旅行である。最後に女性が自分のガイドブックを貸そうと申し出ていることを聞き取る。正解は，それに対し That's very kind of you.「ご親切にどうも」とお礼を言っている **2**。

No.**7** – 解答 ••••••••••••••••••••••••••••••••••••••

放送英文 ★：Hello?

　　☆：Hi, Colin. It's Hailey. How was your vacation in Florida last week?

　　★：We had a great time at the beach. Where are you going for your vacation?

　　　1　I haven't decided yet.

　　　2　I saw you in Florida.

　　　3　I went there last year.

全文訳 ★：もしもし？

　　☆：こんにちは，コリン。ヘイリーよ。先週のフロリダでの休暇はどうだった？

　　★：ビーチで素晴らしい時間を過ごしたよ。君は休暇にどこへ行くの？

選択肢の訳　**1**　まだ決めていないわ。

　　　2　フロリダであなたを見たわ。

　　　3　去年そこに行ったわ。

　解説　電話での友人同士の会話。女性が男性の休暇の感想を尋ねると，男性は素晴らしい時間を過ごしたと答え，さらに Where are you going for your vacation?「君は休暇にどこへ行くの？」と女性の休暇の予定を尋ねている。正解は「まだ決めていない」と答えている **1**。過去のことを聞いているわけではないので，**2** と **3** はいずれも不適。

No.**8** – 解答 **2** •••••••••••••••••••••••••••••••• 正答率 ★**75%以上**

放送英文 ☆：You look really sleepy this morning, Joe.

　　★：I am, Cindy. I stayed up late to watch the football game on TV. It finished at 1 a.m.

　　☆：Oh, really? Was it a good game?

　　　1　Well, it was canceled.

　　　2　Yeah, it was exciting.

　　　3　No, it was expensive.

全文訳 ☆：ジョー，あなた，今朝とても眠そうね。

　　★：眠いんだよ，シンディ。テレビでフットボールの試合を見て夜更かししたんだ。試合は午前１時に終わったんだよ。

☆： あら，本当に？　それは良い試合だったの？

選択肢の訳 **1** ええと，中止されたんだ。

2 うん，面白かった。

3 いいえ，それは高価だった。

解説 友人同士の会話。男性は眠そうで，その理由は夜遅くまでフットボールの試合を見たからである。女性の最後の Was it a good game?「それは良い試合だったの？」という問いかけに対して適切な応答は，「面白かった」と答えている **2**。

No.9 −解答 ① ・・・・・・・・・・・・・・・・・・・・・・ 正答率 ★75%以上

放送英文 ★： Dana, I heard that you are worried about today's game?

☆： Yeah, Coach Jackson. I'm afraid I'll make a mistake.

★： Don't be nervous. Just do your best and have fun.

1 OK. I'll try to relax.

2 OK. I'll be late for practice.

3 OK. I'll bring my own ball.

全文訳 ★： デイナ，君が今日の試合を心配しているって聞いたよ。

☆： ええ，ジャクソンコーチ。ミスをするんじゃないかと心配で。

★： 緊張しないで。全力を尽くして楽しむだけだよ。

選択肢の訳 **1** わかりました。リラックスするようにします。

2 わかりました。練習に遅れます。

3 わかりました。自分のボールを持って行きます。

解説 選手とコーチの会話。最初のやりとりから女性選手が試合前に心配していることをつかむ。コーチは Don't be nervous. Just do your best and have fun.「緊張しないで。全力を尽くして楽しむだけだよ」とアドバイスしているので，適切な応答は「リラックスするようにします」と答えている **1**。

No.10 解答 ③ ・・・・・・・・・・・・・・・・・・・・・・ 正答率 ★75%以上

放送英文 ★： Hi. Do you need any help?

☆： Well, I'm looking for some new sunglasses. Are any of these on sale?

★： Yes. These are now only $100. Would you like them?

1 No, it's really hot outside today.

2 No, we're going on vacation soon.

3 No, that's still too expensive.

全文訳 ★： こんにちは。お手伝いが必要ですか？

☆： ええ，新しいサングラスを探しています。これらの中でどれかセール中ですか。

★： はい。こちらは今たったの 100 ドルです。お求めになりますか。

<u>選択肢の訳</u>　**1**　いいえ，今日は外がすごく暑いです。
　　　　　　2　いいえ，私たちはすぐに休暇に出ます。
　　　　　　3　いいえ，それでも高すぎます。

<u>解説</u>　店員と客の会話。女性は新しいサングラスを探している。女性がサング
ラスはセール中かと尋ねると，店員は These are now only $100.
Would you like them?「こちらは今たったの 100 ドルです。お求め
になりますか」と返答している。これに対する適切な応答は，「それで
も高すぎる」と答えている **3**。

| 一次試験・
リスニング | 第**2**部 | 問題編 p.136〜137 | 🔊 | ▶ MP3 ▶ アプリ
▶ CD 3 **12**〜**22** |

No.**11** 解答　**3** ·············

<u>放送英文</u>　☆：Larry, do you want to study for the history test this afternoon?
　　★：I can't. I have to look after my little sister today.
　　☆：OK. How about tomorrow?
　　★：No, I can't tomorrow, either. I have soccer practice. Maybe we
　　　　should just study by ourselves.
　　Question: What does the boy suggest that the girl do?

<u>全文訳</u>　☆：ラリー，今日の午後，歴史のテストに向けて勉強したい？
　　★：できないんだ。今日は妹の世話をしなければならなくて。
　　☆：わかったわ。明日はどうかしら？
　　★：だめ，明日も無理なんだ。サッカーの練習がある。自分で勉強するのが
　　　　いいかもしれないね。
　　Q：男の子は女の子にどうするように提案していますか。

<u>選択肢の訳</u>　**1**　彼のために歴史のレポートを書く。
　　　　　　2　一緒に彼の妹を訪問する。
　　　　　　3　1 人でテストに向けて勉強する。
　　　　　　4　一緒にサッカーの試合に行く。

<u>解説</u>　友人同士の会話。女の子が今日の午後に歴史のテスト勉強を一緒にした
いか尋ねているが，男の子は I can't.「できないんだ」と答え，女の子
が翌日はどうかと誘っても No, I can't tomorrow, either.「だめ，明
日も無理なんだ」と答えている。最後に男の子が Maybe we should
just study by ourselves.「自分で勉強するのがいいかもしれないね」
と言っているので，正解は **3**。

No.**12** 解答　**2** ·············

<u>放送英文</u>　☆：Welcome to the Seafood Grill. Do you have a reservation?
　　★：No, I don't. Is there a table open?

☆： Not at the moment, actually. But if you'd like to wait here in the waiting area, I'll call you when a table becomes available.

★： Thank you. I'll do that.

Question: What will the man do next?

全文訳 ☆： シーフードグリルにようこそ。ご予約はございますか。

★： いいえ，ありません。空いているテーブルはありますか。

☆： 実は，今は空いておりません。でも，ここの待合スペースでお待ちしたければ，テーブルのご用意ができましたらお呼びいたします。

★： ありがとう。そうします。

Q：男性は次に何をするでしょうか。

選択肢の訳　**1** 予約をする。　　　　　　　**2** 待合スペースで待つ。

3 食事を注文する。　　　　　　**4** 別のレストランに電話する。

解説　レストランでの店員と客の会話。入店の場面である。男性は予約をしておらず，テーブルが空いていないことをつかむ。店員の if you'd like to wait here in the waiting area, I'll call you when a table becomes available「ここの待合スペースで待ちたければ，テーブルの用意ができたら呼ぶ」という提案に男性客は I'll do that.「そうする」と言っているので，正解は **2**。

No.**13** 解答 ② ·····················

放送英文　★： Hello?

☆： Adam, it's Carol. Where are you?

★： At home. I'm watching the hockey game on TV. Why?

☆： It's two o'clock! We're supposed to meet at the library today to work on our report.

★： Oh no! I forgot all about it. I'm really sorry. I'll get my books and come right away.

Question: What did Adam forget to do?

全文訳　★： もしもし？

☆： アダム，キャロルよ。あなた，どこにいるの？

★： 家だよ。テレビでホッケーの試合を見ているよ。なぜだい？

☆： 2時よ！　私たちのレポートに取り組むために今日図書館で会うことになっているわよね。

★： あっ，しまった！　完全に忘れていたよ。本当にごめん。本を取ってすぐに行くよ。

Q：アダムは何をすることを忘れていたのですか。

選択肢の訳　**1** 図書館の本を返す。

2 キャロルとレポートに取り組む。

3 ホッケーの試合に行く。

解説 友人同士の電話での会話。後半で女の子が We're supposed to meet at the library today to work on our report.「レポートに取り組むために今日図書館で会うことになっている」と言い，男の子は I forgot all about it.「それを完全に忘れていた」と答えて謝っている。男の子は女の子と一緒にレポートに取り組む約束を忘れていたことがわかるので，正解は **2**。

No.14 解答 ①

放送英文 ☆： Welcome home, honey. Hey, what happened to your jacket? It's so dirty.

★： Oh, I fell off my bicycle on my way home.

☆： Oh no. Were you hurt?

★： No, I'm fine. I'll take my jacket to the dry cleaner's on the weekend.

Question: What happened to the man?

全文訳 ☆： おかえりなさい，あなた。あら，上着どうしたの？　すごく汚れているわ。

★： ああ，帰り道に自転車から転倒したんだ。

☆： あら，まあ。けがした？

★： いいや，大丈夫だよ。週末に上着をクリーニング店に持っていくね。

　　Q：男性に何が起こったのですか。

選択肢の訳 **1**　彼は事故にあった。　　　　**2**　彼は間違った自転車に乗った。
3　彼は上着をなくした。　　　　**4**　彼は病気になった。

解説 夫婦の会話。妻は帰宅した夫の上着が汚れていたのでどうしたのか尋ねたところ，夫は I fell off my bicycle on my way home「帰り道に自転車から転倒した」と答えているので，正解は **1**。後半で妻が Were you hurt?「けがした？」と尋ねていることもヒントになる。

No.15 解答 ①

放送英文 ☆： Welcome to the Showtime Theater.

★： Hi. Are you still showing the movie *Bubbles the Dancing Bear*? I didn't see the title on the sign. My grandson and I would like to see it.

☆： Sorry, sir. We stopped showing that movie two weeks ago.

★： Oh, that's too bad. I guess we'll have to wait for the DVD.

Question: Why is the man disappointed?

全文訳 ☆： ショータイム劇場へようこそ。

★： こんにちは。映画『バブルズ・ザ・ダンシングベア』はまだ上映していますか。掲示にその題名を見なかったのですが。孫息子と私はそれが見たいのです。

☆： 申し訳ございません，お客さま。その映画は 2 週間前に上映を終えました。

★： ええっ，それは残念です。DVD を待たなければならないですね。

Q：男性はなぜがっかりしているのですか。

選択肢の訳 **1** 彼は見たかった映画が見られないから。

2 彼は孫息子のために DVD を借りられなかったから。

3 『バブルズ・ザ・ダンシングベア』が退屈だったから。

4 ショータイム劇場がまもなく閉館するから。

解説　映画館のチケット窓口でのスタッフと客の会話。男性客が見たいと思った映画の上映について尋ねたところ，スタッフは We stopped showing that movie two weeks ago. 「その映画は 2 週間前に上映を終えた」と答えている。男性は that's too bad 「それは残念です」と続けているので，正解は **1**。

No.16 解答 ④

放送英文 ★： Do you have any copies of the magazine *Sporting Life*?

☆： Well, usually we do, but I think we've sold all of this month's copies.

★： Oh. Do you think you might have some at one of your other stores?

☆： Well, I can check for you. Give me a minute to make some calls.
Question: How will the woman try to help the man?

全文訳 ★： 『スポーティングライフ』という雑誌はありますか。

☆： ええと，通常はあるのですが，今月号はすべて売れてしまったようです。

★： ああ。あなた方の他の店の 1 つにあるかもしれないと思いますか。

☆： そうですね，確認いたします。電話しますので少しお時間をください。

Q：女性はどのようにして男性の手助けをしようとするのでしょうか。

選択肢の訳 **1** 別の店への行き方を教えることによって。

2 どうやったら割引してもらえるかを教えることによって。

3 『スポーティングライフ』を 1 冊注文することによって。

4 他の店に連絡することによって。

解説　書店での客と店員の会話。前半で男性客が探していた雑誌が売り切れていることをつかむ。後半で男性が別の店にあるかどうかを尋ね，店員は Give me a minute to make some calls. 「電話しますので少しお時間をください」と言っていることから，他店に連絡すると考えられるので，正解は **4**。

No.17 解答 ①

放送英文 ★： Why are there so many people at this department store, Jenny?

☆： Well, Hiroshi, it's Friday night for one thing. It's the busiest time of the week. And it looks like there's a sale.

★： Oh, I see. Maybe I can find the DVD I want for a low price.

☆： Actually, the sale is only for clothes.

Question: What is one reason why the department store is crowded?

全文訳 ★： ジェニー，このデパートにはどうしてこんなに多くの人がいるの？

☆： そうねえ，ヒロシ，1つには金曜日の夜ということがあるわね。1週間で一番混む時間よ。それにセールをしているようだし。

★： ああ，なるほどね。もしかしたら欲しいDVDを低価格で見つけられるかもね。

☆： 実は，セールは洋服だけなのよ。

Q：デパートが混んでいる理由の1つは何ですか。

選択肢の訳 **1** 金曜日の夜だから。 **2** DVDがセール中だから。

3 開店したばかりだから。 **4** 有名な歌手がそこに来るから。

解説 友人同士の会話。男性がなぜデパートが混雑しているのかと尋ねると，女性は it's Friday night for one thing「1つには金曜日の夜ということがある」と答え，それは the busiest time of the week「1週間で一番混む時間」だと説明しているので，正解は **1**。混雑しているもう1つの理由は，it looks like there's a sale「セールをしているらしい」であるが，セールは洋服だけなので，**2** は不適。

No.18 解答 ③

放送英文 ☆： Are you OK, honey? You don't look very good.

★： I've got a headache again. I just took some medicine.

☆： That's your third headache this week. I think you should go and see a doctor.

★： I agree. I've already made an appointment for this afternoon.

Question: What is the man's problem?

全文訳 ☆： あなた，大丈夫？ 調子があまり良くなさそうだわ。

★： また頭痛がするんだ。薬を飲んだところだよ。

☆： 今週3度目の頭痛ね。お医者さんに診てもらいに行った方がいいと思うわ。

★： そうだね。すでに今日の午後に予約したよ。

Q：男性の問題は何ですか。

選択肢の訳 **1** 彼は薬を持っていない。

2 彼は予約が取れない。

3 彼はずっと頭痛がしている。

4 彼は今日の午後，やることがたくさんある。

解説 夫婦の会話。妻が夫に体調が悪そうだと言うと，夫は I've got a headache again.「また頭痛がするんだ」と答えている。妻は That's your third headache this week.「今週3度目の頭痛ね」と言ってい

ることから頭痛が続いていることがわかるので，正解は **3**。headache
は head「頭」+ ache「痛み」から「頭痛」という意味。

No.19 解答 ①

放送英文　☆： Dad, look at this pretty doll. I want to get it as a gift for my friend.

★： Jenny, it's still the beginning of the trip. If you use all your money now, you won't be able to buy anything later.

☆： I know, but I think my friend will really like it.

★： OK.

Question: What does the girl want to do?

全文訳　☆： お父さん，このかわいい人形を見てよ。友達のお土産に買いたいわ。

★： ジェニー，まだ旅行は始まったばかりだよ。今お金を全部使っちゃったら，後で何も買えなくなるよ。

☆： わかっているけど，友達はそれがすごく気に入ると思うのよ。

★： わかったよ。

Q：女の子は何をしたがっていますか。

選択肢の訳　**1** 友達に人形を買う。　　　　**2** 別のお土産を探す。
3 お金を借りる。　　　　　　　**4** 長い旅行に行く。

解説　娘と父親の会話。娘はかわいい人形を見つけて I want to get it as a gift for my friend.「友達のお土産に買いたい」と言っている。父親が「今お金を全部使ったら，後で何も買えなくなる」と言っても女の子は I think my friend will really like it「友達はそれがすごく気に入ると思う」と答えていて，人形を買いたがっていることがわかるので，正解は **1**。

No.20 解答 ④

放送英文　☆： Honey, what do you think of this green sofa?

★： Well, it looks comfortable, but it's quite expensive. How about this red one?

☆： Hmm. I don't really like that style. Let's go look at some other sofas in that store beside the bank.

★： OK. Good idea.

Question: What do the man and woman decide to do?

全文訳　☆： あなた，この緑のソファをどう思う？

★： そうだな，快適そうだけれど，すごく高いなあ。この赤いのはどう？

☆： うーん。そのスタイルはあまり好きじゃないわ。銀行の横にあるあの店で別のソファを見に行きましょうよ。

★： わかった。それがいいね。

Q：男性と女性は何をすることに決めていますか。

選択肢の訳　**1** 銀行からお金をおろす。　　　　**2** 緑色の毛布を探す。

173

3 赤いソファを買う。　　　　　**4** 別の店に行く。

〔解説〕 夫婦の会話。2人は店でソファを探している。2人の意見が一致するソファが見つからず，妻は Let's go look at some other sofas in that store beside the bank.「銀行の横にあるあの店で別のソファを見に行きましょう」と提案し，夫もそれに同意しているので，正解は **4**。

一次試験・リスニング 第**3**部 問題編 p.138〜139 ▶MP3 ▶アプリ ▶CD 3 23〜33

No.21 解答 ②

〔放送英文〕 Wendy dropped her smartphone at a bookstore yesterday, and its case broke. She was upset because she liked the case very much. Luckily, one of Wendy's friends was shopping with her, and he showed her some cool cases online. Wendy ordered one of them, and to thank her friend, she bought him a cup of coffee in a café.
Question: How did Wendy find a new case for her smartphone?

〔全文訳〕 ウェンディは昨日書店でスマートフォンを落とし，そのケースが割れてしまった。彼女はそのケースをとても気に入っていたので動揺した。幸い，ウェンディの友達の1人が彼女と一緒に買い物をしていて，彼が彼女にインターネットで素敵なケースをいくつか見せてくれた。ウェンディはその1つを注文して，友達へのお礼に，カフェでコーヒー一杯を買った。

Q：ウェンディはどのようにしてスマートフォンの新しいケースを見つけたのですか。

〔選択肢の訳〕
1 彼女は店の雑誌で見た。
2 友達がインターネットで見せてくれた。
3 近くの書店にあった。
4 カフェに安いのがあった。

〔解説〕 ウェンディの昨日の出来事の話。スマートフォンを落とし，そのケースが割れてしまった状況をつかむ。友達が一緒にいて，he showed her some cool cases online「彼が彼女にインターネットで素敵なケースをいくつか見せてくれた」後，ウェンディはその1つを注文したと述べられているので，正解は **2**。

No.22 解答 ③

〔放送英文〕 In Alaska, there is a type of frog called a wood frog. Wood frogs live in areas with many tall trees. They eat other small animals on the ground and hide under leaves there. When it gets very cold, they can stop their hearts from beating. However, the frogs do not die. They go to sleep, and when it becomes warmer, they wake up and start to move again.

Question: What can wood frogs do when it is very cold?

全文訳 アラスカにはアメリカアカガエルと呼ばれるカエルの一種がいる。アメリカアカガエルは高い木がたくさんある地域に生息している。彼らは地面にいる他の小動物を食べ，そこにある葉の下に隠れる。とても寒くなると，心臓が鼓動するのを止めることができる。しかし，そのカエルは死なない。眠るのであり，暖かくなってくると，目を覚まし再び動き始める。

Q：アメリカアカガエルはとても寒いと何をすることができますか。

選択肢の訳
1 小動物の代わりに葉を食べる。
2 高い木々の中に隠れる。
3 心臓を停止させる。
4 より暖かい地域に移動する。

解説 wood frog「アメリカアカガエル」というカエルの話。生息地と餌についての説明の後，When it gets very cold, they can stop their hearts from beating. 「とても寒くなると，心臓が鼓動するのを止めることができる」と説明されているので，正解は**3**。stop ~ from *doing*「~が…するのを止める［阻止する］」にも注意しよう。

No.23 解答 ①

放送英文 Nathan went to look for a motorcycle in a shop. He saw a red one that looked too small for him because its seat was low. However, he really liked the sound of its engine, so he wanted to buy it. The salesman took a picture of Nathan on the motorcycle and showed it to him. The motorcycle did not look too small after all, so Nathan decided to buy it.

Question: Why did Nathan want to buy the motorcycle?

全文訳 ネイサンは店にオートバイを探しに出かけた。彼は赤いオートバイを見たが，それはシートが低いので自分には小さすぎるように見えた。しかし，彼はそのエンジンの音がすごく気に入ったので，それを買いたいと思った。店員がそのオートバイに乗ったネイサンの写真を撮って彼に見せてくれた。結局，そのオートバイは小さすぎるようには見えなかったので，ネイサンはそれを購入することにした。

Q：ネイサンはなぜそのオートバイを購入したいと思ったのですか。

選択肢の訳
1 彼はエンジンの音が気に入ったから。
2 彼は色が良いと思ったから。
3 前のライトの高さが完璧に見えたから。
4 店員が割引してくれたから。

解説 オートバイを探しに出かけたネイサンの話。赤いオートバイが目に留まり，自分には小さすぎると思ったが，he really liked the sound of its engine, so he wanted to buy it「彼はそのエンジンの音がすごく気に入ったので，それを買いたいと思った」と述べられているので，正解は **1**。

No.24 解答 ②

放送英文 Patricia had a math test on Friday. She was upset because her score was bad even though she had studied on the bus every morning for two weeks. After school, she spoke to her math teacher. He gave her some homework to help her. He said that he would check it on Monday and try to explain the difficult parts to her.

Question: Why was Patricia upset?

全文訳 パトリシアは金曜日に数学のテストを受けた。2週間毎朝バスの中で勉強してきたのにもかかわらず点数が悪かったので，彼女は動揺した。放課後，彼女は数学の先生と話した。先生は，彼女を助けるために宿題を出した。月曜日にそれを確認して彼女にとって難しい部分を説明してみようと先生は言った。

Q：パトリシアはなぜ動揺したのですか。

選択肢の訳 1　バスがまた遅れたから。
2　テストの点数が良くなかったから。
3　彼女は宿題ができなかったから。
4　彼女は間違ったテストに向けて勉強したから。

解説 パトリシアの数学のテストの話。She was upset because her score was bad「点数が悪かったので彼女は動揺した」と述べられているので，正解は **2**。even though ～ は「～ではあるけれども」という意味。

No.25 解答 ③

放送英文 Welcome to Saver's Palace Supermarket. We are now open until 10 p.m. every day. Today, we have special discounts on fresh fruit, which you can find near the entrance. Pineapples and mangoes are half-price, and you can buy three apples for the price of one. The staff would like to remind all shoppers to keep bags and wallets safe at all times.

Question: Why is this announcement being made?

全文訳 セイバーズパレススーパーにようこそ。現在，毎日午後10時まで営業しております。本日は新鮮な果物の特別割引をしておりますが，果物は入り口近くにございます。パイナップルとマンゴーは半額で，リンゴは1個の値段で3個お求めいただけます。バッグとお財布が常に安全であることをお忘れなきよう，スタッフ一同，すべてのお客さまにお願いい

たします。

Q：このお知らせはなぜなされているのですか。

選択肢の訳 **1** あるバッグが入り口近くで見つかったから。

2 新しい従業員を募集しているから。

3 果物が安く売られているから。

4 まもなく閉店するから。

解説 スーパーマーケットでのお知らせの放送。Today, we have special discounts on fresh fruit「本日は新鮮な果物の特別割引をしている」と述べられている。その後でパイナップル，マンゴー，リンゴがお買い得だと具体的に説明しているので，正解は **3**。

No.26 解答 ④

放送英文 Yumi went to Australia for three months last year. She stayed with a family who had a big dog named Barney. At first, Yumi was scared of Barney because of his size, but later, she found out that he was very gentle. She even began to play with him. Yumi threw a ball, and Barney went running to pick it up.

Question: Why was Yumi scared at first?

全文訳 昨年，ユミは3か月間オーストラリアへ行った。彼女は，バーニーという名の大型犬を飼っている家族のところに滞在した。最初，ユミはその大きさのためにバーニーが怖かったが，後になってバーニーはとても優しいことがわかった。彼女はバーニーと遊ぶことさえ始めた。ユミがボールを投げ，バーニーが走ってそれを拾いに行った。

Q：ユミはなぜ最初怖かったのですか。

選択肢の訳 **1** 犬がとても若かったから。

2 犬が自分のところに走ってきたから。

3 犬が彼女のボールを取ったから。

4 犬が大きかったから。

解説 オーストラリアでホームステイしたユミの話。ホームステイした家庭にバーニーという名の大型犬がいて，At first, Yumi was scared of Barney because of his size「最初，ユミはその大きさのためにバーニーが怖かった」と述べられているので，正解は **4**。

No.27 解答 ④

放送英文 Tony has been taking piano lessons for 10 years. He loves jazz and sometimes plays for his friends. Last week, his piano teacher invited him to perform in a small concert at a restaurant next Sunday. Tony accepted her invitation, but he is very nervous because he has never played in front of people he does not know.

Question: What is Tony going to do?

全文訳 トニーは10年間ピアノのレッスンを受けている。彼はジャズが大好きで，時々友達のために演奏する。先週，彼のピアノの先生は，次の日曜日にレストランで開かれる小さなコンサートで演奏するように彼を誘った。トニーは先生の誘いを受けたが，知らない人たちの前で演奏したことは一度もないのでとても緊張している。

Q：トニーは何をする予定ですか。

選択肢の訳　**1**　日曜日に友達に会う。
2　ジャズのレッスンを受け始める。
3　人々にピアノの演奏を教える。
4　レストランで演奏する。

解説　ピアノを長年習っているトニーの話。ピアノの先生が invited him to perform in a small concert at a restaurant「レストランで開かれる小さなコンサートで演奏するように彼を誘った」ことをつかむ。Tony accepted her invitation「トニーは先生の誘いを受けた」と続くことから，トニーはレストランでピアノを演奏することがわかるので，正解は**4**。

No.28 解答 ③ ....

放送英文　Long ago, in Central America, there were people called Aztecs. They used chicle, a type of natural chewing gum. Researchers have found that the Aztecs had rules about chicle. Children and single women could chew it in public. On the other hand, men and married women could only chew it secretly to clean their teeth and make their breath smell good.

Question: What did researchers find out about the Aztecs?

全文訳　ずっと昔，中央アメリカには，アステカ族と呼ばれる人々がいた。彼らは，天然チューインガムの一種であるチクルを利用していた。研究者たちは，アステカ族にチクルについての規則があることを発見した。子供と未婚の女性は公の場でそれを噛むことができた。一方，男性と既婚女性は，歯をきれいにして息を良い匂いにするために隠れたところでしかそれを噛むことができなかった。

Q：研究者たちはアステカ族について何を発見しましたか。

選択肢の訳　**1**　アステカ族の子供は規則のあるゲームをした。
2　アステカ族の女性は男性よりもずっと多く食べた。
3　アステカ族はチューインガムの一種を持っていた。
4　アステカ族は簡単な歯ブラシを作った。

解説　中央アメリカにいた Aztecs「アステカ族」の話。They used chicle, a type of natural chewing gum.「彼らは，天然チューインガムの一種であるチクルを利用していた」と述べられていて，その後，チクルについて

規則があることを研究者たちが発見したと説明されているので，正解は **3**。

No.29 解答 ①

放送英文 You're listening to *Radio Music FM*, and we have a competition coming up. Are you a fan of the band the Boaties? Call us now at 555-8877 and answer three simple questions about the band. You can win two tickets to the band's concert at Louisville Stadium next month. Hurry! The lines are now open!

Question: How can listeners win a prize?

全文訳 お聞きの放送はラジオミュージック FM です。これから競争を行いますよ。皆さんはバンド「ザ・ボーティーズ」のファンですか。今すぐ，555-8877 の私たちのところに電話して，そのバンドについて 3 つの簡単な質問に答えてください。来月，ルイビルスタジアムで開かれるそのバンドのコンサートチケットが 2 枚もらえますよ。急いでください！電話は今，開通しました！

Q：リスナーはどのようにして賞品がもらえますか。

選択肢の訳
1 電話して質問に答えることによって。
2 スタジアムのチケットオフィスに急ぐことによって。
3 アナウンサーに E メールを送ることによって。
4 ザ・ボーティーズの歌を歌うことによって。

解説 ラジオ放送で賞品がもらえる企画の紹介。Call us now ... and answer three simple questions about the band.「今すぐ私たちのところに電話して，そのバンドについて 3 つの簡単な質問に答えてください」と述べられているので，正解は **1**。賞品はコンサートのチケットである。

No.30 解答 ③

放送英文 Oliver's grandparents live far away. He only meets them once a year. This year, Oliver's grandfather sent him some money for his birthday, and his grandmother made him a nice birthday card. Oliver decided to make a video of himself and send it to his grandparents. In the video, he said that he was very happy to get their gift and card.

Question: What did Oliver decide to do?

全文訳 オリバーの祖父母は遠くに暮らしている。彼は 1 年に一度しか彼らに会えない。今年，オリバーの祖父は彼の誕生日にお小遣いを送ってくれ，彼の祖母は素敵な誕生日カードを作ってくれた。オリバーは自分のビデオを作りそれを祖父母に送ることに決めた。そのビデオの中で，彼は祖父母の贈り物とカードがもらえてすごくうれしいと言った。

Q：オリバーは何をすることに決めましたか。

選択肢の訳 1 祖父母に贈り物を頼む。　　2 新しいゲームを買う。

3 ビデオメッセージを撮る。　　**4** 誕生日カードを作る。

オリバーと彼の祖父母の話。祖父母が誕生日にお小遣いとカードを送ってくれたので，Oliver decided to make a video of himself and send it to his grandparents.「オリバーは自分のビデオを作りそれを祖父母に送ることに決めた」と言っている。最終文からそのビデオにお礼のメッセージを録画したことがわかるので，正解は **3**。

二次試験・面接	問題カード **A** 日程	問題編 p.140～141	🔊	▶ MP3 ▶ アプリ ▶ CD 3 **34**～**38**

全文訳　**観光案内所**

　　日本中にたくさんの観光案内所がある。これらの案内所には地元の観光名所についてのさまざまな情報がある。今日，多くの観光案内所は，いろいろな言語でガイドブックを提供していて，このようにして，外国人旅行者が簡単に観光名所を見つける手助けをしている。これらの案内所は今後ますます重要な役割を果たすだろう。

質問の訳　No. 1　文章によると，多くの観光案内所はどのようにして外国人旅行者が簡単に観光名所を見つける手助けをしているのですか。

No. 2　さて，Aの絵の人々を見てください。彼らはいろいろなことをしています。彼らが何をしているのか，できるだけたくさん説明してください。

No. 3　さて，Bの絵の女性を見てください。この状況を説明してください。

それでは，～さん，カードを裏返しにして置いてください。

No. 4　電車で旅行する方が車で旅行するよりも良いと思いますか。
　　　　Yes. →なぜですか。　　　No. →なぜですか。

No. 5　今日，日本では英語ともう１つ別の外国語を勉強する学生もいます。あなたは別の外国語を勉強することに興味がありますか。
　　　　Yes. →もっと説明してください。　　　No. →なぜですか。

No.**1**

解答例　By offering guidebooks in different languages.

解答例の訳　いろいろな言語でガイドブックを提供することによってです。

解説　質問にある help foreign visitors to find tourist spots easily が文章の第3文の後半部分に出てくることを確認する。その前にある in this way「このようにして」が，さらに前にある offer guidebooks in different languages を指していることを理解して，By offering ～. と答える。How ～?「どのようにして～?」という質問には By *doing* ～.「～することによってです」で答えればよい。

No.2

解答例 A woman is fishing. / A boy is picking up a book. / A man is watering flowers. / Two girls are waving. / A man is taking a picture.

解答例の訳 女性が魚釣りをしています。 ／ 男の子が本を拾い上げています。 ／ 男性が花に水をやっています。 ／ 2 人の女の子が手を振っています。 ／ 男性が写真を撮っています。

解説 「～を拾い上げる」は pick up ～だが，反対の「～を落とす」は drop であることもおさえておこう。動詞 water は「～に水をやる」だが，give (some) water to ～ と言うこともできる。wave (to[at] ～) は「(～に) (あいさつ・合図のため) 手を振る」という意味。wave to[at] each other 「お互いに手を振り合う」を用いて答えることもできる。

No.3

解答例 She can't answer the smartphone because she's carrying many things.

解答例の訳 彼女はたくさんのものを持っているので，スマートフォンに出ることができません。

解説 女性について「たくさんのものを持っている」ことと「スマートフォン［電話］に出ることができない」ことの 2 点を説明し，前者が後者の理由であることを示したい。「電話に出る」は answer the phone だが，口語で get the phone とも言える。because の代わりに so 「それで」を用いて，She's carrying many things, so she can't get the smartphone. などと答えることもできる。

No.4

解答例 (Yes. と答えた場合)
Traveling by train is safer than traveling by car. Also, it's easy to relax on a train.

解答例の訳 電車で旅行する方が車で旅行するよりも安全だからです。また，電車はリラックスしやすいです。

解答例 (No. と答えた場合)
People can go to places more freely by car. Also, they can travel with a lot of things.

解答例の訳 車でより自由にいろいろな場所に行くことができるからです。また，たくさんのものを持って旅行できます。

解説 Yes. の場合には，「電車だと全員がより快適に旅行を楽しめる (Everyone can enjoy traveling more comfortably on a train.)」などと言った後で，「車で旅行すると，運転手にとって大変な仕事だ (When people travel by car, the driver has a hard job.)」と車で旅

行することのデメリットを続けることもできる。No. の場合には，「電車は時々混むことがある（Trains are sometimes crowded.）」や「電車で行くと重い荷物をいつも持ち歩かなければならない（If we go by train, we have to carry heavy bags with us all the time.）」などと電車で行く場合のデメリットを説明してもよい。

No.5

解答例（Yes. と答えた場合）
I've been thinking of studying Korean these days. I like watching Korean dramas.

解答例の訳 このごろ韓国語を勉強しようと考えています。私は韓国のドラマを見るのが好きです。

解答例（No. と答えた場合）
Learning another foreign language takes a lot of time. I want to focus on English first.

解答例の訳 別の外国語を学ぶのには多くの時間がかかるからです。私はまず英語に集中したいです。

解説 Yes. の場合には，「私は中国語を勉強したい（I want to study Chinese.）」などと自分が学びたい言語を具体的に伝えたり，実際に英語以外の外国語を勉強しているのならば，その言語をどのようにして学んでいるのか，あるいはなぜ学んでいるかなどを話したりしてもよい。No. の場合には，「他の外国語を学ぶ時間がない（I have no time to learn another foreign language.）」や「私は英語を勉強するだけで十分だ（Studying English is enough for me.）」などと答えることも可能。

| 二次試験・面接 | 問題カード **B** 日程 | 問題編 p.142〜143 | 🔊 | ▶MP3 ▶アプリ ▶CD 3 **39**〜**42** |

全文訳 **読む力**

　読むことは物事を学ぶためにとても重要な技能です。しかし，今日，生徒たちは読む力に関してもっと援助が必要であると言う教師もいます。多くの生徒は，スマートフォンで短いメッセージしか交換せず，そのため，時々長い文章を理解するのに苦労しています。生徒たちは，物事をより良く学ぶためにしっかりとした読む力を持つ必要があります。

質問の訳 No. 1　文章によると，多くの生徒はなぜ時々長い文章を理解するのに苦労しているのですか。

　　　　 No. 2　さて，Ａの絵の人々を見てください。彼らはいろいろなことをしています。彼らが何をしているのか，できるだけたくさん説明してください。

No. 3　さて，Bの絵の男の子を見てください。この状況を説明してください。

それでは，〜さん，カードを裏返しにして置いてください。

No. 4　人々は今後スマートフォンにもっとお金を使うようになると思いますか。

Yes. →なぜですか。　　　No. →なぜですか。

No. 5　このごろ，多くの日本人が外国で仕事に就いています。あなたは外国で働きたいと思いますか。

Yes. →もっと説明してください。　　　No. →なぜですか。

No.1

解答例 Because they exchange only short messages on their smartphones.

解答例の訳 スマートフォンで短いメッセージしか交換しないからです。

解説 まず，質問にある have trouble understanding long passages が文章第3文の後半に出てくることを確認する。その前の so「そのため」は，さらにその前にある Many students exchange ... on their smartphones を受けているので，その部分を答えればよい。ただし，答える際には主語の Many students を they に置き換えて，Because they 〜 と答えることに注意する。

No.2

解答例 A man is carrying a chair. / A boy is taking a book from [putting a book on] the shelf. / A girl is throwing away trash. / A woman is waiting for an elevator. / A woman is cutting paper.

解答例の訳 男性がいすを運んでいます。 / 男の子が棚から本を取り出して［棚に本を入れて］います。 / 女の子がゴミを捨てています。 / 女性がエレベーターを待っています。 / 女性が紙を切っています。

解説 「〜を棚から取り出す」は take 〜 from [out of] the shelf であり，「〜を棚に入れる」は put 〜 on the shelf である。「ゴミを捨てる」は throw away trash である。throw away trash や cut paper「紙を切る」の trash「ゴミ」や paper「紙」は不可算名詞なので，前に冠詞 a を付けたり，複数形の -s を付けたりしないように気をつけよう。

No.3

解答例 He can't get on the bus because it's crowded.

解答例の訳 バスが混んでいるので，彼はそれに乗ることができません。

解説 「バスが混んでいる」ことと「男の子はバスに乗れない」ことの2点を説明し，前者が後者の理由であることを示したい。「バスに乗る」は get on the bus（反対に「バスから降りる」は get off the bus）である。「バスが混んでいる」は too many people are riding the bus と表現する

こともできる。

No.4 ....

解答例 (Yes. と答えた場合)

Smartphones are becoming very important in people's lives. Also, new models are sometimes very expensive.

解答例の訳 スマートフォンは人々の生活の中でとても重要になっているからです。また，新しいモデルがとても高価なこともあります。

解答例 (No. と答えた場合)

There are more and more discounts on smartphones. Many people use these discounts to save money.

解答例の訳 スマートフォンの割引がますます増えているからです。多くの人は節約のためにこれらの割引を利用しています。

解説 Yes. の場合には，「スマートフォンでいろいろなことができる (People can do a lot of things with smartphones.)」などと言った後で「スマートフォンにたくさんお金を使うことを気にしない (They don't care about spending a lot of money on smartphones.)」などと答えてもよい。No. の場合には，「高いスマートフォンを買う余裕がない (can't afford to buy expensive smartphones)」や「より安いスマートフォンを探す (look for cheaper smartphones)」なども考えられる。

No.5 ....

解答例 (Yes. と答えた場合)

I think working in a different country is exciting. I'd like to work in America in the future.

解答例の訳 違う国で働くことはわくわくすると思います。私は将来アメリカで働きたいです。

解答例 (No. と答えた場合)

I think it's easier to work in my own country. Also, I want to live near my friends and family.

解答例の訳 私は自国で働く方が楽だと思うからです。また，私は友達や家族のそばで暮らしたいです。

解説 Yes. の場合には，「仕事で英語を使いたい (want to use English at work)」や「さまざまな国の人と一緒に働きたい (want to work with people from different countries)」など，具体的に外国で働くときにしたいことについて話してもよい。No. の場合には，「日本ですることがたくさんある (have a lot of things to do in Japan)」や「外国で暮らすのは私にはきつい (Living in a foreign country is hard for me.)」なども考えられる。

2021-3

解答一覧

一次試験・筆記

1

(1)	1	(8)	1	(15)	3
(2)	4	(9)	3	(16)	3
(3)	4	(10)	4	(17)	4
(4)	3	(11)	2	(18)	1
(5)	1	(12)	3	(19)	3
(6)	4	(13)	3	(20)	4
(7)	2	(14)	4		

2

(21)	4	(23)	3	(25)	3
(22)	1	(24)	2		

3 A

(26)	1
(27)	2

3 B

(28)	2
(29)	4
(30)	4

4 A

(31)	2
(32)	3
(33)	2

4 B

(34)	2
(35)	3
(36)	2
(37)	2

5　　解答例は本文参照

一次試験・リスニング

第1部

No. 1	2	No. 5	3	No. 9	1
No. 2	2	No. 6	1	No.10	3
No. 3	3	No. 7	1		
No. 4	1	No. 8	2		

第2部

No.11	2	No.15	1	No.19	1
No.12	3	No.16	4	No.20	4
No.13	2	No.17	3		
No.14	4	No.18	3		

第3部

No.21	4	No.25	1	No.29	1
No.22	3	No.26	2	No.30	4
No.23	3	No.27	4		
No.24	1	No.28	3		

(1) — 解答 **1** ・・・・・・・・・・・・・・・・・・・・・・・・・・・・・・・・・・・ 正答率 ★**75%以上**

訳 A：お母さん，僕の部屋の掃除が終わったよ。ちょっと見てよ。

B：まだ**十分に**きれいではないわ，ケビン。机を掃除して，本も片付けないとね。

解説 空所の後で机の掃除と本の片付けを指示していることから，母親は息子の掃除は不十分だと言っていると考えて，正解は **1**。副詞 enough「十分に」は，形容詞や副詞を修飾するときに〈形容詞［副詞］+ enough〉の語順になることに注意。almost「ほとんど」，ahead「前方に」，even「〜でさえ」。

(2) — 解答 **4** ・・・

訳 A：どのようにしてあなたのウェブサイトでクリーニングサービスについてさらに**詳しいこと**を見つけられるのですか。

B：ホームページの一番上のインフォメーションのボタンをクリックさえすれば，すべて見られますよ。

解説 B は情報の見つけ方を説明しているので，A はクリーニングサービスに関する詳細情報の探し方を尋ねていると考えて，正解は **4**。detail「詳細，細部」は details と複数形で「詳細なこと，詳しいこと」の意味でよく用いられる。例えば，For details, call 〜. は，「詳細については〜に電話してください」。round「（一連の出来事の）1 回」，season「季節」，wheel「車輪」。

(3) — 解答 **4** ・・・

訳 アメリカ合衆国は 50 州から**成る**。その国で一番小さな州はロードアイランド州で，一番大きな州はアラスカ州である。

解説 アメリカ合衆国の州に関する説明である。「アメリカ合衆国は 50 州から成る」という意味だと考えて，**4** を選ぶ。動詞 consist は consist of 〜で「〜から成る（= be made up of 〜）」という意味。warn「警告する」，dream「夢見る」，pray「祈る」。

(4) — 解答 **3** ・・・

訳 最近，その国の西部地域では経済がとても好調なので，多くの人が仕事を見つけようとそこへ行ってしまった。

解説 多くの人が西部地域に行ったのはそこの景気が良くて仕事が見つかると考えたからだと考えて，**3** の seek「〜を探す，得ようとする」を選ぶ。この動詞は seek-sought-sought と不規則変化する。send「〜を送る」，explain「〜を説明する」，mention「〜（のこと）に（軽く）触れる」。

(5) ─解答 ①

訳 ミッシェルとサラとロジャーは音楽を演奏するのが大好きなので，バンドを結成することにした。彼らは自分たちの新しいバンドをザ・セレリースティックスと呼ぶ予定である。

解説 空所の後に新しいバンド名についての説明があるので，空所部分は「バンドを結成することにした」となると考えて，正解は **1**。form は「型，形式」という名詞だが，動詞として「～を形作る」という意味もある。lift「～を持ち上げる」，sew「～を縫う」，major「専攻する」。

(6) ─解答 ④ 　　　　　　　　　　　　　　　　　　 正答率 ★75%以上

訳 リンダは，メールや銀行のパスワードなどの秘密の情報を小さなノートに記入している。彼女は他の誰にもそのノートを見られないように気をつけている。

解説 空所部分は「メールや銀行のパスワードなどの～な情報」という意味で，誰にも見られないように注意しているとあるので，正解は **4** の secret「秘密の」。この語は名詞としても用いられ，keep a secret は「秘密を守る」。impossible「不可能な」，liquid「液体の」，tiring「疲れさせる」。

(7) ─解答 ②

訳 リチャードは，先月スノーボードに出かけたとき，脚を骨折した。そのけがのために彼は数日間学校を欠席した。

解説 because of his (　　) で「彼の～が理由で」という意味である。前半で説明されている脚の骨折のことを指す **2** の injury「けが」が正解。動詞は injure「～にけがをさせる」で，get injured で「けがをする」。climate「気候」，option「選択（肢）」，praise「賞賛」。

(8) ─解答 ①

訳 バートは何か月間も祖母の来訪を楽しみにしてきた。祖母は明日来る予定で，彼は彼女の到着にわくわくしている。

解説 空所直前の her はバートの祖母を指す。バートは祖母の来訪を楽しみにしていて明日の彼女の到着にわくわくしていると考えて，正解は **1**。arrival「到着」は arrive「到着する」の名詞形である。ちなみに対義語の「出発」は departure。direction「方向」，material「材料」，connection「関係，接続」。

(9) ─解答 ③ 　　　　　　　　　　　　　　　　　　 正答率 ★75%以上

訳 A：ボブ，今日どうして仕事に遅れたの？
B：交通がひどかったんだ。4 キロを車で走るのに 1 時間もかかったよ。

解説 空所の後に 4 キロ走るのに 1 時間かかったとあることから，遅刻の理由は交通状態がひどかったことだと考えて，正解は **3**。traffic は「交通，通行，流れ」という意味。交通量が多いことは heavy traffic，「交通事故」は a traffic accident という。entrance「入り口」，image「像，

イメージ」，fossil「化石」。

(10) – 解答 ④ ....

訳　スコットは，大好きなテレビ番組が見られるように急いで宿題を終えた。このため，たくさん間違えてしまい，あまり正解できなかった。

解説　スコットは好きなテレビ番組を見るために宿題を急いで終わらせたと考えて，正解は**4**。動詞 hurry は「急ぐ，急いでする」。また，hurry through 〜 で「〜を急いで済ます」という意味を表す。repeat「〜を繰り返す」，tap「〜を軽くたたく」，print「〜を印刷する」。

(11) – 解答 ② .... 正答率 ★75%以上

訳　グリーン先生は文化祭でのミュージカルで生徒 1 人 1 人に役を与えることにした。このようにして，すべての生徒がその上演で役割を果たすことができた。

解説　play a part は，「役を演じる」ということから「役割を果たす」という意味になる。正解は**2**で，play a part in 〜 で「〜において役割を果たす」。play a role in 〜 でも同じ意味を表すことができる。play a joke on 〜 は「〜に悪ふざけする」，keep track of 〜 は「〜の経過を追う」，keep pace with 〜 は「〜についていく」という意味。

(12) – 解答 ③ ....

訳　A：このウェブサイトによると，レオナルド・ダ・ビンチは 1451 年に生まれたそうだ。
　　B：それは私の教科書に書いてあることではないわ。彼は 1452 年に生まれたと書いてあるわよ。

解説　(　　) this website は，レオナルド・ダ・ビンチの生まれた年に関する情報源を示していると考えて，正解は**3**。according to 〜 は「〜によると」という意味。例えば，according to the newspaper は「新聞によると」，according to his theory は「彼の理論によると」，さらに according to her は「彼女によると」である。

(13) – 解答 ③ ....

訳　A：最近，フレッドから連絡をもらいましたか。
　　B：ええ。先日彼からメッセージをもらいました。大学生活を楽しんでいるとありましたよ。

解説　B がフレッドからメッセージをもらったと言っているので，正解は**3**。hear from 〜 は「〜から聞く」ということから，手紙や電話，メールなどで「〜から連絡をもらう」という意味である。pay for 〜 は「〜の代金を払う」，pass by 〜 は「〜のそばを通る」，talk over 〜 は「〜について議論する」。

(14) – 解答 ④ ....

訳　A：お父さん，この単語はどういう意味？

188

B：よくわからないなあ。**辞書でそれを調べ**ないといけないね。

解説 父親はある単語の意味を聞かれたがわからないので，辞書で調べるように言っていると考えて，正解は **4**。look ～ up (in the dictionary) で「（辞書で）～を調べる」という意味である。throw ～ away は「～を捨てる」，take ～ away は「～を取り除く」。

(15) – 解答 ③

訳 A：ロンドンのいい観光スポットをどこか知っていますか。

B：もちろん！ 仕事でいつもそこに行っているから，その都市のことはとてもよく知っています。

解説 ロンドンの観光スポットを知っているのは，仕事でいつもロンドンに行っているからだと考えて，正解は **3** の all the time「いつも」。また，on business は「仕事で」という意味である。at last は「ついに」，in the end は「最後には，結局」，for once は「今回だけは」。

(16) – 解答 ③

訳 ニックはもうすぐ 3 歳である。彼は，毎日見つける新しいものにいつも触りたがる。彼は，前に見たことのないものなら何にでも興味を持つ。

解説 空所の直前にある curious「好奇心が強い」と結びつく前置詞はどれかを考える。正解は **3** で，be curious about ～で「～について興味を持つ，～を知りたがる」という意味。ちなみに curious の名詞形は curiosity「好奇心」（発音・アクセントに注意 [kjùəriá(:)səʧi]）である。

(17) – 解答 ④

訳 A：今朝，このクッキーを皆さんのために作りました。ご自由にお召し上がりください。

B：ありがとう。おいしそうですね。

解説 (Please) help yourself. は，食べ物について「ご自由にお召し上がりください，セルフサービスでお願いします」という意味である。例えば，Help yourself to anything in the fridge. は「冷蔵庫のものは何でもどうぞ」，Help yourself to drinks. は「飲み物はセルフサービスでお願いします」である。

(18) – 解答 ①

正答率 ★75%以上

訳 A：父さん，この箱は僕には重すぎて 2 階まで運べないよ。

B：わかった。私が上まで持って行ってあげよう。

解説 〈too＋形容詞［副詞］＋for ～＋to *do*〉は「～には（形容詞［副詞］）すぎて…できない」または「～が…するには（形容詞［副詞］）すぎる」という意味である。空所を含む部分は「重すぎて僕には運べない」という意味だと考えて，正解は **1**。

(19) – 解答 ③

訳 A：今週末，僕にはやらなければならない宿題がすごくたくさんあるんだ。

B：私もよ。理科のレポート，歴史の課題，それから月曜日の授業のために書かなければならない英語の論文があるの。

解説 Aの発言を受けてBは空所の後に複数の宿題を列挙している。Aと似た状況にあるとわかるので「私もそうだ（So do I.）」と答えていると考え，正解は**3**。前に述べられたことを受けて，「～もそうである」というときには〈So＋助動詞＋～〉という倒置表現を用いることができる。

(20) －解答 ④

訳 ヘクターは犬を欲しがっているが，彼の家族は小さなアパートに住んでいて，ペットを飼うスペースがない。彼はもっと広い場所に住んでいればなあと思っている。

解説 He wishes he lived in a bigger place. は仮定法過去の文で「彼はもっと広い場所に住んでいればなあと思っている」という意味。lived と過去形になっているが，意味は現在のことなので注意しよう。

一次試験・筆記 2 | 問題編 p.149～150

(21) －解答 ④

訳 A：やあ，メアリー。明日，僕たちと一緒に映画に行く？
B：行けそうにないわ。まずやらなければならない重要な宿題があるのよ。
A：今日の夜それを終えるようにしたらどう？
B：そうしたいけど，お母さんが私に，赤ちゃんの弟の面倒を見るように頼んだのよ。

解説 会話の前半では，Aが明日映画に行こうと誘っているがBは宿題を理由に断っている。後半では，空所の後でBは「そうしたいけど，…」と弟の世話を理由にAの提案を再び断っているので，正解は**4**。Aは宿題を今夜のうちに終わらせることを提案したのである。**1**「それにもっとやさしいトピックを選ぶ」，**2**「そのことについて先生と話す」，**3**「それを映画館へ持ってくる」。

(22) －解答 ①

訳 A：すみません。そちらのバスの1台に私のスカーフを忘れたと思うのです。
B：それがどのような外見か説明してもらえますか。
A：実は，（携帯）電話にその写真があります。
B：ああ，わかりました。どなたかがそれに似たスカーフを届けてくれたと思います。確認させてください。

解説 Bは，空所の前で忘れたスカーフについて説明を求め，空所の後で「ああ，わかりました」と答えているので，Aは携帯電話に保存しておいた

スカーフの写真を見せたと考えて，正解は **1**。**2**「シェルビーからの 10 時 15 分のバスに乗っていました」，**3**「それは誕生日プレゼントとしてもらいました」，**4**「後ろの席でした」。

(23) −解答 ③

訳 A：お母さん，友達と一緒に公園へ遊びに行ってもいい？
B：もちろんいいわよ。帽子は必ずかぶってね。
A：でも今日はすごく風が強いよ。風で飛んでしまうかもしれないよ。
B：そうだけど，外はとても暑いわ。これを持って行きなさい。頭に留めておけるようにひもが付いているわ。

解説 空所の後で A は風が強いので It might blow away. 「それは風で飛んでしまうかもしれない」と言っている。この It は何を指しているのか考えよう。B は最後に「頭に留めておけるようにひもが付いている」と言っているので，帽子を指していると考えて，正解は **3**。**1**「水を 1 本持って行ってね」，**2**「凧を持って行った方がいいわ」，**4**「傘を忘れないでね」。

(24)(25)

訳 A：ブリンプトン動物病院にお電話いただきありがとうございます。どのようなご用件でしょうか。
B：私はジョアン・テイラーと申します。私の犬のブラウニーについてお電話しています。
A：ブラウニーはどうされましたか。
B：ここ 2 日間，えさを食べていないのです。
A：わかりました。それはいつも与えているのと同じ種類ですか。
B：ええ。普段は大好きなのです。今日，先生に診てもらえませんか。
A：はい。11 時半か 4 時過ぎが空いています。
B：今日の午後は仕事をしなければなりませんので，11 時半にブラウニーを連れて行きます。

(24) −解答 ②

正答率 ★**75%以上**

解説 動物病院への問い合わせの電話である。空所の次に Is it the same kind that you usually give her? 「それはいつも与えているのと同じ種類ですか」とあり，この it はえさを指していると考えられるので，正解は **2**。**1**「あまり元気が（ない）」，**3**「彼女のバスケットから出てこ（ない）」，**4**「おもちゃで遊ば（ない）」。

(25) −解答 ③

解説 直後で A は Sure.「わかりました」と言い，He has time at 11:30 or after 4:00. 「彼は 11 時半か 4 時過ぎに時間がある」と答えている。この He は医師のことだと考えられるので，正解は **3**。**1**「私に問題は何か教える」，**2**「彼女のために薬をもらう」，**4**「それは歯痛である」。

ポイント 「言葉に詰まる」というタイトルで，ケイコの定年退職後の生活の話。第1段落では定年退職後にどんなことを始めたか，第2段落ではその活動の中で何が起こったかを読み取ろう。

全文訳 **言葉に詰まる**

　ケイコは65歳である。彼女は2，3か月前に（定年）退職した。働いていたときはいつもすごく忙しかった。趣味のための時間も全くなかった。しかし，今，彼女には自由な時間がたくさんある。彼女はガーデニングや読書をしたり，田舎に散歩に出かけたりして楽しんでいる。さらにスペイン語のレッスンを受けている。彼女は，外国語を学ぶこととそれをクラスメートや彼女の先生であるロペス先生と話すために使うことをとても楽しんでいる。

　ある日，ロペス先生はケイコに，授業で家族について話すように頼んだ。言いたいことはたくさんあったが，彼女はそれを言うことができなかった。必要な単語がすべてわかっているわけではなかったので，彼女はがっかりした。ロペス先生は彼女を励まそうとした。彼は，彼女はとてもよくやっていると言った。もし彼女が一生懸命に勉強と練習を続ければ，すぐにどんなことでも話すのが簡単になることだろう。

(26) – 解答 ・・・・・・・・・・・・・・・・・・・・・・・ 正答率 ★**75%以上**

　選択肢の訳 **1** takes Spanish lessons「スペイン語のレッスンを受けている」
　2 is a volunteer at a hospital「病院のボランティアである」
　3 likes to paint pictures「絵を描くのが好きである」
　4 joined a yoga class「ヨガのクラスに参加した」

　解説 直後に She really enjoys learning a foreign language and using it「外国語を学ぶこととそれを使うことをとても楽しんでいる」とあり，外国語を習っていることがわかるので，正解は **1**。

(27) – 解答 **2** ・・・

　選択肢の訳 **1** find her textbook「彼女の教科書を見つける」
　2 cheer her up「彼女を励ます」
　3 repair her bag「彼女のカバンを修理する」
　4 show her around「彼女を案内する」

　解説 空所前の文に She was disappointed「彼女はがっかりした」とあり，空所後の文に He said that she is doing really well.「彼は，彼女はとてもよくやっていると言った」とある。ロペス先生は失望しているケイコを励ましているので，正解は **2**。

ポイント 「有害生物（からの）防護」というタイトルで，農作物を有害生物から守る方法についての文章。第1段落では有害生物への一般的な対処法とその問題点，第2段落では南アフリカのある農園で行われている新たな対処法，第3段落ではそこで利用されるアヒルの特徴についてそれぞれ説明されている。

全文訳 **有害生物防護**

　昆虫や他の動物はしばしば農家にとって面倒なことを引き起こす。そのような動物は有害生物として知られており，大きな問題になることがある。それらは，食品として売られることになっている果物や野菜を食べてしまう。また，農場で育てられている植物に病気を運んでくる。その被害は農家にとって多額の損失となる。有害生物を近づけないために，多くの農家は農薬を使用している。しかし，これらの農薬は環境に悪いことがある。他の生き物も殺してしまう場合がある。また，人が食べる果物や野菜に入り込むこともある。

　南アフリカのバーゲノエグドローワイン農園の経営者たちは，それとは違う方法を用いている。彼らは有害動物が自分たちのブドウを食べるのを防ぎたいと思っている。それと同時に，いかなる農薬も自分たちのワインに入れたくない。彼らの解決法は，有害生物を除去するのに他の動物を利用することである。毎日，1,000羽を超えるアヒルの一団がブドウが育てられている農園に連れてこられる。そのアヒルたちはその植物（＝ブドウ）の周りを歩き回り，有害生物を食べて丸一日を過ごす。

　アヒルは何百年もの間，アジアの水田で有害生物を抑制するために利用されてきたが，それ以外の場所でのアヒルの利用はかなりまれである。バーゲノエグドローワイン農園で使われているアヒルは特別な種類である。それらは他の種類のアヒルよりもずっと短い羽を持つ。その結果，飛び去ることができないのである。有害生物を抑制するためにアヒルを利用することには別の利点もある。そのふんはブドウが育つのに役立つのである。

(28) – 解答 2 ....

選択肢の訳
1　The weather「その天気」
2　The damage「その被害」
3　Buying land「土地を買うこと」
4　Picking fruit「果物を摘むこと」

解説 空所の前で説明されている「食品として売られることになっている果物や野菜を食べる」ことや「農場で育てられている植物に病気を運ぶ」ことは農作物への被害と言えるので，正解は**2**。

(29)－解答 **4** ••

> **選択肢の訳**　**1**　get local children「地元の子供に（有害生物を除去）させる」
> **2**　move their plants「彼らの作物を移動する」
> **3**　build tall fences「高いさくを建てる」
> **4**　use other animals「他の動物を利用する」

> **解説**　空所の次の文に「毎日，1,000 羽を超えるアヒルの一団がブドウ農園に
> 連れてこられる」とあり，さらにそれらのアヒルは「有害生物を食べて
> 丸一日を過ごす」とある。アヒルを利用することが解決法なので，正解
> は **4**。

(30)－解答 **4** ••

> **選択肢の訳**　**1**　more babies each year「毎年もっと多くのヒナ」
> **2**　more colorful bodies「もっと色とりどりの体」
> **3**　much louder voices「ずっと大きな声」
> **4**　much shorter wings「ずっと短い羽」

> **解説**　空所の次の文に As a result, they cannot fly away.「その結果，それ
> らは飛び去ることができない」とある。飛び去ることができない原因と
> して考えられるのは羽が短いことなので，正解は **4**。

一次試験・筆記　**4A**　問題編 p.154〜155

> **ポイント**　兄から弟へ（または弟から兄へ）のメールで，件名は「オンタリオ旅行」で
> ある。第 1 段落では旅行のための航空券の手配について，第 2 段落では現
> 地での釣りのツアーについて，第 3 段落ではその予約と事前準備について
> 書かれている。

> **全文訳**

送信者：ジョー・ヘス <joe-hess@kmail.com>
受信者：ピート・ヘス <p-hess22@yeehaw.com>
日付：1 月 23 日
件名：オンタリオ旅行

こんにちは，ピート
君は来月の僕たちのオンタリオ旅行にわくわくしていますか。僕は昨日，自分のオンタ
リオ行きのチケットと帰りのチケットを購入しました。僕の飛行機は 2 月 8 日の午前
11 時にシカゴを発ちます。飛行時間はたった 1 時間半です。君はもう自分のチケット
を買いましたか。君は何時にニューヨークシティを発つ予定ですか。
それはともかく，先週僕たちが電話で話したことを覚えていますか。君は旅行中に釣り
に行きたいと言っていましたよね。僕の隣人が毎年秋にオンタリオに釣り旅行に行って

います。彼女は，ヒューロン湖の１日釣りツアーを提供している会社について教えてくれました。その会社の名前はグレートフィッシュで，２人分で300ドルかかります。ツアーは午前８時に始まって午後４時に終了し，その料金には昼食が含まれています。
僕は今夜その会社に電話して２月10日の予約をするつもりです。隣人は，オンタリオで釣りをするためには特別な許可証が必要だとも言っていました。それは，オンラインで取得するか，オンタリオにあるスポーツ店で購入することができます。僕は，行く前にインターネットで購入するのがいいと思います。１日許可証の値段は約20ドルです。
出発が待ち遠しいです！
兄［弟］のジョーより

(31) – 解答 ②

質問の訳 ジョーは２月に何をする予定ですか。

選択肢の訳 1 シカゴ行きの航空券を買う。
2 ピートと一緒に休暇に出かける。
3 ニューヨークシティを訪問する。
4 オンタリオの新しい家に引っ越す。

解説 ヘッダーの情報を確認しよう。このメールは，ジョーからピートへのもので，送信されたのは１月23日，件名は「オンタリオ旅行」である。第１段落の第１文に Are you excited about our trip to Ontario next month?「来月の僕たちのオンタリオ旅行にわくわくしていますか」とあり，２人は２月にオンタリオ旅行に行くことがわかるので，正解は **2**。

(32) – 解答 ③　　　　　　　　　　　正答率 ★75%以上

質問の訳 ジョーの隣人は

選択肢の訳 1 ジョーにヒューロン湖のツアーをくれた。
2 ジョーが彼女の釣り船を使ってもよいと言った。
3 ある釣りツアー会社についてジョーに教えた。
4 あるレストランをジョーに勧めた。

解説 Joe's neighbor は第２段落の第３文に My neighbor ... という形で出てくる。そこには隣人が毎年秋にオンタリオに釣り旅行に行っているとあり，さらに第４文に釣りの１日ツアーを提供する会社について教えてくれたとある。２つ目の情報から，正解は **3**。

(33) – 解答 ②

質問の訳 ジョーは，どのようにして自分とピートが許可証を手に入れることを提案していますか。

選択肢の訳 1 購入しにスポーツ店に行くことによって。
2 ウェブサイトで購入することによって。
3 電話で注文することによって。
4 会社に予約を頼むことによって。

licenses「許可証」については，第3段落の第3文にオンラインまたは
オンタリオのスポーツ店で購入できるとあり，第4文に I think we
should buy them on the Internet「僕はインターネットで購入する
のがいいと思う」とあるので，正解は **2**。

一次試験・筆記 **4B** | 問題編 p.156〜157

ポイント　「クラノグの謎」というタイトルで，スコットランドとアイルランドの湖に
ある人工島クラノグの話。クラノグとはどのようなものなのか，それはいつ
ごろに何のために造られたのか，現在なぜその謎の解明が難しいのかを理解
できるように読んでいこう。

全文訳　**クラノグの謎**

　スコットランドとアイルランドの湖のいくつかには，小さな人工島がある。これらは
クラノグと呼ばれ，ずっと昔，その湖に運び込まれた大きな岩々で造られた。それらの
岩の中には250キロの重さのものもあるので，クラノグを造ることはおそらく非常に
大変な仕事だっただろう。さらに，クラノグは幅が10メートルから30メートルあり，
岩でできた橋で陸地とつながれている。それらは1,000を超える数があるのだが，造
られた理由は誰にもわからない。

　専門家はかつて，クラノグは約3,000年前に造られたと考えていた。しかし，最近の
発見によって，クラノグの中にはそれよりもずっと古いものもあることがわかっている。
ある潜水士が，ルイス島の湖にあるクラノグの周りの水域でいくつかの壊れたつぼを見
つけた。科学者たちはそのつぼが5,000年より古いものであると発見したのである。
このことは，さらなる研究とクラノグがある他の湖での類似品の発見へとつながった。

　それらのつぼは，状態が良く，湖に投棄される前にあまり使用されていなかったこと
が研究者には明らかであった。研究者たちは，そのつぼはおそらくクラノグでの特別な
儀式のために使用されていたと考えている。しかし，その儀式の目的が何であったのか
ははっきりしない。というのは，その儀式が行われた時代の文書記録が全くないからで
ある。

　最も古いクラノグが造られてから2,000年後に，人々がそこに住み始めた。これは，
クラノグで見つかっている，彼らの家屋の古い木片からわかる。これらの人々が自分た
ちの家屋を建てたとき，おそらくクラノグに損害を与えたのだろう。このため，なぜク
ラノグが造られたのかを解明するのが難しくなったのである。研究者たちはクラノグの
謎を解く手がかりを探し続けているが，彼らがそうするには長い年月がかかるかもしれ
ない。

(34) – 解答　**2**　• •
質問の訳　クラノグは

選択肢の訳 1 スコットランドとアイルランドにある人工の湖である。

2 昔，人々によって作られた島である。

3 大きな岩で建てられた壁である。

4 湖を横断して建設された橋である。

解説 crannogs「クラノグ」という語は第1段落の第2文に出てくる。それについてはまず第1文に small man-made islands「小さな人工島」とあり，さらに第2文には they were built long ago「それらはずっと昔に造られた」と書いてある。よって，正解は **2**。

(35) – 解答 ③

質問の訳 いくつかの壊れたつぼの発見は

選択肢の訳 1 クラノグがどうやって作られたのかを人々が解明することを可能にした。

2 科学者が考えるよりも多くのクラノグがあることを証明した。

3 いくつかのクラノグがどのくらい古いかについての専門家の考えを変えた。

4 これらの湖で潜ることは危険すぎるかもしれないことを示した。

解説 第2段落では前半に，専門家たちは以前，クラノグは3,000年ほど前に造られたと考えていたが，最近それよりもずっと古いことがわかったとある。後半には，some broken pots「いくつかの壊れたつぼ」が発見され，それが5,000年を超える古さだとわかったとある。つまり，つぼの発見で，クラノグの建造時期に関する考えが変わったということなので，正解は **3**。

(36) – 解答 ②

質問の訳 研究者たちは彼らが見つけたつぼが何のために使われたと思っていますか。

選択肢の訳 1 人々の家を装飾するため。

2 重要な行事のため。

3 書かれた記録を保存するため。

4 湖で魚を獲るため。

解説 第3段落の第2文に The researchers believe that the pots were probably used for special ceremonies on the crannogs.「研究者たちは，そのつぼはおそらくクラノグでの特別な儀式のために使用されていたと考えている」とあるので，正解は **2**。

(37) – 解答 ②

質問の訳 クラノグが造られた理由を知ることはなぜ難しいのですか。

選択肢の訳 1 研究者たちがそこで見つけたいくつかのものを紛失したと思っているから。

2 家を建てたとき，人々がそれに損害を与えたかもしれないから。

3 古い木片がそこから取り除かれたかもしれないから。

4 それを造った人たちがおそらくずっと前に移動してしまったから。

【解説】 質問文の「クラノグが造られた理由を知ることは難しい」という内容に関連するのは第4段落の第4文の「このことが〜を知ることを難しくした」という説明である。その前の文に，人々がクラノグに家を建てたときにおそらくクラノグに損害を与えたとあるので，正解は**2**。

【質問の訳】 あなたはテレビにもっと多くのスポーツ番組があるべきだと思いますか。

【解答例】 Yes, I think so. I have two reasons. First, if there are more sports programs, more people may try doing sports. This will help them stay healthy. Second, people can have more chances to learn about sports that are not well known. There are many kinds of sports that are not popular yet.

【解答例の訳】 はい，私はそう思います。理由は2つあります。第一に，スポーツ番組がもっとあれば，もっと多くの人がスポーツをやってみるかもしれません。このことは彼らが健康を維持するのに役立つでしょう。第二に，よく知られていないスポーツについて知る機会を増やすことができます。まだ人気ではないたくさんの種類のスポーツがあります。

【解説】 質問は「テレビにもっと多くのスポーツ番組があるべきだと思うか」で，解答例ではその意見に肯定の立場を取っている。

まず，自分の立場を明確にする。解答例では，Yes, I think so.「はい，そう思います」と簡潔に示されている。もちろん，I think (that) there should be more sports programs on TV. と詳しく書いてもよい。

理由を述べる前に I have two reasons.「理由は2つあります」と書き，これから理由を2つ述べることの前置きとしている。1つ目の理由は First「第一に」で導入し，「スポーツをやってみたいと思う人が増える」と示している。次の文で，その結果として「健康を維持するのに役立つ」とつなげている。

2つ目の理由は Second「第二に」で導入し，「よく知られていないスポーツについて知る機会が増える」と示している。次に，そういう機会が必要な根拠として，まだ人気ではないスポーツが多くあると指摘している。

理由を述べるときには，この解答例のように，前に述べたことの利点を挙げたり，前に述べたことの根拠を示したりして，内容を膨らませるようにしたい。

〔例題〕－解答 **3**

放送英文 ☆ : Would you like to play tennis with me after school, Peter?

★ : I can't, Jane. I have to go straight home.

☆ : How about tomorrow, then?

1 We can go today after school.

2 I don't have time today.

3 That will be fine.

全文訳 ☆ : ピーター，放課後一緒にテニスをしない？

★ : できないんだ，ジェーン。まっすぐ家に帰らなきゃいけないんだよ。

☆ : それなら，明日はどう？

選択肢の訳 **1** 今日の放課後に行けるよ。

2 今日は時間がないんだ。

3 それなら大丈夫だよ。

No.1－解答 **2**　　　　　　　　　　　　　　　　　　　　　　　　正答率 ★**75%以上**

放送英文 ★ : Welcome to Carl's Cakes.

☆ : Hello. I saw the cakes in your window. They look delicious. What kind are they?

★ : They're lemon cakes. If you buy one, you get another one free.

1 Well, I don't like cake.

2 Great. I'll try some.

3 Hmm. I've never made cake.

全文訳 ★ : カールズケーキ店へようこそ。

☆ : こんにちは。ウインドウのケーキを見ました。おいしそうですね。あれはどのようなケーキなのですか。

★ : レモンケーキです。お1つ購入されると，もう1つは無料です。

選択肢の訳 **1** ええと，私はケーキが好きではありません。

2 いいわね。いくつかいただいてみます。

3 うーん。私はケーキを作ったことがありません。

解説 ケーキ店での客と店員の会話。最後の If you buy one, you get another one free.「1つ買えばもう1つは無料です」を聞き取る。これに対して適切な応答は，喜んで買うことを決めている **2**。

No.2－解答 **2**　　　　　　　　　　　　　　　　　　　　　　　　　　　

放送英文 ★ : Excuse me, flight attendant. What movies are you showing on today's flight?

☆ : We'll be showing two movies: *Crazy City* and *Mystery*

Adventure.

★： When does *Crazy City* start?

   1 *Mystery Adventure* is very exciting.

   2 About an hour after we take off.

   3 We'll serve snacks during the movie.

全文訳 ★： すみません，客室乗務員さん。今日のフライトでは何の映画が上映され
ますか。

☆： 2つを上映予定です。『クレイジーシティ』と『ミステリーアドベン
チャー』です。

★： 『クレイジーシティ』はいつ始まるのですか。

選択肢の訳 **1** 『ミステリーアドベンチャー』はとても面白いですよ。

   2 離陸してから約 1 時間後です。

   3 上映中に軽食をお出しします。

解説 飛行機内での乗客と客室乗務員の会話。客は映画の上映について尋ねて
いる。最後に When does *Crazy City* start?「『クレイジーシティ』は
いつ始まるのですか」と尋ねているので，正解はその時間を答えている **2**。

No.3 − 解答 ③

放送英文 ☆： Our math homework was really hard, wasn't it, Adam?

★： Actually, I didn't do it, Janet.

☆： You didn't? Why not?

   1 I like math a lot.

   2 I finished it yesterday.

   3 I got home late last night.

全文訳 ☆： アダム，数学の宿題はすごく難しかったわよね。

★： ジャネット，実は僕，やってないんだ。

☆： やらなかった？　どうして？

選択肢の訳 **1** 数学は大好きなんだ。

   2 僕はそれを昨日終えたよ。

   3 昨夜は帰りが遅かったんだ。

解説 友人同士の会話。数学の宿題が話題となっている。男の子は I didn't
do it「それ（＝宿題）をやらなかった」と言い，女の子は Why not?
「なぜ？」と尋ねている。適切な応答は，帰りが遅かったからと理由を
答えている **3**。

No.4 − 解答 ①

放送英文 ☆： George, you're going to Hank's birthday party, right? Let's buy
him a present together.

★： OK. Why don't we get him a watch?

☆： Doesn't he already have one?

1 His old one broke.

2 The party started early.

3 I bought it last year.

全文訳 ☆：ジョージ，ハンクの誕生日パーティーに行くでしょ？　一緒に彼にプレゼントを買いましょうよ。

★：了解。時計を買ってあげるのはどう？

☆：もう持っているんじゃないの？

選択肢の訳 **1** 前のは壊れたんだよ。

2 パーティーは早く始まったよ。

3 僕はそれを昨年買ったよ。

解説 友人同士の会話。共通の友人への誕生日プレゼントについて話している。男の子が時計を提案すると，女の子は「もう持っているんじゃないの？」と答えている。正解は，前のものは壊れたと言っている **1**。

No.5 −解答 **3** ●●●●●●●●●●●●●●●●●●●●●●●●●●●●●●●●●●●●●●●

放送英文 ★：Hi, Cathy. I'm on my way to your house, but I think I'm lost.

☆：Where are you?

★：I'm in front of Good Foods Supermarket.

1 Great. Thanks for the map.

2 No. I don't need anything.

3 Wait there. I'll come and get you.

全文訳 ★：もしもし，キャシー。君の家に行く途中なんだけど，道に迷っちゃったみたいなんだ。

☆：どこにいるの？

★：グッドフーズ・スーパーマーケットの前だよ。

選択肢の訳 **1** よかった。地図をありがとう。

2 いいえ。何も必要ないわ。

3 そこで待っていて。迎えに行くわ。

解説 友人同士の電話での会話。男性は女性の家に行く途中だが，道に迷ってしまった。自分のいる場所を尋ねられて，I'm in front of Good Foods Supermarket.「グッドフーズ・スーパーマーケットの前だよ」と答えている。これに対して適切な応答は，そこに迎えに行くと言っている **3**。

No.6 −解答 **1** ●●●●●●●●●●●●●●●●●●●●●●●●●●●●●●●●●●●●●●

放送英文 ☆：Can I borrow the car tonight, Dad?

★：No, Kelly. I think you need some more practice before you start driving at night.

☆：But I'll be really careful!

1 Sorry, not this time.

2 Sorry, I can't find it.

3 Sorry, I got gas already.

全文訳 ☆： お父さん，今夜車を借りてもいい？

★： だめだよ，ケリー。夜の運転を始める前に君にはもう少し練習が必要だと思うよ。

☆： でも，本当に気をつけるわ！

選択肢の訳 **1** ごめん，今回はだめだよ。

2 ごめん，それを見つけることはできないよ。

3 ごめん，もうガソリンは入れたよ。

解説 娘と父親の会話。娘は父親に車を貸してくれるように頼んでいるが，父親は No, Kelly. 「だめだよ，ケリー」と許可しない。それでも娘は I'll be really careful!「本当に気をつける」と言ってお願いしている。適切な応答は，それでもだめだと言っている **1**。

No.**7** −解答 ①

放送英文 ☆： Alan, can you take the dog for a walk, please?

★： Not now, Mom. I'm playing a video game.

☆： But he hasn't been outside at all today.

1 OK. I'll go in a minute.

2 OK. Show me the game.

3 OK. The dog can eat now.

全文訳 ☆： アラン，犬を散歩に連れていってくれないかしら？

★： 今はだめだよ，母さん。テレビゲームをやっているんだ。

☆： でも，彼は今日全く外に出ていないのよ。

選択肢の訳 **1** わかった。すぐに行くよ。

2 わかった。そのゲームを見せて。

3 わかった。犬は今，えさを食べてもいいよ。

解説 母親と息子の会話。母親は犬の散歩を頼んでいるが，息子はテレビゲームを理由に Not now「今はできない」と言う。それに対して最後に母親は「彼（＝the dog）は今日全く外に出ていない」と訴える。正解は，散歩に行くことを了解している **1**。

No.**8** −解答 ②

放送英文 ☆： Front desk.

★： We'd like to have dinner in our room. Does this hotel have room service?

☆： Yes. There's a menu in your room, on the table by your bed. Do you see it?

1 That's a great idea.

2 Oh, yes. Here it is.

3 Yes, I'd like to check in.

☆： フロントです。

★： 部屋で夕食をいただきたいのです。こちらのホテルにルームサービスはありますか。

☆： はい。お部屋の，ベッドのそばのテーブルの上にメニューがございます。おわかりになりますか。

選択肢の訳　**1** それはいい考えです。

2 ああ，そうですね。ここにあります。

3 はい，チェックインをお願いします。

解説　ホテルのフロントへの宿泊客からの電話。用件はルームサービスについてである。最後にスタッフがメニューの場所を説明し，Do you see it?「わかりますか（見つかりますか）」と聞いているので，適切な応答は見つけたと答えている **2**。

No.**9** –解答 ①　正答率 ★75%以上

放送英文　☆： Excuse me, sir. Do you have the time?

★： Yes, it's 12:25.

☆： Thank you. Do you know when the next bus to Central Park arrives?

1 It should be here in a few minutes.

2 I forgot my watch today.

3 You need to get there early.

全文訳　☆： すみません。時間がわかりますか。

★： ええ，12時25分です。

☆： ありがとうございます。セントラルパークへの次のバスがいつ到着するかわかりますか。

選択肢の訳　**1** あと数分で来るはずです。

2 今日は腕時計を忘れました。

3 あなたはそこに早く着く必要があります。

解説　初対面の者同士のバス停での会話。最後に女性は Do you know when the next bus to Central Park arrives?「セントラルパークへの次のバスがいつ到着するかわかりますか」と尋ねているので，正解は「数分で来るはずだ」と答えている **1**。

No.**10** 解答 ③　正答率 ★75%以上

放送英文　☆： Bill, let's go out to eat tonight.

★： I'd love to, honey, but eating out is so expensive.

☆： I've got a coupon for 50 percent off at Spaghetti Hut.

1 OK. I saved five dollars.

2 OK. I'll make dinner.

3 OK. Let's go there.

全文訳 ☆： ビル，今夜は食事に出かけましょうよ。

  ★： そうしたいけど，外食はすごくお金がかかるよ。

  ☆： スパゲティハットの 50 パーセント割引のクーポンを持っているの。

選択肢の訳 **1** わかった。僕は 5 ドル節約したよ。

  2 わかった。僕が夕食を作るよ。

  3 わかった。そこに行こう。

解説 夫婦の会話。外食について話している。妻が最後に I've got a coupon for 50 percent off at Spaghetti Hut.「スパゲティハットの 50 パーセント割引のクーポンを持っている」と言っているので，適切な応答はそこへ行こうと言っている **3**。

一次試験・リスニング	第2部	問題編 p.160〜161	🔊	▶MP3 ▶アプリ ▶CD 3 54〜64

No.11 解答 ② ••••••••••••••••••••••••••

放送英文 ★： Hello. I'd like to order two large garlic pizzas for delivery, please.

  ☆： Garlic? I'm sorry. We don't have a garlic pizza on our menu.

  ★： This is Albert's Pizza Shop, right?

  ☆： No. This is Gino's Pizzas. Actually, other people sometimes make that mistake, too, because our phone numbers are very similar.

  Question: Why can't the man get garlic pizzas?

全文訳 ★： もしもし。ラージサイズのガーリックピザを 2 枚，配達で注文をお願いしたいのですが。

  ☆： ガーリックですか？　申し訳ございません。うちのメニューにガーリックピザはありません。

  ★： そちらはアルバーツピザショップですよね？

  ☆： いいえ。うちはジノズピザです。実は，電話番号がとても似ているので，他のお客さまも時々その間違いをするんですよ。

  Q：男性はなぜガーリックピザを手に入れられないのですか。

選択肢の訳 **1** すべて売り切れだから。

  2 間違ったレストランに電話したから。

  3 メニューに誤りがあるから。

  4 彼の家が配達には遠すぎるから。

解説 ピザ店への客からの電話。前半から男性の客がガーリックピザを注文できないことをつかむ。後半で客が This is Albert's Pizza Shop, right?「そちらはアルバーツピザショップですよね？」と尋ねると店員

は No. This is Gino's Pizzas. 「いいえ。うちはジノズピザです」と答えているので，正解は **2**。それに続く店員の説明からも，客は番号を間違えてかけたとわかる。

No.**12** 解答 ③　正答率 ★75%以上

放送英文　★： Hello?

☆： Dad, it's Lisa. Can I go to my friend's band's concert tonight?

★： I thought you were going to study at the library for your test next week.

☆： I promise I'll study really hard this weekend. Please? My friend gave me a free ticket, and everyone is going.

★： Well, OK.

Question: What will Lisa do tonight?

全文訳　★： もしもし？

☆： お父さん，リサよ。今夜，友達のバンドのコンサートに行ってもいい？

★： 来週のテストに向けて図書館で勉強するのだと思っていたよ。

☆： 今週末にすごく一生懸命に勉強するって約束するから。お願い。友達が無料のチケットをくれて，みんな行くのよ。

★： そう，いいよ。

Q：リサは今夜何をする予定ですか。

選択肢の訳　**1**　本を数冊借りる。

2　友達の家で勉強する。

3　コンサートに行く。

4　チケットを数枚買う。

解説　娘と父親の電話での会話。用件として，娘は最初に Can I go to my friend's band's concert tonight?「今夜，友達のバンドのコンサートに行ってもいい？」と尋ねている。それに対して父親は難色を示しつつも，最後に Well, OK.「そう，いいよ」と了解しているので，正解は **3**。

No.**13** 解答 ②

放送英文　★： Here's your chocolate cake, ma'am.

☆： But I asked for coffee and apple pie.

★： Oh, I'm terribly sorry. This must be for another customer. I'll bring your order right away.

☆： OK. Thank you.

Question: What is the woman's problem?

全文訳　★： お客さま，こちらがご注文のチョコレートケーキです。

☆： でも，私はコーヒーとアップルパイをお願いしたのですが。

★： ああ，大変申し訳ございません。これは他のお客さまのものですね。ご注文の品をすぐに持ってまいります。

☆： わかりました。ありがとう。

Q：女性の問題は何ですか。

選択肢の訳 **1** ウエーターが忙しすぎて対応できない。

2 ウエーターが間違った食べ物を持ってきた。

3 デザートを注文しなかった。

4 アップルパイが好きではない。

解説 レストランでのウエーターと客の会話。ウエーターがチョコレートケーキを持ってくると，女性の客は But I asked for coffee and apple pie.「でも，私はコーヒーとアップルパイを頼んだ」と言っているので，正解は **2**。最後のウエーターの謝罪の発言からも問題が何か推測可能である。

No.**14** 解答 ④ ·· 正答率 ★**75%以上**

放送英文 ★： Maria, do you think the post office can deliver this package to Mr. Allan by tomorrow?

☆： Yeah, but it costs a lot of money for overnight delivery.

★： Oh, what about the Speedy Express delivery service?

☆： I don't recommend it. They lost one of my packages. I always send packages by bicycle delivery. It's cheap, and your package will be delivered right away.

Question: How does the woman usually send packages?

全文訳 ★： マリア，郵便局は明日までにこの荷物をアランさんに届けることができると思う？

☆： ええ，でも翌日配達はとてもお金がかかるわよ。

★： ああ，スピーディーエクスプレス配達はどうかな？

☆： お勧めしないわ。私の荷物の１つをなくしたことがあるのよ。私はいつも自転車配達で荷物を送るわ。安いし，荷物はすぐに配達されるわよ。

Q：女性は普段どのようにして荷物を送りますか。

選択肢の訳 **1** 自分で配達することによって。

2 普通郵便で。

3 翌日配達で。

4 自転車配達で。

解説 同僚または友人と思われる２人の会話。男性は荷物の送り方を相談している。会話に登場する３種類の送り方のそれぞれについて女性がどう言っているか，区別して聞き取ろう。女性は最後に，いつも自転車配達で荷物を送り，それは安くて早いと言っているので，正解は **4**。

No.**15** 解答 ① ·· 正答率 ★**75%以上**

放送英文 ★： Herman's Department Store.

☆： Hi. I need to buy a gift for a friend's child. Do you have a children's section in your store?

★ : Yes, we do, ma'am. It has a large choice of clothes and other items for children aged zero to twelve.

☆ : That's wonderful. I'll come in this afternoon.

Question: What does the woman want to do?

全文訳 ★ : ハーマンズデパートです。

☆ : もしもし。友人の子供に贈り物を買う必要があるのです。そちらのお店には子供コーナーがありますか。

★ : はい，ございます，お客さま。0歳から12歳までのお子さま向けの洋服やその他の品を豊富にそろえてございます。

☆ : それは素晴らしいわ。今日の午後，伺います。

Q : 女性は何をしたがっていますか。

選択肢の訳 **1** 子供にプレゼントを買う。

2 家族のために服を作る。

3 自分の赤ちゃんの写真を撮る。

4 友人の子供たちと遊ぶ。

解説 デパートへの客からの電話。女性の客は最初に I need to buy a gift for a friend's child. 「友人の子供に贈り物を買う必要がある」と言っているので，正解は **1**。電話の用件は子供コーナーがあるかの問い合わせだが，そのやりとりからも女性が子供の商品を買おうとしていることが推測できる。

No.16 解答 ④

放送英文 ☆ : Hi. I'm Cathy Horowitz; I'm here to pick up my dry cleaning.

★ : Oh, hi, Ms. Horowitz. Here you are. I'd like to apologize. During cleaning I think we accidentally broke one of the buttons on your coat.

☆ : Actually, that button was broken already. I should have told you when I dropped off the coat.

★ : I see. Well, that's good to hear. We thought it was our mistake.

Question: What does the woman tell the man?

全文訳 ☆ : こんにちは。キャシー・ホロウィッツです。私のクリーニング品を取りに来ました。

★ : ああ，こんにちは，ホロウィッツさま。こちらです。申し訳ございません。クリーニング中に誤ってコートのボタンの1つを割ってしまったようなのです。

☆ : 実は，そのボタンはすでに割れていたんです。コートを預けるときにお伝えするべきでした。

★ : そうですか。それを聞いて安心しました。私たちのミスだと思いました

207

から。

Q：女性は男性に何と言っていますか。

選択肢の訳 **1** 彼女は彼に自分のコートを修理してもらいたい。
2 彼女は彼に新しいボタンを買ってもらいたい。
3 彼は彼女に返金しなかった。
4 彼が彼女のコートのボタンを壊したのではない。

解説 クリーニング店での客と店員の会話。前半部分で店員がコートのボタンを割ってしまったことを謝っていることをつかむ。それに対して，女性は Actually, that button was broken already.「実は，そのボタンはすでに割れていた」と言っているので，正解は **4**。客の I should have told you「言うべきだった」や店員の We thought it was our mistake.「私たちのミスだと思った」もヒントになる。

No.17 解答 ③

放送英文 ☆： Are you ready to order, sir?

★： Actually, I can't decide what to get. What do you recommend?

☆： Both the garden salad and the mushroom pizza are excellent. They are the most popular dishes here.

★： I'll try both, then. Thanks for your help.

Question: What does the man decide to do?

全文訳 ☆： ご注文はお決まりですか，お客さま。

★： 実は，何を食べるか決められないのです。おすすめは何ですか。

☆： ガーデンサラダとキノコのピザはどちらも最高です。それらは当店で一番人気の料理です。

★： それでは，両方いただいてみます。手伝ってくれてありがとう。

Q：男性は何をすることに決めていますか。

選択肢の訳 **1** 女性のためにサラダを作る。
2 両方の種類のピザを食べる。
3 サラダとピザを注文する。
4 サラダからピザへと注文を変える。

解説 レストランでのウエートレスと客の会話。注文の場面である。客がおすすめを尋ねると，ウエートレスは Both the garden salad and the mushroom pizza are excellent. と言って，ガーデンサラダとキノコのピザを勧めている。それに対して客は I'll try both「両方食べてみる」と言っているので，正解は **3**。

No.18 解答 ③

放送英文 ★： Mom, I can't find my baseball glove. I have a game this afternoon.

☆： I saw it yesterday on your desk. Did you look there?

★：Yeah, but it's not there anymore.

☆：OK. Just give me a minute—I have to finish writing this e-mail first. I'll help you look after that.

Question: What is the boy's mother going to do first?

全文訳 ★：お母さん，僕の野球のグローブが見つからないよ。今日の午後，試合があるのに。

☆：昨日あなたの机の上で見たわよ。そこは捜したの？

★：うん，でももうそこにはないよ。

☆：わかったわ。ちょっと待ってね。まず，このメールを書き終えてしまわないといけないの。その後で捜すのを手伝うわ。

Q：男の子の母親は最初に何をするつもりですか。

選択肢の訳 **1** 息子を野球の試合に連れていく。

2 息子の野球のグローブを捜す。

3 メールを書き終える。

4 机の移動を手伝う。

解説 息子と母親の会話。まず，息子がグローブを捜していることをつかむ。後半で母親は I have to finish writing this e-mail first.「最初にこのメールを書き終えてしまわないといけない」と言っているので，正解は**3**。その直後で「その後で捜すのを手伝う」と言っているので，**2**は不適である。

No.**19** 解答

放送英文 ★：Honey, look. It has started raining hard—just when we're about to leave for the party.

☆：Oh no. I hope my hair doesn't get wet. I just finished drying it.

★：Yeah. Anyway, we should go to the bus stop soon.

☆：We still have a few minutes. Let's wait and see if the rain stops.

Question: Why is the woman worried?

全文訳 ★：ねえ，見てよ。雨が激しく降り出したよ。ちょうどパーティーに行くところなのに。

☆：あら，困ったわ。髪の毛が濡れないといいけど。ちょうど乾かしたところなのよ。

★：そうだね。とにかく，すぐにバス停に行った方がいいね。

☆：まだ数分あるわ。雨がやむかどうか様子を見ましょうよ。

Q：女性はなぜ心配しているのですか。

選択肢の訳 **1** 髪が濡れるかもしれないから。

2 夫が病気だから。

3 パーティーが中止されるかもしれないから。

4 バスが遅れているから。

夫婦の会話。最初の夫の発言から，パーティーに出かける直前に雨が降り出したことをつかむ。それを聞いて，妻は I hope my hair doesn't get wet.「髪の毛が濡れないといいけど」と言っているので，正解は **1**。

No.20 解答 ④

☆： Oh no! We just missed the last train. How are we going to get to the hotel?

★： Well, I don't have enough cash for a taxi.

☆： Neither do I. I wonder if taxis here accept credit cards.

★： Hmm. Let's ask that driver over there.

Question: What will the man and the woman do next?

☆： あら，まあ！　終電に乗り遅れちゃったわ。どうやってホテルまで行きましょうか。

★： さて，タクシーに乗るには現金が足りないよ。

☆： 私もないわ。ここのタクシーはクレジットカードを受け付けてくれるかしら。

★： うーん。あそこにいるあの運転手さんに聞いてみよう。

Q：男性と女性は次に何をするでしょうか。

1 ホテルに電話する。

2 次の電車を待つ。

3 ATM から現金を引き出す。

4 タクシーの運転手と話す。

家族または友人同士と思われる 2 人の会話。ホテルに帰るところだったが，終電に乗り遅れてしまったという状況である。タクシーで戻ることを考えていて，最後に男性が Let's ask that driver over there.「あそこにいるあの運転手さんに聞いてみよう」と提案しているので，正解は **4**。

一次試験・リスニング	第**3**部	問題編 p.162〜163	🔊	▶ MP3 ▶ アプリ ▶ CD 3 65〜75

No.21 解答 ④

Daniel will visit his grandparents' house this weekend. He has promised to help his grandmother plant flowers in her garden. First, they will buy some seeds from the garden store, and then they will plant them. After they finish working in the garden, they will eat a cake that Daniel's grandfather has made.

Question: What is one thing Daniel will do this weekend?

ダニエルは今週末，祖父母の家を訪問する予定である。彼は祖母が庭で

花を植える手伝いをすると約束している。まず，園芸店で種を買い，それからそれらを植えるつもりである。庭で作業を終えた後，ダニエルの祖父が作ったケーキを食べる予定である。

Q：ダニエルが今週末にすることの１つは何ですか。

 選択肢の訳
1　祖父にケーキを買う。
2　祖母に花をあげる。
3　祖父母の店で働く。
4　庭で祖母の手伝いをする。

解説 ダニエルの今週末の予定。He has promised to help his grandmother plant flowers in her garden.「彼は祖母が庭で花を植える手伝いをすると約束している」と述べられているので，正解は **4**。後に出てくる then they will plant them「（種を買って）それから植える」，finish working in the garden「庭での作業を終える」もヒントになる。

No.22 解答 ③

放送英文 Card games like poker or blackjack are very popular these days. However, when playing cards first arrived in Europe in the 1300s, each card was hand-painted, so they were luxury items. Later, when printing was invented and became cheaper, playing cards started using the four symbols that we know today.

Question: What is one thing we learn about playing cards in the 1300s?

全文訳 ポーカーやブラックジャックのようなトランプゲームが最近とても人気である。しかし，トランプが 1300 年代にヨーロッパに初めて登場したとき，カードは１枚１枚が手で色付けされていたので，トランプはぜいたく品であった。のちに，印刷術が発明されて値段が安くなったとき，トランプは，今日私たちが知っている４つのシンボルを使い始めた。

Q：1300 年代のトランプについてわかることの１つは何ですか。

選択肢の訳
1　それらは人気のある黒い紙を使っていた。
2　それらは現代のカードと同じシンボルを使っていた。
3　それらはぜいたく品だと考えられていた。
4　それらは歴史を勉強するために作られた。

解説 playing cards「トランプ」についての説明である。質問にある in the 1300s「1300 年代」については，first arrived in Europe「ヨーロッパに初めて登場した」，hand-painted「手塗りされた」，luxury items「ぜいたく品」と説明がある。最後の情報から正解は **3**。2 は，印刷術が発明されて以降のことなので，不適。

No.23 解答 ③

放送英文 Mia is a junior high school student. Last week, the band club at her school performed a concert for the students. Mia was surprised by how well the band members could play. Now, she is thinking of learning to play a musical instrument, too.

Question: Why was Mia surprised?

全文訳 ミアは中学生である。先週，彼女の学校の楽団部が生徒たちのためにコンサートを開催した。ミアは楽団員たちがとても上手に演奏できることに驚いた。今，彼女は自分も楽器の演奏を習おうと考えている。

Q：ミアはなぜ驚いたのですか。

選択肢の訳 **1** 自分の学校に楽団部がないから。

2 楽器を学ぶのが難しいから。

3 楽団員がとても上手に演奏したから。

4 コンサートがそれほど長くなかったから。

解説 中学生のミアの話。先週，楽団部のコンサートを聞き，Mia was surprised by how well the band members could play.「ミアは楽団員たちがとても上手に演奏できることに驚いた」と述べられているので，正解は **3**。

No.24 解答 ①

放送英文 Attention, all passengers. Thank you for riding the Doverton City Line. All our trains are running smoothly. We would like to remind you that there will be a hockey game at Sky Stadium tonight. We expect many passengers to be taking the train to Sky Stadium Station. Please prepare for delays at that time. Thank you and have a wonderful day.

Question: What is one thing that the announcement says?

全文訳 乗客の皆さまにお知らせいたします。ドーバートンシティ鉄道にご乗車いただきありがとうございます。すべての電車は順調に運行しております。今夜，スカイスタジアムにてホッケーの試合があることをお知らせいたします。多くのお客さまがスカイスタジアム駅行きの電車をご利用になると予想されます。その時間の遅延に対してご準備ください。以上です。素晴らしい１日をお過ごしください。

Q：お知らせが言っていることの１つは何ですか。

選択肢の訳 **1** 今日この後で遅延があるかもしれない。

2 ホッケーの試合が中止された。

3 電車は現在止まっている。

4 乗客は次の駅で降車した方がよい。

解説 運行に関する電車内でのお知らせである。Attention, all passengers. と呼びかけ，あいさつの後，今夜ホッケーの試合があり，多くの乗客が予想されるため，Please prepare for delays at that time.「その時間

の遅延に対してご準備ください」と言っている。よって，正解は **1**。

No.25 解答 ① •

放送英文　Kimberly needs to buy a birthday present for her son. He has asked for a new video game, but Kimberly thinks he has too many games already. She is thinking of getting him a new bicycle, so she will go to the store tomorrow to look at the prices. Kimberly hopes that her son will get some exercise with it.

Question: What will Kimberly do tomorrow?

全文訳　キンバリーは息子へ誕生日プレゼントを買う必要がある。彼は新しいテレビゲームが欲しいと言っているが，キンバリーは，ゲームはすでに持ちすぎていると思っている。彼女は新しい自転車を買ってあげようと考えているので，明日，その値段を見るために店に行く予定である。キンバリーは息子が自転車に乗って体を動かすといいなと思っている。

Q：キンバリーは明日何をする予定ですか。

選択肢の訳　**1** 自転車店に行く予定である。

2 テレビゲームをする予定である。

3 誕生日パーティーに行く予定である。

4 自転車に乗る予定である。

解説　キンバリーが息子に誕生日プレゼントを買う話。自転車を買ってあげようと思い，she will go to the store tomorrow to look at the prices「彼女は明日，その値段を見るために店に行く予定である」と述べられているので，正解は **1**。

No.26 解答 ② • 正答率 ★**75%以上**

放送英文　Today, Nathan is going to travel to Hawaii. He needs to go to the airport in two hours. However, he is very worried because he has lost his passport. He has already looked in his bag and his coat pocket, but it was not in either of them.

Question: Why is Nathan worried?

全文訳　今日，ネイサンはハワイに旅行に行く予定である。あと2時間で空港に行く必要がある。しかし，パスポートをなくしてしまったので，とても心配している。カバンの中とコートのポケットの中をすでに調べたが，どちらにも入っていなかった。

Q：ネイサンはなぜ心配しているのですか。

選択肢の訳　**1** ハワイに行ったことがないから。

2 パスポートが見つからないから。

3 あと2時間で到着するから。

4 カバンとコートをなくしたから。

解説　ハワイ旅行を前にしたネイサンの話。あと2時間で空港に行く必要があ

るが，he is very worried because he has lost his passport「パスポートをなくしてしまったのでとても心配している」と言っているので，正解は**2**。後半に出てくる，カバンの中もコートのポケットも見たが入っていなかった，という内容からも状況が推測できる。

No.27 解答 ④

放送英文　Many people enjoy spicy food. However, "spiciness" is not a flavor at all. Spicy peppers might have a flavor on their own, but the feeling of spiciness on people's tongues is actually a feeling of pain. When people eat chili peppers, they sweat, and their tongues feel the heat. That is why people describe these spicy foods as "hot."

Question: What is one thing we learn about spicy peppers?

全文訳　多くの人が辛い食べ物を楽しんでいる。しかし，「辛さ」というのは決して風味ではない。トウガラシにはそれ自身の風味があるかもしれないが，人が舌の上で感じる辛さというのは，実際は痛みの感覚である。トウガラシを食べると，汗をかき，舌に熱を感じる。それがこれらの辛い食べ物が hot（熱い）と説明される理由である。

Q：トウガラシについてわかることの１つは何ですか。

選択肢の訳　**1**　人々の舌に汗をかかせる。
2　とても暑い日には違う味になる。
3　熱く［辛く］しておくために料理に使われる。
4　痛みの感覚を作り出す。

解説　spiciness「辛さ」についての説明。それは flavor「味，風味」ではなく，the feeling of spiciness on people's tongues is actually a feeling of pain「人が舌の上で感じる辛さというのは，実際は痛みの感覚である」と説明されているので，正解は**4**。汗をかき舌に熱さを感じるとは言っているが，舌が汗をかくわけではないので**1**は不適。

No.28 解答 ③

放送英文　Richard loves playing chess. His uncle taught him to play when he was eight years old. Last weekend, Richard entered a chess competition. He did not win all his games, but he was happy because he won a few. He is looking forward to practicing more and entering the next chess competition.

Question: What did Richard do last weekend?

全文訳　リチャードはチェスをするのが大好きである。８歳のときに彼のおじが彼にやり方を教えてくれた。先週末，リチャードはあるチェス大会に参加した。すべての勝負に勝ったわけではないが，２，３回は勝てたのでうれしかった。彼はもっと練習して次のチェスの大会に参加することを

楽しみにしている。

Q：リチャードは先週末何をしましたか。

選択肢の訳 **1** 新しいチェスのセットを手に入れた。
2 チェスのやり方を学んだ。
3 チェス大会で競技した。
4 チェスクラブに参加した。

解説 リチャードとチェスの話。Last weekend, Richard entered a chess competition.「先週末，リチャードはあるチェス大会に参加した」と述べられているので，正解は **3**。チェスのやり方は 8 歳のときにおじが教えてくれたことなので，**2** は不適である。

No.29 解答 ①

放送英文 Hello, viewers! Thank you for watching *Go Go Science*, a fun show about science. I hope you are ready for fun facts about sharks because our guest today is an expert on marine animals. In fact, she has written three books about animals in the ocean, and two of them are about sharks. Please welcome Professor Patricia Knight.

Question: What will probably happen on today's show?

全文訳 視聴者の皆さん，こんにちは！　科学に関する楽しい番組，『ゴーゴーサイエンス』をご視聴いただきありがとうございます。今日のゲストは海洋動物の専門家なので，サメについての面白い事実を楽しんでいただけると思います。実際，彼女は海の動物について本を 3 冊書いていますが，そのうち 2 冊がサメについてなのです。さあ，パトリシア・ナイト教授をお迎えしましょう。

Q：今日の番組でおそらく何が起こるでしょうか。

選択肢の訳 **1** 専門家がサメについて話をする。
2 画家が海の絵を描く。
3 アナウンサーがサメの格好をする。
4 視聴者たちが海で泳ぐことについて話す。

解説 テレビ番組の始まりのアナウンスである。fun facts about sharks「サメについての面白い事実」，our guest today is an expert on marine animals「今日のゲストは海洋生物の専門家である」と紹介されている。よって，正解は **1**。後半でサメの本について触れ，「パトリシア・ナイト教授をお迎えしましょう」と専門家の名前を紹介していることからも推測可能。

No.30 解答 ④

放送英文 Sam is a college student. During winter vacations, he usually stays at home and watches a lot of TV with his family. This year, however, he is going on a trip with his friends. They will go skiing and visit some hot springs.

Question: How will Sam spend his winter vacation this year?

全文訳 サムは大学生である。冬休みの間，いつもは家にいて家族と一緒にテレビをたくさん見る。しかし，今年は友達と旅行に出かけるつもりである。彼らはスキーをしに行き，温泉を訪れる予定である。

Q：今年サムはどのようにして冬休みを過ごす予定ですか。

選択肢の訳 **1** 家にいる。

2 家族を訪問する。

3 大学で勉強する。

4 旅行に行く。

解説 大学生のサムの冬休みの過ごし方の説明である。いつもであれば家にいて家族とテレビをたくさん見るが，This year, however, he is going on a trip with his friends.「しかし，今年は友達と旅行に出かけるつもりである」と言っている。質問は今年のことについて尋ねているので，正解は **4**。

二次試験・面接	問題カード **A** 日程	問題編 p.164～165	🔊	▶ MP3 ▶ アプリ ▶ CD 3 76～80

全文訳 **パスワード**

　　インターネットを使うとき，パスワードが必要なことがある。しかし，長期間同じパスワードを使うことは危険な場合がある。今，多くのウェブサイトは人々にもっと頻繁にパスワードを変更するように求め，そうすることによって，人々が個人情報を守る手助けをしている。知らない人に自分の個人情報を見せないことが重要である。

質問の訳 No. 1 　文章によると，多くのウェブサイトはどのようにして人々が個人情報を守る手助けをしていますか。

No. 2 　さて，Aの絵の人々を見てください。彼らはいろいろなことをしています。彼らが何をしているのか，できるだけたくさん説明してください。

No. 3 　さて，Bの絵の女性を見てください。この状況を説明してください。

それでは，～さん，カードを裏返しにして置いてください。

No. 4 　子供がインターネットを使うのは良いことだと思いますか。
Yes. →なぜですか。　　No. →なぜですか。

No. 5 　多くの人が冬に野外活動をして楽しんでいます。あなたは冬に何か野外活動をしますか。

Yes. →もっと説明してください。　　No. →なぜですか。

No.1

解答例 By asking people to change passwords more often.

解答例の訳 人々にもっと頻繁にパスワードを変更するように求めることによってです。

解説 まず，質問にある help people protect personal information が文章の第3文の後半部分であることを確認する。その前にある by doing so「そうすることによって」の do so がさらにその前の ask people to change passwords more often を指していることを見抜き，By asking 〜. と答える。

No.2

解答例 A man is closing [opening] a window. / A woman is wrapping a box. / Two men are shaking hands. / A woman is talking on the phone. / A woman is pouring tea.

解答例の訳 男性が窓を閉めて［開けて］います。／女性が箱を包んでいます。／2人の男性が握手をしています。／女性が電話で話しています。／女性がお茶を注いでいます。

解説 「〜を包む，包装する」は wrap である。「握手する」は shake hands で，hands が複数形になることに注意する。「電話で話す」は talk on the phone であり，call「電話をかける」はこの場面では不適切である。「お茶を注ぐ」は「お茶を入れている」と考えて，make tea を用いてもよい。

No.3

解答例 She can't put the suitcase in the locker because it's heavy.

解答例の訳 スーツケースが重いので，彼女はそれをロッカーの中に入れることができません。

解説 「スーツケースが重い」ことと「スーツケースをロッカーに入れることができない」の2点を説明し，前者が後者の理由であることを示したい。The suitcase is too heavy, so she can't put it into the locker. などと so「それで」を用いて答えてもよい。

No.4

解答例 （Yes. と答えた場合）
Children can learn many things from the Internet. For example, they can read about animals in other countries.

解答例の訳 子供はインターネットから多くのことを学べるからです。例えば，他の国の動物について読むことができます。

解答例 （No. と答えた場合）
Some websites aren't good for children to see. Children shouldn't look at the Internet alone.

21年度第3回　面接

ウェブサイトの中には子供が見るのに適切ではないものもあるからです。子供は1人でインターネットを見るべきではありません。

Yes. の場合には，インターネットを活用して学習ができるということが中心になるだろうが，「外国について学ぶことができる（can learn about foreign countries）」や「外国の生徒とコミュニケーションがとれる（can communicate with students in other countries）」など具体的にインターネットで可能になる学習について説明してもよい。No. の場合には，「子供には情報が多すぎる（There is too much information for children.）」などと言い，「彼らはどのウェブサイトを選ぶべきかわかっていない（They haven't learned which websites they should choose.）」などと膨らませて答えることもできる。

No.5

（Yes. と答えた場合）

I sometimes go skiing with my family. There is a famous place for skiing near my town.

私は時々家族とスキーに行きます。私の町の近くにはスキーで有名な場所があります。

（No. と答えた場合）

I don't like going outside in cold weather. I usually play video games with my friends in my room.

私は寒い天候のときに外出するのが好きではないからです。普段，自分の部屋で友達とテレビゲームをします。

Yes. の場合には，解答例のように「スキーに行く（go skiing）」や「スケートを楽しむ（enjoy skating）」など，具体的に冬に行う野外活動について説明すればよい。No. の場合には，「寒いのが嫌いだ（I don't like cold weather.）」と述べ，「すぐに風邪をひくような気がする（I feel like I catch colds easily.）」などその理由を説明してもよい。

二次試験・面接	問題カード **B** 日程	問題編 p.166〜167	🔊 ▶MP3 ▶アプリ ▶CD 3 81〜84

日本の祭り

日本にはたくさんの種類の祭りがある。大都市にも，小さな町にも，村にも，通常，独自の祭りがある。これらの祭りの多くは夏か秋に行われる。日本の祭りは，しばしば観光客に伝統的な文化を見せるので，外国人旅行者に人気である。祭りはますます注目を集めている。

No. 1　文章によると，日本の祭りはなぜ外国人旅行者に人気なのですか。

No. 2　さて，Aの絵の人々を見てください。彼らはいろいろなことをして

218

います。彼らが何をしているのか，できるだけたくさん説明してください。

No. 3　さて，Bの絵の男性と女性を見てください。この状況を説明してください。

それでは，～さん，カードを裏返しにして置いてください。

No. 4　日本の町や市にはもっと図書館があるべきだと思いますか。
　　　　Yes. →なぜですか。　　　　No. →なぜですか。

No. 5　今日，多くの人が健康に気をつけています。あなたは健康のために何かしていますか。
　　　　Yes. →もっと説明してください。　　　　No. →なぜですか。

No.1

解答例　Because they often show traditional culture to visitors.

解答例の訳　なぜならそれらはしばしば観光客に伝統的な文化を見せるからです。

解説　まず，質問文にある popular with foreign tourists が文章の第4文の最後の部分であることを確認する。その前にある so「それで」が，その前の内容を受けていることを見抜き，その部分を答えればよい。ただし，Japanese festivals は繰り返しを避けるため they に置き換えて答えることに注意する。

No.2

解答例　A woman is fixing a bench. / A man is getting into a boat. / A man is playing the guitar. / A girl is drinking juice. / A man is pushing a cart.

解答例の訳　女性がベンチを修理しています。／男性がボートに乗り込んでいます。／男性がギターを弾いています。／女の子がジュースを飲んでいます。／男性が台車を押しています。

解説　「修理する」は fix の代わりに repair を用いてもよい。「ボートに乗り込む」は get into a boat だが，一般的に「（船，ボート）に乗る［から降りる］」は get on [off] ～であるので，これを用いて答えてもよい。「台車を押す」は push a cart で表す。

No.3

解答例　He wants to check her ticket, but she can't find it.

解答例の訳　彼は彼女の切符を確認したがっていますが，彼女はそれを見つけられません。

解説　質問は車掌である男性と乗客である女性について状況を説明するように求めているので，それぞれについて説明する。男性の車掌については「切符を確認したがっている」ことを，女性の乗客については「切符が見つからない」ことを説明する。

No.4

解答例 （Yes. と答えた場合）

Libraries are good places for people to study. Also, people would have more chances to borrow books they like.

解答例の訳 図書館は人々が勉強するのに良い場所だからです。また，好きな本を借りる機会が増えるでしょう。

解答例 （No. と答えた場合）

Building libraries costs a lot of money. Towns and cities should use that money for other services.

解答例の訳 図書館を建設するのに大金がかかるからです。町や市はそのお金を別のサービスに使うべきです。

解説 Yes. の場合には，解答例にある「勉強ができる」「本が借りられる」の他に，「リラックスできる（can relax）」や「最新の雑誌が読める（can read the latest magazines）」など図書館でできることを説明するとよい。No. の場合には，解答例にある建設資金の問題の他に「日本の町や市にはすでに十分な数の図書館がある（There are already enough libraries in towns and cities in Japan.）」などと答えることもできる。

No.5

解答例 （Yes. と答えた場合）

I usually walk to the station every morning. Also, I try not to eat a lot of fast food.

解答例の訳 私はたいてい毎朝駅まで歩いています。また，ファストフードをあまり多く食べないようにしています。

解答例 （No. と答えた場合）

I have many things to do every day. I usually don't have time to exercise.

解答例の訳 私には毎日やることがたくさんあるからです。通常，運動する時間はありません。

解説 Yes. の場合には，「バランスのとれた食事をする（have well-balanced meals）」，「定期的に運動をする（get some exercise regularly）」，「十分な睡眠を取る（have enough sleep）」など，自分が普段心がけていることを具体的に説明するとよい。No. の場合には，「健康のために何かしなければならないとわかっている（I know I should do something for my health.）」などと言った後で，「でも，日々の生活で忙しい（But I am busy with everyday life.）」などと答えることもできる。

MEMO

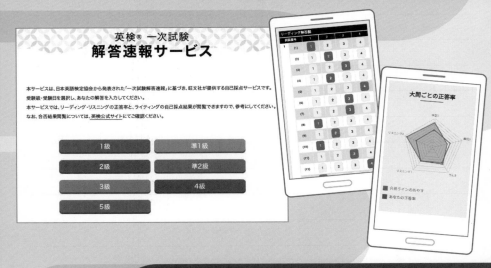

［2024年度版 英検準２級 過去６回全問題集・別冊］ S4g060